مبــادئ الاقتصــــاد

(التحليل الجزئي)

الأستاذ الدكتور

حربي محمد موسى عريقات
كلية العلوم الإدارية والمالية

جامعة البترا

دار وائل للنشر

الطبعة الثانية

٢٠١٠

رقم الايداع لدى دائرة المكتبة الوطنية : (٢٠٠٥/٥/١٠٠١)
عريقات ، حربي محمد موسى
مبادئ الاقتصاد: التحليل الجزئي/ حربي محمد موسى عريقات
- عمان ، دار وائل ٢٠٠٥
(٣٥٦) ص
ر.إ. : (٢٠٠٥/٥/١٠٠١)
الواصفات: الاقتصاد / التحليل الاقتصادي
* تم إعداد بيانات الفهرسة والتصنيف الأولية من قبل دائرة المكتبة الوطنية

****

رقم التصنيف العشري / ديوي : ٤١٣.١٢
(ردمك) ISBN ٩٩٥٧-١١-٦١٨-٥

* مبادئ الاقتصاد (التحليل الجزئي)
* الدكتور حربي محمد عريقات
* الطبعـة الأولى ٢٠٠٥
* الطبعـة الثانية ٢٠١٠

* جميع الحقوق محفوظة للناشر

دار وائـل للنشر والتوزيع
* الأردن - عمان - شارع الجمعية العلمية الملكية - مبنى الجامعة الاردنية الاستثماري رقم (٢) الطابق الثاني
هـاتف : ٠٠٩٦٢-٦-٥٣٣٨٤١٠ - فاكس : ٠٠٩٦٢-٦-٥٣٣١٦٦١ - ص. ب (١٦١٥ - الجبيهة)
* الأردن - عمـان - وسـط البلـد - مجمـع الفحيص التجـاري- هـاتف: ٠٠٩٦٢-٦-٤٦٢٧٦٢٧
www.darwael.com
E-Mail: Wael@Darwael.Com

بسم الله الرحمن الرحيم

تمهيد

يهدف هذا الكتاب كبقية الكتب الأخرى المنشورة حول مبادئ الاقتصاد الجزئي إلى عرض جميع الموضوعات المتعلقة بالاقتصاد الجزئي والاختلاف هو في طريقة العرض ووسائل التوضيح. ويأتي هذا الكتاب ثمرة تجربة في تدريس هذه المادة في جامعة الإسراء وجامعة البترا في كلية العلوم الإدارية والمالية منذ العام الدراسي الأول ١٩٩١/١٩٩٢ وحتى الآن .

ويتضمن الكتاب إحدى عشر فصلاً وفي نهاية كل فصل أسئلة الخطأ والصواب وأسئلة للمناقشة وبعض التمارين العملية السهلة والمبسطة للطالب.

ولقد حاولت في هذه الطبعة الثانية ان احافظ على نفس الأسلوب والترتيب الذي استخدمته في الطبعة الأولى ولكن قمت باضافة بعض المواضيع المهمة وباعادة ترتيب بعض الاجزاء في بعض الفصول.

وقد حرصت أن تكون لغة الكتاب مبسطة ومفهومة والأسلوب سهل والأفكار في الكتاب واضحة ومتسلسلة من أجل أبنائي الطلبة الذين يدرسون هذه المادة في الأردن وخارج الأردن.

والله ولي التوفيق

المؤلف

أ. د. حربي محمد موسى عريقات

عمّان/ الأردن

٢٠١٠

المحتويات

٤-٥ دالة العرض ١٢٩

الفصل الخامس

توازن الطلب والعرض

٥-١ التوازن بين الطلب والعرض ١٥٩
٥-٢ التغيرات في ظروف الطلب والعرض(التغير في توازن السوق) ١٦٢
الحالة الأولى: تغير ظروف الطلب مع بقاء ظروف العرض ثابتة
١- زيادة الطلب مع بقاء العرض ثابتاً
٢- نقصان الطلب مع بقاء العرض ثابتاً
الحالة الثانية: تغير ظروف العرض مع بقاء ظروف الطلب ثابتة
١- زيادة العرض مع بقاء الطلب ثابتاً
٢- نقصان العرض مع بقاء الطلب ثابتاً
الحالة الثالثة: تغير ظروف الطلب والعرض معاً
١- الزيادة في الطلب مع نقصان في العرض
٢- النقص في الطلب مع الزيادة في العرض

الفصل الحادي عشر
توزان المنتج في حالات الأسواق المختلفة

فهرس الجداول

فهرس الأشكال

الفصل الأول

مفاهيم أساسية في علم الاقتصاد

Main Concepts of Economics

١-١ تعريف علم الاقتصاد

١-٢ أركان علم الاقتصاد

١-٣ أهداف علم الاقتصاد

١-٥ أقسام علم الاقتصاد

١-٦ لماذا ندرس علم الاقتصاد؟

١-٧ هل يعتبر الاقتصاد علماً؟

الفصل الأول

مفاهيم أساسية في علم الاقتصاد

Main Concepts of Economics

١-١ تعريف علم الاقتصاد والنظريات الاقتصادية

تطور تعريف علم الاقتصاد منذ أن بدأ آدم سميث (Adam Smith) في وضع أول كتاب منظم في علم الاقتصاد ونشره تحت عنوان "بحث في طبيعة ثروة الأمم وأسبابها" وذلك في عام ١٧٧٦.

فقد عرّف آدم سميث علم الاقتصاد بأنه "العلم الذي يختص بدراسة الوسائل التي يمكن بواسطتها لأمه ما أن تغتني".

ويعتبر علم الاقتصاد علماً سلوكياً واجتماعياً، لأنه يبحث في السلوك الانساني الهادف لاشباع الحاجات والرغبات المادية للانسان، وبعبارة آخرى يدرس علم الاقتصاد سلوك المستهلك في سعيه للحصول على أكبر منفعة ممكنة من الدخل الذي تحت تصرفه، كما يدرس سلوك المنتج في سعيه للحصول على أقصى ربح ممكن في اطار الموارد الاقتصادية المتوفرة لديه.

كما ويمكن تعريف علم الاقتصاد بأنه "العلم الذي يعالج المشكلة الاقتصادية، أي هو العلم الذي يعني بمسألة حصر الموارد الاقتصادية وتخصيصها بغية الحصول على تشكيلة من المنتجات تلبي أكبر قدر ممكن من حاجات أفراد المجتمع.

ان انتاج السلع والخدمات اللازمة لاشباع قدر من الحاجات البشرية ، يعتمد على (الموارد Resources) وهذه الموارد طبيعية وأخرى بشرية .

فعلم الاقتصاد يهتم بكيفية استخدام الموارد الطبيعية والبشرية المتاحة في مجتمع معين لانتاج سلع وخدمات تشبع قدر من الحاجات البشرية المتنوعة والمتجددة .

وعلم الاقتصاد هو علم اجتماعي قد طور مجموعة من النظريات والقواعد والأدوات التحليلية التي تهدف إلى تفسير سلوك الوحدات الاقتصادية المتمثلة في سعيها إلى الاستخدام الأمثل لموارد المجتمع بغية تحقيق رفاهية مادية تطمح اليها هذه الوحدات.

وبعبارة أخرى هو علم اجتماعي يبحث في كيفية استخدام الموارد الاقتصادية المتاحة في انتاج وتوزيع واستهلاك السلع والخدمات بهدف اشباع أقصى ما يمكن من حاجات ورغبات افراد المجتمع حاضرا ومستقبلا.

ويمكن حصر تعريف علم الاقتصاد: أنه دراسة كيفية لما، وكيف، ولمن، تنتج سلع وخدمات مجتمع اقتصادي، طلباً لرغبات المجتمع، وتبعاً لموارده الطبيعية المتاحة.

إن الاقتصاد هو علم، له قواعد وقوانين محددة يطلق عليها النظريات الاقتصادية لتفسير الظواهر الاقتصادية المختلفة (Economic Theories) وحتى يتسنى للاقتصادي تصوير واقع الظاهرة الاقتصادية فإنه يلزم تكوين نظرية اقتصادية حول هذه الظاهرة ولابد من عرض النظريات الاقتصادية.

أولاً: بناء النظريات الاقتصادية

هناك سياق منهجي لتفسير الظواهر الاقتصادية للتعرف على الواقع العملي أو السلوكي لمختلف الوحدات الاقتصادية وهي كما يلي:

أ- عملية النظرية والتجريد

فالنظرية بشكل عام هي تجريد أو تبسيط للواقع حتى يساعد على فهم هذا الواقع بصورة أفضل وأسهل ومعرفة ماذا يحدث في المستقبل. مثل ظاهرة ارتفاع اسعار النفط عالمياً فهي بحاجة إلى تفسير هذه الظاهرة بصورة تساعد على فهمها وتحديد العوامل أو المتغيرات التي أدت اليها. فلابد من التقريب بين الواقع العملي وبين صورة هذا الواقع. فهناك فرق بين النظرية والفرضية. فالفرضية هي قدر من المعرفة لا يوجد دليل على صحتها، فهي بحاجة إلى اثبات أو رفض وهذا هو المنطق الحقيقي من أجل دراسة الظاهرة والوقوف على أسبابها وتأثيراتها.

ب- النموذج الاقتصادي

بعد تشكيل النظرية الاقتصادية يتم عرضها في شكل نموذج اقتصادي، وهو اداة تعبير أو عرض النظرية الاقتصادية أو جزء منها بصورة قابلة للفهم والدراسة بهدف توضيح طبيعة العلاقة بين المتغيرات المختلفة التي تساهم في تشكيل النظرية الاقتصادية.

فالنموذج الاقتصادي يركز على تقديم وتوضيح العلاقة السببية للظاهرة، أي توضيح ما يراد تفسيره والمفسرات والعوامل لهذه الظاهرة، وبالتالي يتم تشكيل علاقة اقتصادية لهذه الظاهرة، بحيث ان الظاهرة تحت الدراسة هي المتغير (المفسر التابع) والعوامل المفسرة أو المؤثرة هي المتغيرات المستقلة ومثال على

ذلك يمكن وضع النظرية التي تفسر سلوك المستهلك على شكل رقم بياني يوضح الاتجاهات (Trends) أو معادلة توضيح العلاقة بين الكمية المطلوبة التي يشتريها المستهلك من سلعة معينة، من جهة (المتغير التابع) ومحددات الطلب أو المتغيرات المستقلة التي تؤثر على المتغير التابع مثل السعر، الدخل، الجودة، الاذواق وأسعار السلع الأخرى التي يستهلكها، من جهة أخرى.

يهدف النموذج الاقتصادي إلى توضيح طبيعة العلاقة ما بين المتغير التابع والمتغيرات المستقلة.

ج- التقدير

بعدما يتم صياغة العلاقة الرياضية للظاهرة تحت الدراسة يعمل الاقتصادي إلى توفير البيانات الاحصائية لمختلف متغيرات الظاهرة وبمساعدة التحاليل الرياضية- الاقتصادية - الاحصائية يمكن تقدير العلاقة للظاهرة تحت الدراسة بايجاد قيم الوسائط المرتبطة بالمتغيرات المستقلة، عندئذ يمكن للباحث أن يتحقق من مصداقية هذه العلاقة أو عدم مصداقيتها وبالتالي قبول النظرية الاقتصادية أو رفضها.

وهكذا يمكن تلخيص خطوات المنهجية للعلوم الاقتصادية وفق المثال التالي:

نفرض أن الظاهرة الاقتصادية التي هي بصدد البحث تهتم بالانفاق الاستهلاكي لمختلف السلع والخدمات في مجتمع ما (الأردني مثلاً)، وهكذا يمكن تتبع خطوات المنهجية كما يلي:

١- الظاهرة الاقتصادية تحت البحث - الانفاق الاستهلاكي لمختلف السلع والخدمات بالمجتمع الأردني.

٢- النظرية الاقتصادية - الانفاق الاستهلاكي يفسر بعدة عوامل هي (الدخل، الأسعار، العادات والتقاليد، سعر الفائدة).

٣- النموذج الاقتصادي - الانفاق الاستهلاكي يفسر من قبل الدخل وسعر الفائدة وصياغة العلاقات للنموذج يتم باعتماد الرموز للمتغيرات مثل (C) الانفاق الاستهلاكي، (F) علاقة، (Y) الدخل، (r) سعر الفائدة.

فتكون علاقة الانفاق الاستهلاكي لمختلف السلع والخدمات هي:

صورة ضمنية .... $C = F(Y, r)$

أو صورة صريحة .... $C = a + bY - dr$

د- التحقق

يتم التحقق من هذه العلاقة – النموذج – النظرية الاقتصادية بتقدير العلاقة الصريحة لدالة الاستهلاك بعد توفير احصائيات حول الاستهلاك، الدخل، وسعر الفائدة من احصائيات محاسبة الدخل الوطني الأردني، وباستخدام أحد برامج التقدير يمكن تقدير الثوابت (a، b، d) من حيث طبيعة العلاقة (الارتباط) بين كل من الاستهلاك والعوامل المفسرة له كالدخل وسعر الفائدة، وبناء على ذلك يمكن قبول النظرية أو رفضها أو تحويرها.

ثانياً: التحليل الاقتصادي

التحليل الاقتصادي هو منهج علمي متبع في الدراسات العلمية للظاهرة أو المشاكل الاقتصادية التي تواجه الاقتصاد من جهة وافراد المجتمع من جهة أخرى. ومعظم النظريات الاقتصادية ظهرت من خلال التحليل الاقتصادي. ويمكن تقسيم التحليل الاقتصادي وفقاً لعدد من المعايير وهذه المعايير هي كما يلي:

أ- معيار الوحدة الاقتصادية

١- التحليل الكلي (الاقتصاد الكلي)

ويقصد به دراسة السلوك الاقتصادي للمجتمع ككل، أي يهتم بالتحليل للوحدات الاقتصادية الكبيرة والمرتبطة بمستوى الاقتصاد القومي، مثل الناتج والدخل القومي، البطالة، التضخم، الاستهلاك والاستثمار على المستوى القومي، المالية العامة وميزان المدفوعات والتجارة الخارجية والنقود والمصارف، التنمية والتخطيط الاقتصادي... الخ.

٢- التحليل الجزئي (الاقتصاد الجزئي)

فالتحليل الاقتصادي الجزئي يختص بدراسة وتحليل سلوك الوحدات الاقتصادية الخاصة بالأفراد مثل سلوك المستهلك الفرد وسلوك المنتج الفرد كما ويهتم بشرح وتفسير ميكانيكية السوق بالنسبة لكل سلعة أو خدمة على حدة والعوامل المؤثرة في القرارات الاقتصادية التي تتخذها الوحدات الانتاجية الفردية. فعند دراسة موضوع الأسعار، فإن التحليل الجزئي يتناول سعر السلعة الواحدة وليس المستوى العام للأسعار ويهتم بطلب الفرد على السلعة وعرض المنتج للسلعة وليس الطلب والعرض الكليين، كما انه يدرس سلوك المستهلك وتوازنه وسلوك المنتج وتوازنه وليس الاستهلاك الكلي أو التوازن العام للاقتصاد الوطني.

ب- معيار الموضوعية

١- الاقتصاد الموضوعي

يقر معظم رجال الاقتصاد البارزين أن علم الاقتصاد في مجمله علـم وضـعي، كونـه يعتمـد في تحليله على وصف الظواهر الاقتصادية كما تحدث في واقع الممارسة، ومن هذا المنطلق فهناك عدة قوانين اقتصادية لا تلقى خلافاً بين الاقتصاديين.

ومن الأمثلة على ذلك ان الاقتصاد الموضوعي يتضمن النظريات الاقتصادية التـي اثبتـت صحتها مثل العلاقة بين أسعار السلع والكميات المطلوبة أو المعروضة، العلاقة بـين كميـة النقـود وقيمتهـا، علاقـة البطالة بالاستثمار والفقر بالاستثمار... الخ.

٢- الاقتصاد المعياري

يشتمل هذا النوع على الموضوعات التي تخضع للآراء الشخصية فيهتم بدراسة ما كان يجـب أن يكون عليه الاقتصاد وتتعدد الآراء والتحاليل بين الاقتصاديين في مجال الاقتصاد المعياري، فعلى سبيل المثال قد يتفق جميع الاقتصاديين على نسبة التضخم في الاقتصاد، أما سبل معالجته فقد تكون موضع خلاف بـين هؤلاء الاقتصاديين أو مشكلة البطالة وأسبابها الداخلية والخارجية ومشكلة الهجـرة والاسـتثمارات المحليـة والخارجية. ومن الأمثلة الأخرى كذلك على الاقتصاد المعياري جدوى الحمايـة الجمركيـة أو عـدمها، سبل معالجة العجز المالي وأدوات السياسة المالية والنقدية وبالاضافة إلى برامج التصحيح الاقتصادي وغيرها.

ج- معيار الأسلوب

١- التحليل الوصفي

ان العلاقـات والمتغيـرات الاقتصادية تحتـاج إلى هـذا الأسـلوب الوصـفي في تحليـل الظـواهر الاقتصادية وتحديد العوامل التي أدت إلى ظهورها وعلاقتها بالمتغيرات الاقتصادية الأخرى ووضع مقترحـات وتوصيات لمعالجتها ويمتاز هذا الأسلوب بسهولته وبساطته لكن ينقصه الدقة في بعـض الاحيان لـبعض المتغيرات بالكمية.

٢- التحليل الرياضي

يعتبر هذا التحليل الرياضي من أهم فروع الاقتصاد، حيث أن معظم الظواهر الاقتصادية يعتمد في تحليلها ودراستها على الأساليب الرياضية حيث يمتاز التحليل الرياضي عادة بالدقة، لانه يتطلب وجود افتراضات محددة وبالتالي الوصول إلى نتائج كمية محددة. ويستخدم هذا التحليل في تفسير المتغيرات الاقتصادية المعقدة والتي لا يستطيع التحليل الوصفي التعامل معها.

٣- التحليل القياسي

يستعين هذا النوع من التحليل الاقتصادي بالاحصاء والرياضيات كوسيلة للتعبير عن العلاقات الاقتصادية وتطبيقاتها لكن نجاح هذا التحليل مرهون بتوفر البيانات الاحصائية الكافية والدقيقة وازدادت أهمية هذا التحليل في ظل ظهور البرامج الحاسوبية ودراسة العلاقات الاقتصادية وتطبيقاتها على الدول المختلفة ولكن هناك اختلاف في ظروف كل دولة ان كانت دولة نامية أو متقدمة.

د- التحليل البياني

يعتبر الأسلوب البياني في التحليل من أهم أدوات التحليل الاقتصادي لانه يساعد في توضيح طبيعة وشكل العلاقة بين المتغيرات الاقتصادية ويتم توضيح ذلك من خلال الرسوم البيانية في نظرية العرض والطلب وتوازن العرض والطلب وموضوعات أخرى تحتاج إلى توضيح بالرسم البياني للمتغيرات بأنواعها المختلفة.

هـ- التحليل الحدي

يختص هذا التحليل في تأثير الوحدة الواحدة الأخيرة المضافة على المجموع الكلي، سواء كانت استهلاكية، أم انتاجية، ومعظم القرارات الاقتصادية الفردية (الاقتصاد الجزئي) هي قرارات حدية، أي يستخدم فيها التحليل الحدي، فعندما يقرر المنتج زيادة انتاجه بوحدة واحدة فإنه يدرس تكلفة هذه الوحدة أي مقدار ما تضيفه على التكاليف الكلية، ويطلق على ذلك التكلفة الحدية، وفي المقابل يهتم المنتج بالايراد الذي يحقق من بيع هذه الوحدة أي مقدار ما تضيفه على الايرادات الكلية وهذا ما يطلق عليه الايراد الحدي، وعليه يقوم المنتج بالمقارنة بين التكلفة الحدية، والايراد الحدي لهذه الوحدة وبناءً على ذلك يتخذ القرار بالابقاء على انتاجها أم لا.

فالطالب مثلاً عندما يفكر في تنظيم دراسته للحصول على تقدير عالي يفكر في دراسة ساعة اضافية لمادة معينة أو حتى المواد المسجلة في كل فصل من فصول الدراسة فإنه ينظر إلى المنفعة المترتبة على ذلك والتي ستساعد على فهم

المادة وحل التمارين والاستعداد المستمر للامتحان...الخ ويوازن ذلك بالتكلفة الاضافية لتلك الساعة أو الساعات الاضافية والتي يمكن أن تقاس بالعمل البديل الممكن القيام به خلال تلك الساعة أو الساعات التي لم يستغلها كزيارة صديق، الذهاب للتنزه مع أصحابه لساعات أو زيادة في ساعات النوم على حساب الوقت اللازم والمطلوب للحصول على تقدير عالي في علاماته لان التقدير العالي سيتيح له فرصة أكبر في الحصول على فرصة عمل وتكملة الدراسات العليا مستقبلاً.

١-٢ أركان علم الاقتصاد :

هناك ركنان أساسيان لعلم الاقتصاد هما :

أولاً : الحاجات Needs

ثانياً : الموارد Resources

أولاً: الحاجات :

تتسم الحاجات البشرية بتعددها وعدم محدوديتها ويمكن القول أن هناك نوعين من الحاجات البشرية هي :

أ- حاجات أساسية أو ضرورية مثل حاجات المأكل والملبس والمسكن والمشرب.

ب- حاجات كمالية مثل السيارات والأجهزة الكهربائية بأنواعها المختلفة .

ثانياً: الموارد :

الموارد هي مجموعة الوسائل التي تستخدم في عمليات الانتاج لصنع المنتجات التي تلبي حاجات الأفراد. ويميز بين نوعين من الموارد، موارد اقتصادية مثل العمال والآلات والتجهيزات الصناعية والأراضي الزراعية وموارد غير اقتصادية مثل الهواء وأشعة الشمس. وتكون الموارد الاقتصادية نادرة نسبياً، أي متوفرة بكميات محدودة، أما الموارد غير الاقتصادية فهي متوفرة بكميات كبيرة وهي نعمة من الله سبحانه وتعالى .

وتقسم الموارد الاقتصادية الى أربعة أنواع ، ويطلق عليها اسم عوامل الانتاج أو عناصر الانتاج، وهي العمل ورأس المال والأرض والتنظيم أو الإدارة وسيتم شرحهم في الفصل السابع من هذا الكتاب .

الموارد الاقتصادية
الموارد البشرية
الموارد المصنعة
الموارد الطبيعية

عوامل او عناصر الانتاج
الأرض
العمل
رأس المال
التنظيم

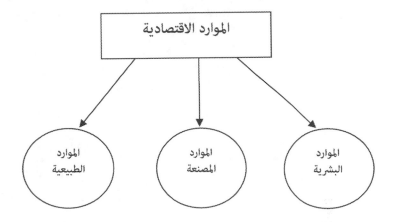

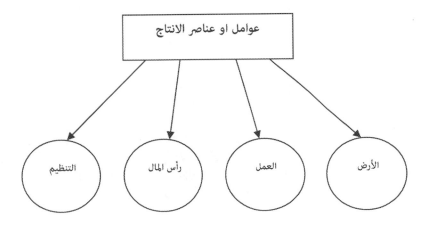

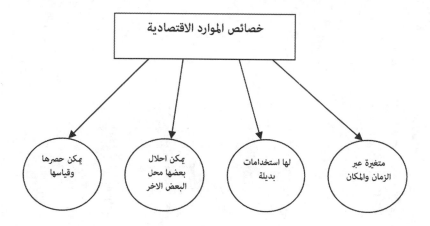

خصائص الموارد الاقتصادية

- يمكن حصرها وقياسها
- يمكن احلال بعضها محل البعض الاخر
- لها استخدامات بديلة
- متغيرة عبر الزمان والمكان

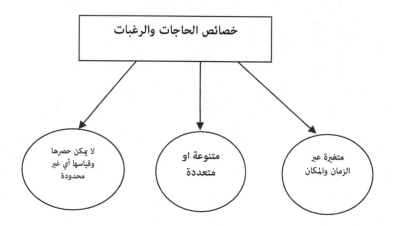

خصائص الحاجات والرغبات

- لا يمكن حصرها وقياسها أي غير محدودة
- متنوعة او متعددة
- متغيرة عبر الزمان والمكان

١-٣ أهداف علم الاقتصاد :

هناك هدفان لعلم الاقتصاد : الهدف الأول أساسي والهدف الآخر ثانوي.

أولاً : الهدف الأساسي وهو علاج المشكلة الاقتصادية وهذا يتم عن طريق تحديد عناصر المشكلة الاقتصادية التي تتمثل بالآتي :

أ- تحديد احتياجات أفراد المجتمع من السلع والخدمات الضرورية لاشباع حاجات جميع أفراد المجتمع ورغباتهم علماً بأن حاجات أفراد المجتمع ورغباتهم غير محدودة ودائماً تكون طموحة، لكن الذي يتحكم في اشباع حاجات أفراد المجتمع ورغباتهم هي الموارد المتاحة والمحدودة في الدولة ولابد من استغلالها الاستغلال الامثل.

ب- تحديد كمية الانتاج ونوعيته، ويقصد بالكمية هنا الطاقة الانتاجية المطلوب انتاجها للسلعة لاشباع حاجات أفراد المجتمع ورغباتهم، أما النوعية فهي مرتبطة بالجودة للانتاج التي تساعد على بيع كميات كبيرة مقارنة بسلعة متدنية النوعية والجودة .

ج- تنظيم العملية الانتاجية، وهذا يتطلب :

١- تحديد الجهة التي تقوم بالعملية الانتاجية، لأنه لا بد من معرفة الجهة التي سوف تقوم بانتاج السلعة وتكون أيضاً مبنية على دراسات للسوق والعرض والطلب من أجل مستقبل أفضل لتلك السلعة ومن أجل ضمان تسويق السلعة وعدم هدر مصاريف انتاج السلعة ومن أجل تلبية احتياجات افراد المجتمع.

٢- تحديد أسلوب الانتاج بما يكفل استخدام عناصر الانتاج استغلالاً أمثل، فان أساليب الانتاج متعددة، وكلما استمر التطوير والتحديث لاستغلال الموارد المتاحة مع استخدام الأسلوب الأمثل لعناصر الانتاج كان هناك انتاج أفضل.

د- تحديد كيفية توزيع الناتج على أفراد المجتمع بما يكفل عدالة التوزيع ،أي الاستغلال الأمثل لكل الامكانات والموارد في البلاد أي على مستوى الأقاليم والمحافظات والمناطق وتلبية احتياجات افراد المجتمع دون تمييز بين أفراد المجتمع فالعدالة الاقتصادية والاجتماعية مطلب أساسي جداً .

هـ- تحديد معدل للنمو الاقتصادي (الزيادة في الناتج القومي) يكفل مواكبة الزيادة المستمرة في عدد السكان ، كما أن الاستغلال الأمثل للموارد

الطبيعية المتاحة متطلب ضروري وأساسي من أجل اشباع حاجات أفراد المجتمع ورغباتهم وخاصة اذا كان هناك زيادة مستمرة في عدد السكان، فكلما زاد عدد السكان يجب أن يقابله زيادة في تلبية احتياجاته وخاصة الحاجات الأساسية .

ثانياً : الهدف الآخر وهو الهدف الثانوي :

ويعتبر هذا الهدف الوسيلة لتحقيق الهدف الأساسي الأول، كالقضاء على الفقر والحد من البطالة وتحسين أسلوب الانتاج، وتحسين مستوى المعيشة وتحقيق الرفاهية الاقتصادية لأفراد المجتمع في الدولة. كما أن هناك مشاكل أخرى كمشكلة تلوث البيئة، وتكدس السكان في المدن على حساب مناطق الريف 0000 الخ. ومن خلال تحديد وتطبيق فعلي وحقيقي لأهداف علم الاقتصاد تختفي غالبية المشاكل التي يعاني منها أفراد المجتمع.

4-1 المشكلة الاقتصادية :

1-4-1 مفهوم المشكلة الاقتصادية :

ان المشكلة الاقتصادية تتمثل ببساطة في الندرة النسبية Relative Scarcity للموارد الاقتصادية المتاحة على اختلاف أنواعها، ومهما بلغت أحجامها فهي موارد اقتصادية محدودة في كل دولة اذا ما قورنت بالحاجات الانسانية المتعددة والمتجددة والمتباينة باستمرار، ويمكن أن نستخلص أن المشكلة الاقتصادية تقوم على جانبين أساسيين هما :

1- حاجات انسانية متعددة وغير محدودة .

2- موارد وامكانات محدودة نسبياً .

تبرز المشكلة الاقتصادية عند عدم كفاية الموارد الاقتصادية لتلبية جميع الحاجات الانسانية الى درجة الاشباع . ان الأنظمة الاقتصادية تختلف فيما بينها في طريقة حل المشكلة الاقتصادية ، الا أنها جميعها تتفق بأن عليها القيام بمهام محددة في أي مجتمع اقتصادي بغض النظر عن الطبيعة الأيدلوجية .

فالانسان له متطلبات متعددة من مأكل ومشرب وملبس ومسكن 00 الخ ومن المتطلبات والامكانات ما هو ضروري وما هو فرعي . أما من ناحية الموارد فالموارد أنواع :

أ- **موارد طبيعية :**

الانسان في هذه الحالة ليس له علاقة بوجودها وانما تعتبر هذه الموارد الطبيعية هبة من الله سبحانة وتعالى مثل المعادن الموجودة في باطن الأرض، والأراضي الزراعية ، الشلالات والبحار والمحيطات ، فهناك دول عربية غنية بموارد طبيعية كالنفط مثل دول مجلس التعاون الخليجي والجزائر وليبيا والعراق، وهناك دول عربية غنية بموارد زراعية أي بأراض خصبة كالسودان واليمن والصومال ومصر والأردن وسوريا ولكنها فقيرة بالموارد المالية لاستغلال هذه الثروات المتاحة .

ب- **موارد بشرية :**

وتتمثل بقوة العمل المتاحة في مجتمع معين، دول مصر، الأردن، سوريا واليمن والسودان غنية بالموارد البشرية، وتعتبر دولاً مصدرة للعمالة، أما دول مجلس التعاون الخليجي فتعتبر دولاً فقيرة بالموارد البشرية وهي دول مستوردة للعمالة العربية وغير العربية ولكنها غنية بالموارد المالية الناتج عن قطاع النفط فيها .

ج- **موارد اقتصادية :**

وهي نتاج التفاعل بين الموارد البشرية والطبيعية لغرض انتاج السلع والخدمات الاستهلاكية وكذلك انتاج السلع والخدمات الانتاجية.

2-4-1 خصائص المشكلة الاقتصادية :

ويمكن تحديد أهم خصائص المشكلة الاقتصادية في الآتي :

-1 **الندرة النسبية : Scarcity**

ويقصد بها الندرة النسبية عند الاقتصاديين وليس الندرة المطلقة، وهي عبارة عن معنى نسبي عن العلاقة بين الحاجات الانسانية ووسائل اشباعها. ان حاجات الأفراد ورغباتهم لا حدود لها بسبب تعددها. يقال مثلاً ان معدنا مثل اليورانيوم نادر ويقصد بذلك أنه لا توجد منه الا كميات محدودة في العالم، وهذا المعنى للفظ " الندرة " هو المعنى الشائع في لغة الاستعمال اليومي ، أما في لغة الاقتصاد فالندرة هي معنى نسبي يعبر عن العلاقة بين الحاجة لاشباع الرغبات البشرية، وكمية الموارد الاقتصادية اللازمة لاشباعها، فقد تكون الكميات الموجودة من مورد ما كبيرة نوعاً ما، ولكنه

يعتبر مورداً نادراً اذا ما قيس بالرغبات البشرية التي ينبغي اشباعها، أي أنه نادر من حيث كمية عرضه المتاح قياساً بمستوى الاشباع المطلوب للحاجات. وهكذا نجد أن التباين في مسألة الندرة تختلف من مجتمع لآخر:

ومن أسباب مشكلة الندرة ما يلي :

أ- عدم كفاية موارد المجتمع الطبيعية والبشرية .

ب- عدم كفاءة استخدام الموارد المتاحة .

ج- قابلية بعض الموارد للنفاد والنضوب .

د- زيادة عدد السكان بنسب تفوق الزيادة في الانتاج .

فالانسان بطبيعته يمتلك حاجات ورغبات لاشباع هذه الحاجات التي هي متزايدة، متنوعة، ومتجددة، ومتطورة، باستمرار، وكلما أشبع الانسان حاجاته ثارت في نفسه حاجة أخرى سيسعى لاشباعها .

٢- الاختيار : Selection

نتيجة لتعدد الحاجات وتطورها وندرة الموارد، يجد الانسان نفسه تحت ضغط الحاجة الى الاختيار بين أي الحاجات يشبع أولاً. والاختيار يواجه الفرد والمجتمع معاً لأن مشكلة الاختيار واحدة، اذ تدعوه ندرة موارده وتعدد استعمالاتها الى ضرورة توجهها نحو اشباع بعض الرغبات على حساب الحرمان من اشباع الرغبات الأخرى. أي أن الجماعة مطالبة دائماً بأن تقتصد في استخدام مواردها المحدودة وأن تتجنب أي ضياع فيها. ولذلك نجد أن الجماعات المتقدمة تراعي في استخدامها لمواردها هذا المبدأ حيث تختار وتنتقي طريقة الاستخدام المثلى التي تؤدي الى تحقيق أقصى اشباع ممكن لأفراد الجماعة، وذلك بالمقارنة بالطرق الأخرى البديلة، ويتحقق ذلك عن طريق القيام بدراسة جميع الطرق الممكنة لاستخدام مورد من الموارد، والمفاضلة على أساس نسبة العائد الى الموارد المستخدمة واختيار الطريقة المثلى التي تعطي أكبر اشباع ممكن بأقل قدر ممكن من الموارد .

٣- التضحية: Sacrifice

الموارد الاقتصادية بطبيعتها ذات استعمالات بديلة مختلفة، فكل مورد من الموارد منافع عدة، فالأرض مثلا ممكن زراعتها بحاصلات زراعية مختلفة، ومن الممكن استخدامها للبناء أو غير ذلك من المنافع، فإذا

استخدمناها لانتاج المزيد من القمح مثلا فإن ذلك سيكون على حساب النقص في انتاج القطن وهكذا. وعليه فإذا وجهنا أي مورد نادر لاستعمال معين، فلا بد ان نضحي في سبيل ذلك بكل الاستعمالات الاخرى البديلة لهذا المورد. ونخلص من ذلك إلى تخصيص الموارد النادرة لاشباع حاجة معينة، إنما يتضمن في حد ذاته التضحية باشباع حاجة أخرى.

١-٤-٣ اركان المشكلة الاقتصادية الرئيسة

من أجل حل أي مشكلة اقتصادية وبأي مستوى أو التخفيف من حدتها، لابد من الاجابة على التساؤلات التالية، تلك الاجابات التي تعتبر من مسؤولية النظام الاقتصادي القائم بغض النظر عن الفلسفة التي يؤمن بها، حيث أن هذه التساؤلات تمثل العناصر الأساسية للمشكلة الاقتصادية والتي تمثل بما يلي:

١- ماذا ننتج؟ أي ما هي السلع والخدمات التي يرغب المجتمع في انتاجها، وبأي كميات، وتعتمد بعض المجتمعات على جهاز الثمن (قوى السوق) لحل هذه المشكلة بينما تأخذ بعض المجتمعات الأخرى باسلوب التخطيط كوسيلة لتحقيق التخصيص الأمثل للموارد باتباع النظام الاشتراكي والنظام المختلط.

٢- كيف ننتج، أي ما هي طرق انتاج السلعة؟ هناك اكثر من طريقة انتاجية لانتاج السلع، فالسلع الزراعية مثلاً يمكن الحصول على قدر معين منها باستخدام مساحة صغيرة من الأرض مع الاعتماد المكثف على المخصبات والالات والايدي العاملة بينما يمكن الحصول على نفس القدر من المحصول باستخدام مساحة أكبر من الأرض مع اعتماد بسيط على العوامل الأخرى.

٣- لمن ننتج؟ أي كيف يمكن توزيع السلع والخدمات المنتجة على أفراد المجتمع الواحد وهذا يتطلب دراسة الأسواق أي اسواق الخدمات الانتاجية لتحديد العائد الخاص بكل منها.

٤- هل موارد المجتمع مستخدمة بكاملها أم يوجد بعضها عاطلاً، فوجود بعض الموارد العاطلة يعني ذلك ان الاقتصاد يعاني من مشاكل كالفقر والبطالة والتضخم...الخ.

٥- هل القوة الشرائية للدخول النقدية لافراد المجتمع ولمدخراتهم ثابتة أم أن التضخم يلتهم جزءاً منها؟

٦- كيف يمكن تحقيق معدل مرتفع للنمو الاقتصادي للقطاعات المختلفة ليواكب الزيادة في معدل النمو السكاني وتحسين مستوى معيشة السكان.

إن حل المشكلة الاقتصادية يكمن في كيفية تحقيق أقصى اشباع لرغبات الأفراد المجتمع ويتأتي ذلك عن طريق الاستغلال الأمثل للثروات والامكانات والموارد المتاحة.

ومن أجل التقليل من مشكلة الندرة للموارد الاقتصادية المتاحة هناك أربعة توجهات رئيسة يجب اتباعها وهي:

أ- استخدام الموارد المتاحة (بشرية، طبيعية ومالية استخداماً كاملاً).

ب- الكفاءة الاقتصادية أو المهارة الاقتصادية لاستخدام تلك الموارد عن طريق التخطيط السليم وادارة هذه الموارد ادارة سليمة كفوءة.

ج- الزيادة المستمرة في معدل النمو الاقتصادي للناتج القومي الاجمالي لمقابلة الزيادة في عدد السكان من أجل تلبية احتياجاتهم الأساسية والضرورية.

د- توزيع الدخل توزيعاً عادلاً بين أفراد المجتمع أي الاستغلال الأمثل لكل الموارد المتاحة في مناطق وأقاليم ومحافظات الدولة دون استثناء أو تمييز وهنا يتطلب عدالة اقتصادية وعدالة اجتماعية بين أفراد المجتمع في الدولة.

وفي الختام نستطيع أن نؤكد أن علم الاقتصاد يهتم بدراسة ابعاد المشكلة الاقتصادية لكن الحل يختلف من دولة لأخرى وحسب طبيعة أنواع الأسواق السائدة وفلسفة الدولة الاقتصادية، ففي ظل النظام الرأسمالي يتم حل المشكلة الاقتصادية عن طريق جهاز الثمن.

أما النظام الاشتراكي فإنه يقوم على حل المشكلة الاقتصادية عن طريق جهاز التخطيط لان الدولة (الحكومة) تملك كل عناصر الانتاج واما النظم الاقتصادية المختلفة التي تجمع ما بين بعض خصائص النظام الاشتراكي وخصائص النظام الرأسمالي فيتم حل المشكلة الاقتصادية عن طريق جهاز الاثمان وجهاز التخطيط معاً.

١-٥   أقسام علم الاقتصاد :

لقد تم تقسيم دراسة علم الاقتصاد حسب الأنشطة الاقتصادية المختلفة التي يقوم بها المجتمع
الى أربعة أقسام رئيسية هي :

١-   الانتاج :

ويقصد بذلك كل العمليات الانتاجية التي يتسبب عنها خلق أو زيادة منفعة في
سلعة ما أو انتاج خدمات لها منفعة يكون الانسان بحاجة لها .

٢-   التبادل :

ويعني هذا الانتقال الاداري لملكية السلع والخدمات المتحصل عليها من النشاط
الاقتصادي ومن الأمثلة على ذلك التجارة الخارجية والتجارة الداخلية.

٣-   التوزيع :

ويقصد بذلك تقسيم العائد من العمليات الانتاجية على عناصر الانتاج ولكل عنصر
من عناصر الانتاج له عائد .

    ١-   الأرض عائدها الريع أو الايجار .

    ٢-   العمل عائده الأجور .

    ٣-   رأس المال عائده الفائدة.

    ٤-   التنظيم أو الادارة عائدها الربح .

٤-   الاستهلاك :

يعتبر الاستهلاك الغاية لكل نشاط اقتصادي أي هو الاستعمال المباشر للسلع
والخدمات المنتجة لاشباع رغبات الفرد والاستهلاك نوعان خاص وعام . فالعام يعني
الدولة (الحكومة) والخاص أفراد ومؤسسات خاصة.

النشاط الاقتصادي

النشاط الاقتصادي	مضمون النشاط الاقتصادي	امثلة على النشاط الاقتصادي
الانتاج	ايجاد سلعة او خدمة ذات منفعة لم تكن موجودة من قبل	الزراعة، الصناعة، النقل والمواصلات، التعليم والصحة
التوزيع	التقريب بين السلعة او الخدمة ومن ينتفع بها	التجارة الداخلية، التجارة الخارجية والانشطة المصاحبة لها.
الاستهلاك	الانتفاع بالسلعة او الخدمة لاشباع حاجة او رغبة لدى المستهلك	الأكل، الشرب، السفر، التعلم، والعلاج

١-٦ لماذا ندرس علم الاقتصاد ؟

ندرس علم الاقتصاد لأن هناك قضايا ومشاكل اقتصادية كثيرة تحتل في عالم اليوم مركز الصدارة في تفكير الانسان وحياته، فالغرب في المجتمع الحديث الآن يعلم جيداً أن التطورات الاقتصادية بأشكالها المتعددة وجوانبها المتشعبة لها تأثير كبير على رفاهيته المادية، فهناك مشاكل متعددة يعاني منها اقتصاديات السوق كارتفاع الأسعار (التضخم) وارتفاع نسبة البطالة تدريجياً والفقر ايضا بالاضافة الى تلوث البيئة. أما البلدان النامية فهي تعاني من مشاكل عديدة أيضاً كارتفاع المديوينة الخارجية ، والتضخم والبطالة والفقر ومشاكل الحضر والريف وتلوث البيئة وزيادة التبعية للعالم الخارجي مما يؤثر على تلك الدول في اتخاذ القرارات المناسبة والقرارات المصيرية على المستوى الوطني والدولي. هذا وتعاني معظم البلدان النامية بشكل عام من تدهور الأوضاع الاقتصادية والاجتماعية وحتى الأوضاع الادارية نتيجة لسوء استغلال الموارد الطبيعية والبشرية ووجود سوء ادارة الموارد وسوء التخطيط للموارد المختلفة . وعدم توافر الارادة السياسية الصادقة في غالبية الدول النامية.

١-٧   هل يعتبر الاقتصاد علماً ؟

الجواب نعم لأنه يتبع المنهج العلمي في دراسة سلوك الانسان في مجال نشاطه لاشباع حاجاته ورغباته المادية، أن علم الاقتصاد يرتبط بصلات وثيقة بالعلوم الأخرى كالسياسة والقانون والاجتماع والتاريخ والاحصاء وغيرها من العلوم الاجتماعية. هذا ويتلخص المنهج العلمي في استعمال طرق البحث العلمي من استنباط واستقراء للتوصل الى نتائج ايجابية مدعومة بالبراهين والحقائق التي تعبر عن دراسة واقع المشكلة ووضع الحلول لمعالجة أي اختلال أي يستخدم طرق التحليل الاقتصادي المعروفة لدراسة أي مشكلة اقتصادية كالفقر والبطالة والتضخم وغيرها من المشاكل السائدة الآن في كل المجتمعات.

١-٨   النظم الاقتصادية المعاصرة :

بعد التطور الاجتماعي والاقتصادي الكبير الذي شهدته البشرية وبعد تعدد السلع المنتجة وتزايد الاتجاه في المجتمع الواحد نحو التخصيص في مجال الانتاج وبعد النمو السكاني الكبير وتعدد رغبات واحتياجات الفرد في ظل هذا التطور الاجتماعي والاقتصادي الكبير، تزايدت الحاجة لأسلوب ما لتنظيم وتوجيه الحياة الاقتصادية ووضع حل للمشكلات الثلاث الرئيسية وهي :

١-   ما هي السلع التي يقوم الاقتصاد بانتاجها باستخدام الموارد المحدودة ؟ سلع زراعية أم صناعية ورأسمالية حسب توافر مقومات انتاج السلع وحاجات ورغبات افراد المجتمع الضرورية.

٢-   كيف سيتم انتاج هذه السلع؟ هل يتم ذلك بالتركيز على العنصر البشري أم يتم التركيز على المكائن والآلات والسلع الرأسمالية .

٣-   كيف سيتم توزيع هذه المنتجات على مختلف أفراد المجتمع؟

ومن هنا بدأت تظهر نظم اقتصادية تسعى كل منها الى حل المشكلات السابقة بأسلوب يتميز من نظام لآخر . هناك ثلاثة أنظمة اقتصادية معاصرة ونظام اقتصادي غير موجود على أرض الواقع علماً انه السبيل والنجاة من كل المشاكل التي يعاني منها افراد المجتمع وهو النظام الاقتصادي في الاسلام سأتناوله بايجاز.

أولاً : النظام الاقتصادي الحر أو اقتصاد السوق أو ما يسمى بالرأسمالي .

ثانياً : الاقتصادات المخطط مركزياً أو الموجه، أو ما يسمى بالنظام الاشتراكي .

ثالثاً : الاقتصادات المختلطة .

رابعاً: النظام الاقتصادي الاسلامي .

أولاً : النظام الاقتصادي الحر أو اقتصادات السوق أو الرأسمالي :

يمكن أن نوجز أهم الأسس والملامح التي يتسم به اقتصاد السوق أو النظام الاقتصادي الحر الرأسمالي فيما يلي :

١-   **الملكية الخاصة لعناصر الانتاج :**

ففي اقتصاد السوق يمتلك المستهلكون المدخلات (عناصر الانتاج) المختلفة التي تستخدم لانتاج المخرجات (السلع والخدمات) المختلفة، وتعتبر الملكية الخاصة من الأسس الفلسفية لنظام السوق (أو كمرادف للنظام الاقتصادي الرأسمالي أو الحر).

٢-   **حرية المنتج :**

بمعنى أن المنتج له الحرية في اقرار طبيعة السلع التي سيقوم بانتاجها والكيفية التي سينفذ بها ذلك . وله الحرية في اقرار نوع العمل الذي سيقوم به وكذلك اختيار نوع السلع التي سينفق عليها دخله .

٣-   **حرية المستهلك :**

بمعنى أن قرارات المستهلك تعكس تماماً رغباته وذوقه ومقدرته، وذلك على ضوء أسعار السلع المختلفة (مدخلات ومخرجات) نجمت من التفاعلات المختلفة بين قوى السوق والتي تتمثل بصورة أساسية في قوى العرض والطلب .

٤-   **قابلية الأسعار على الحركة بحرية معقولة :**

بمعنى أن قوى العرض والطلب والتفاعل بينهما تمثل الآلية الرئيسة التي تحدد أسعار السلع المختلفة والتي على ضوئها تتحدد الكيفية التي سيتم بها توزيع الموارد المختلفة في مجالات انتاج السلع المختلفة ملبية لرغبات وحاجات المستهلك .

٥- **الربح حافر للانتاج :**

بمعنى أن المنشأة أو المؤسسة عندما تقرر أي السلع ستقوم بانتاجها وأي الموارد ستقوم باستخدامها فانها تأخذ في اعتبارها الأسعار السائدة وامكانيات الانتاج بحيث يحقق اختيارها في النهاية أكبر قدر ممكن من الأرباح .

ومن أمثلة هذا النظام امريكيا ودول السوق الاوروبية المشتركة وبعض الدول النامية.

ثانياً: الاقتصادات المخططة مركزياً :

يقوم الاقتصاد المخطط مركزياً أو الموجه (النظام الاشتراكي) على الأسس التالية :

١- **الملكية العامة لعناصر الانتاج :**

بمعنى أن العوامل المادية للانتاج (الأرض، رأس المال) تمتلكها السلطة المركزية (الدولة) .

٢- **تقييد حرية الفرد منتجاً وعاملاً ومستهلكلاً :**

بمعنى أن اقرار ما سينتج وكيف، ولمن يتم وفقاً لما تراه السلطة التخطيطية التي تقوم وفقاً لدراسات تعد مسبقاً بتحديد أنواع السلع التي سيتم انتاجها وكمياتها وتخصيص الموارد المختلفة وفقاً لهذا التحديد الذي يأخذ بشكل تعليمات أو خطة لازمة التنفيذ مما يقيد الى حد كبير حرية الفرد في تلبية رغباته وذوقه سواء كان في مجال العمل أو الانتاج أو الاستهلاك .

٣- **مركزية تحديد الأسعار :**

تحدد السلطة المركزية الأسعار وتعلنها، وعند تحديدها أسعار السلع المختلفة تأخذ في اعتبارها مجموعة من الاعتبارات الاجتماعية والاقتصادية ومن ضمنها قوى العرض والطلب .

٤- **تحقيق أقصى الأرباح المادية ليس هو الحافز الرئيسي :**

بمعنى أن اعتبارات الأهمية الاجتماعية للسلعة المنتجة تلعب دوراً بارزاً في تحديد السلع المنتجة وبالتالي في تخصيص الموارد البشرية والمادية في عملية الانتاج. في المجتمع الرأسمالي يكون الهدف الأساسي من وراء النشاط الاقتصادي تحقيق الربح الا أنه في المجتمع الاشتراكي تكون للربحية الاجتماعية التي تتحقق على صعيد المجتمع ككل من خلال الفرق

بين المزايا والأعباء الاجتماعية لها أهمية تأخذ بنظر الاعتبار عند السعي لتحقيق الربحية الاقتصادية ضمن النشاط الاقتصادي .

ومن أمثلة هذا النظام دول الاتحاد السوفيتي سابقا والاتحاد اليوغسلافي سابقاً وبعض الدول النامية.

ثالثاً:   الاقتصادات المختلطة :

ان معظم الاقتصادات في عالمنا المعاصر، خليط من النظام الاقتصادي الحر والنظام الاقتصادي الموجه مع التركيز على أحد الاتجاهين بشكل واضح ، فنجد اقتصاداً يغلب عليه الطابع الرأسمالي، مثل الاقتصاد الأمريكي واقتصادات أوربا الغربية، فكل من هذه الاقتصادات يسود فيها بشكل واضح أسس ومبادئ اقتصادات السوق الحر مع وجود عناصر قوية تعكس سيطرة السلطة المركزية (الدولة) أو تدخلها كما هو الحال في مجالات التعليم، الدفاع، الطرق، وفي مجالات سلعية وخدمية أخرى عديدة يتم انتاجها وتوفيرها في اطار يختلف كثيراً عن اطار السوق الحر. ففي دول أوروبا الغربية تقوم السلطة المركزية بادارة وسائل الاتصال والمواصلات وبعض الصناعات الرئيسية كصناعة الحديد والصلب والتعدين (مناجم الفحم في بريطانيا) .

وفي المقابل فاننا نجد أن دول أوروبا الشرقية والاتحاد السوفيتي سابقاً والدول الاشتراكية الأخرى يغلب على اقتصادياتها التوجيه والتخطيط وتدخل السلطة المركزية، ففي هذه الدول تمتلك الدولة معظم وسائل الانتاج وتحدد نوع السلع التي ستنتج وكمياتها، وكيف ستنتج ولمن ستوزع وبأي كيفية، وتحدد أيضاً الى درجة ما، من سيستهلك هذه السلع وبأي كمية، وبتحديد مستويات الأجور ودرجة التفاوت بينها.

رابعاً: النظام الاقتصادي الاسلامي:

ومن أهم الأفكار والأسس والمبادئ العامة التي هي من روح وتعاليم الاسلام والتي ترتبط بتحديد أهم جوانب المشكلة الاقتصادية وعلاقاتها المختلفة، ويمكن ايجازها فيما يلي: (لا يوجد دولة اسلامية تطبق النظام الاقتصادي الاسلامي)

١-   لا يقر الاسلام ندرة الموارد الطبيعية، حيث يقول الله تعالى في كتابه العزيز: " وآتكم من كل ما سألتموه وان تعدوا نعمة الله لا تحصوها ان الانسان لظلوم كفار " (سورة ابراهيم - آية ٣٤). ويعزو الاسلام المشكلة الاقتصادية الى الانسان نفسه بحاجاته ورغباته التي يسعى الى اشباعها

والى نوعية العلاقات الاقتصادية التي تحكمه. ونورد فيما يلي بعض الآيات الكريمة التي تبين نعم الله على الانسان .

- " يا أيها الناس كلوا مما في الأرض حلالاً طيباً" (البقرة – آية ١٦٨).

- " يا أيها الذين آمنوا كلوا من طيبات ما رزقناكم واشكروا لله (البقرة آية ١٧٢).

- "فامشوا في مناكبها وكلوا من رزقه واليه النشور" (الملك – آية ١٥) .

٢- يقر الاسلام مبدأ الحرية الاقتصادية للفرد، الا أن هذه الحرية ليست مطلقة وانما يحكمها مجموعة من القيود بعضها ذاتي ينبع من أعماق النفس والبعض الآخر خارجي أو هو موضوعي وذلك وفقاً لروح الشريعة الاسلامية وتعاليمها وأحكامها .

٣- يعتمد الاسلام في تحقيق التوزيع العادل للدخل والثروة على مجموعة من الركائز والتعليمات، نورد منها على سبيل المثال لا الحصر :

- تحريم جميع أنواع الربا.

- تحريم جميع أنواع الاستغلال وأشكاله .

- تحريم الاسراف والترف .

- تحريم الغش والنفاق والخداع .

- فرض الزكاة وتحديدها نوعاً وكماً .

- تنظيم المعاملات المالية والتجارية .

- تنظيم السوق والانتاج والاستهلاك والارث.

- تنظيم العلاقة بين العامل ورب العمل والحث على العمل بجد والتأكيد على مكافأة الله لمن يعمل بجد واخلاص في الدنيا والآخرة .

فالنظام الاقتصادي شامل وكامل ولا يتجزأ ولا يوجد دولة تطبق النظام الاقتصادي في الاسلام علماً أن هناك حوالي أكثر من ٥٠ دولة اسلامية .

١-٩ المهارة الاقتصادية :

في البداية قمنا بتعريف علم الاقتصاد بأنه العلم الذي يهتم بادارة أو استعمال الموارد النادرة أو المحددة بشكل يسمح بالحصول على أقصى إشباع ممكن لحاجات المجتمع غير المحدودة واللامتناهية. وهذا يعني أن علم الاقتصاد هو " علم المهارة والكفاءة في استعمال الموارد المحدودة المتاحة " .

السؤال : ما هي الكفاءة أو المهارة الاقتصادية ؟

الجواب : ان المهارة الاقتصادية تتحقق في المجتمع عندما يتوفر شرطان:

١- الاستخدام الكامل لجميع الموارد المتاحة .

٢- تحقيق أقصى انتاج ممكن من الموارد المستخدمة .

فالكفاءة الاقتصادية هي اذن استخدام كافة الموارد المتاحة لتحقيق أقصى انتاج ممكن منها .

والاقتصاد الذي لا يتصف بالكفاءة هو الاقتصاد الذي تشيع فيه البطالة على اختلاف أنواعها، فعندما لا يستطيع المجتمع تشغيل كافة الأفراد القادرين والراغبين في العمل والساعين اليه، فمن الواضح أن الاقتصاد في هذه الحالة لا يعمل بشكل كفء. ولا يكفي تحقيق الكفاءة الاقتصادية الكاملة أن تستخدم كل القوى فيه بل يجب أن يحقق الاستخدام المذكور أقصى انتاج ممكن .

١-١٠ علاقة علم الاقتصاد بالعلوم الأخرى :

في كثير من الأحيان يضطر المتخصصون في دراسة الاقتصاد الى الاستعانة بالفروع الأخرى للمعرفة الانسانية لتفسير ظاهرة ما من ظواهر الحياة الاقتصادية المعقدة. سنحاول هنا التعرف على مدى ارتباط العلاقة بين علم الاقتصاد والعلوم الأخرى .

أولاً: علم الاقتصاد والسياسة :

ان للاقتصاد علاقة وثيقة بعلم السياسة، فعلم السياسة يهتم برعاية شؤون المجتمع أي بالتنظيمات، ومبادئ الحكم وعلم الاقتصاد يهتم بشؤون المجتمع من زاوية الحاجات واشباعها، كما أن صانعي القرارات معنية بذلك. فهناك ثورات قامت بدوافع اقتصادية، كما وأن الادارة السياسية في أي بلد تتأثر تأثراً واضحاً

بالأوضاع الاقتصادية. ان اعلان الحرب هو بلا شك قرار سياسي وليس قراراً اقتصادياً. لكن الاقتصاد يوضح كيفية تعبئة موارد المجتمع لخدمة المجهود الحربي وكيفية استخدام الأسلحة الاقتصادية المختلفة في تحطيم القوى المعنوية للعدو.

ثانياً: علم الاقتصاد والتاريخ :

ان عالم الاقتصاد لا يستطيع اغفال الاقتصاد، وتجارب الأمم السابقة في المجال الاقتصادي، وتلمس مواطن القوة والضعف في التجارب الماضية. ان الأبحاث التاريخية تقدم خدمات هامة للاقتصادي لأنها تلقي الضوء على الأطر الحقوقية والاجتماعية والنفسية والدينية للوقائع والفعاليات الاقتصادية. ان من العسير أن نفهم أسباب ارتفاع الأسعار في القرن السادس عشر في اسبانيا وأوروبا عامة اذا جهلنا واقعة اكتشاف أمريكا واكتشاف مناجم الذهب فيها، وأن هذه الواقعة التاريخية كان لها الأثر الحاسم في ظاهرة ارتفاع الأسعار .

ان أهمية علم التاريخ هي التي دعت المدرسة التاريخية الألمانية الى بناء كامل نظرياتها على تاريخ الوقائع الاقتصادية. والتحليل الاقتصادي الدقيق لعصر من العصور يستوجب العودة الى ذلك العصر ـ لدراسة مؤسساته السياسية وتاريخه الاجتماعية من حروب ومعاهدات وعلاقات دبلوماسية وسياسية مع الآخرين. وفي أي دراسة لأي ظاهرة أو مشكلة اقتصادية أو اجتماعية لابد من العودة لسنوات ماضية من خلال الاحصائيات عن واقع وتطور المشكلة من أجل وضع الحلول الناجعة لها .

ثالثاً : علم الاقتصاد والاحصاء :

الاحصاء هو العلم الذي يبحث في أساليب جمع البيانات وتبويبها وتحليلها الى نوع من المعرفة أو اتخاذ القرارات، فهنا يظهر الربط حيث أن دراسة الظواهر والمشاكل الاقتصادية يحتاج في كثير من الأحيان الى بيانات احصائية وتحليل هذه البيانات لاستخلاص النتائج منها، فمثلاً معرفة رقم قياسي للأسعار لقياس القوة الشرائية للنقود يحتاج الاقتصادي الاستعانة بعلم الاحصاء ووسائله وأساليبه ، فالعلاقة وثيقة بين علم الاقتصاد وعلم الاحصاء وخاصة في تعامل الباحث الاقتصادي مع البيانات والمعلومات لدراسة أية ظاهرة اقتصادية .

رابعاً: علم الاقتصاد وعلم النفس :

الباحث الاقتصادي يهتم كثيراً بمعرفة سلوك الفرد في الانفاق والاختيار وحاجاته، لذلك فهو يستعين بعلم النفس كي يستطيع فهم الانسان وتحليل سلوكه والتنبؤ بمستقبل هذا السلوك، ان أكبر دليل على هذه العلاقة هو تأثير الشائعة على الحياة الاقتصادية لبلد من البلدان . لو تصورنا انتشار شائعة مفادها أن أزمة

اقتصادية ونقدية سوف تحل بالمجتمع فاننا سوف نرى أن الناس يهرعون الى البنوك لسحب أموالهم أي ودائعهم وشراء الذهب مثلاً مما يؤثر على قوة ومتانة العملة الورقية الوطنية . وهذا ما حصل أو حدث في سنة ١٩٢٩، الأزمة الكبرى في النظام الرأسمالي، فبعد الانخفاض السريع الـذي حـدث في بورصـة نيويـورك تقاطر الناس على صناديق البنوك لسحب ودائعهم وشراء الذهب خوفاً من انهيار قيمـة الـدولار. حتـى أن الاقتصادي الفرنسي افتاليون بني كامل نظريته النقدية على أساس نفساني.

لهذا أخذت دراسة الدوافع الفردية والطبقية والمجتمعية الأهمية الكبرى في التحليل الاقتصادي الحديث .

خامساً : علم الاقتصاد والمنطق :

النظريات العلمية ومنها النظريات الاقتصادية لا تكون صحيحة الا اذا كانت منطقية، ولا يتسنى فهمها الا اذا عرف الباحث كيف تستعمل المقدمات والمسلمات، ويبني عليا الأفكار ليستخلص منها النتائج، لأن الفرضيات التي لا تكون منطقية تقود الى نتائج خاطئة بالتأكيد. مثال: هل توجد هناك بطالة أو تضخم فعلاً لمعالجة هذه الظواهر أم لا ، لأنه اذا لم يكن هناك فعلاً مشكلة اقتصادية أو اجتماعيـة لا يمكن أن يكون هناك دراسة منطقية مبنية على حقائق واقعية، لذلك لا بد مـن دعـم أي دراسة باثباتات واقعية ومنطقية لتكون الدراسة هي من الواقع من أجل حلها.

سادساً: علم الاقتصاد وعلم الاجتماع :

هناك علاقة بين علم الاقتصاد وعلم الاجتماع، لقد بين شومبيوتر (Joseph A. Schumpter) العلاقـة القائمة بين الاقتصاد وعلم الاجتماع. فقال أن التحليل الاقتصادي يهتم بمعرفة كيفية تصرف البشر وما هـي الآثار المترتبة على تصرفهم هذا، بينما يهتم علم الاجتماع بمعرفة السبب الـذي يدفع الأفراد الى التصرف على الشكل الـذي اختاروه، فعلم الاجتماع يقدم للاقتصادي المعلومات الضرورية عـن المنـاخ والجـو الاجتماعي. ومن أهم الأمثلة دراسة الفقر لمناطق الريف في أي بلد،فلا بد من توافر المعلومات عـن المنـاخ والجو الاجتماعي السائد في تلك المناطق من أجل رفع مستوى السكان وحل مشاكلهم .

سابعاً : علم الاقتصاد والرياضيات :

يعتمد الاقتصادي في أحيان كثيرة أساليب رياضية في البراهين والتحليل ، فمثلاً عنـد حسـاب التكاليف للمشروع أن الدخل أو الربح فانه يستخدم بعـض المعـادلات الرياضية لاثبـات صحة ذلك، ان الرياضيات تزود الاقتصادي بأداة

سريعة وقد شاع استخدام هذا العلم في التحليل الاقتصادي منذ أن ابتدأ بذلك كورنو ووالرس (Korno and Walras) في القرن التاسع عشر واتخذت أهمية كبرى في أبحاث الاقتصاد الرياضي .

١-١١   طريق التحليل الاقتصادي :

لكي نتفهم الطبيعة العلمية للاقتصاد لا بد لنا من أن نتفهم الطرق التي يستخدمها في التحليل ، أي أسلوبه في البحث، ويقصد بطريقة البحث بالأساليب التكنيكية التي يستخدمها الاقتصادي لفهم العلاقات الاقتصادية، أو بعبارة أدق أنها تتعلق بالوسائل المستخدمة في بناء المبادئ الاقتصادية والتثبت من صحتها، وتعتمد بدرجة كبيرة على نوع المعلومات ودقتها. ان من أهم الطرق المستخدمة في التحليل الاقتصادي هي :

أولاً: الطريقة الاستنباطية أو الافتراضية أو الاستنتاجية :

هي طريقة الوصول الى المجهول بواسطة المعلوم وتبدأ بافتراض صحة بعض المبادئ العامة لاستنتاج بعض المبادئ الخاصة – أي التحليل من العام الى الخاص – ومن أمثلة ذلك، عندما يقرر الباحث الاقتصادي دراسة السعر فانه يضع مجموعة من الافتراضات المفسرة مثل حالة السوق وحجم البائعين والمشترين وعلى ضوء هذه الفروض فانه يقوم بالتنبؤ بالأسعار، ومثال آخر: اذا أردنا أن نبحث في الأسباب التي تدفع الناس الى الهجرة فاننا نعتقد أن العامل ينتقل من مكان تنخفض فيه الأجور الى الأماكن التي تكون فيها الأجور مرتفعة. ومعنى ذلك أن ارتفاع الأجور يعتبر سبباً من أسباب الهجرة وايضا مشكلة البطالة وأسبابها.

ثانياً : الطريقة الاستقرائية أو الطريقة الواقعية أو الاختيارية :

وتبدأ هذه الطريقة بالغرض الخاص للوصول الى الغرض العام، ومن الأمثلة على هذه الطريقة، عندما يريد الباحث تفسير الظواهر عن طريق دراسة الحقائق نفسها. فاذا أردنا أن ندرس أسباب الهجرة ونتائجها فان أول ما يتجه اليه الباحث هو احصائيات السكان العاملين من حيث المهنة، الديانة، الجنس(ذكور واناث) ومستوى التعليم ومستويات الأجور في المناطق الأصلية المصدرة للعمالة والمناطق الجديدة المستوردة للعمالة اذا كان هناك هجرة كبيرة خارج الوطن الأصلي .

ومن هذا يمكن أن ننتهي الى أن الهجرة يمكن تفسيرها من ناحية اختلاف معدلات الأجور ومن ناحية أخرى بالعوامل الأخرى كالاضطهاد السياسي أو الديني أو الهرب من الخدمة العسكرية في بعض الحالات. ان التثبت من صحة نظرية عامة يجب أن يعتمد على الحقائق الاحصائية والتاريخية.

وقد اعتبر بعض الاقتصاديين وفي مقدمتهم جون كلارك (John Clark) بأن الطريقة الثانية الاستقرائية هي الطريقة العلمية الوحيدة للتحليل، وأنه اذا أريد للاقتصاد أن يرتفع الى مستوى العلم فيجب أن يعتمد على الطريقة الاستقرائية في التحليل باعتبارها الطريقة العلمية الحقيقية، ويعتقد بعض الاقتصاديين المعاصرين بأن موقف كلارك هو موقف متطرف، لكن يعتقد الكثير من الاقتصاديين بأن كلا الطريقتين الاستنتاجية والاستقرائية، هما مكملتان الواحدة للأخرى، فلا يوجد شئ اسمه الاستقراء المحض أو البحث الاختياري بدون بعض الآراء المسبقة أو بدون فرضية لتوجيه استقصاء معين، وهذا هو ما توفره بالضبط الطريقة الاستنتاجية، حديث بدونه يتحول البحث الاختياري الى مجرد عملية جمع حقائق غير مفهومه.

ثالثاً: الطريقة التاريخية والطريقة الاحصائية :

يعتمد التحليل الاقتصادي أيضاً على الطريقة التاريخية والاحصائية، وتعتمد كلا هاتين الطريقتين على تجميع وتحليل البيانات المتصلة بالظواهر الاقتصادية واتجاهاتها . فالدراسات التاريخية والاحصائية تمدنا بوصف تحليلي للماضي وبدروس يستفاد منها في المستقبل . وهذه الطريقة أصلاً طريقة استقرائية لأن جزءاً من التقييم والتفسير في الاقتصاد التطبيقي يعتمد على الدراسات التاريخية والاحصائية كدراسة مشكلة البطالة أو الفقر لسنوات عديدة سابقة .

ان أهمية الاحصاء كأداة من أدوات التحليل الاقتصادي ظهرت منذ القرن السادس عشر- وتطور الأمر بعد ذلك حتى أصبح الاقتصاديون يتمتعون بمهارة خاصة في تجميع البيانات الاحصائية اللازمة لهم وفي طرق تصنيفها والاستفادة منها في عملية استخلاص بعض النتائج. وان التقرير التاريخي يتيح فرصة في فهم كيفية ارتباط العوامل الاقتصادية بالعوامل غير الاقتصادية .

ومن أمثلة الطريقة الاحصائية، اذا رغبنا في معرفة متوسط السعر الذي تباع به سلعة معينة فالأمر لا يتطلب استقصاء الأسعار بالنسبة لجميع المنشآت التي تبيع السلعة في المدينة فيكفي قصر- دراستنا على عينة من المنشآت ممثلة لجميع المنشآت وبواسطة الطريقة الاحصائية يلجأ عادة لترتيب البيانات في سلاسل زمنية، اذا كان البحث يغطي فترة زمنية معينة .

كما يستخدم الارتباط في معرفة مدى العلاقة بين متغيرين أو أكثر كما ويمكن استخدام الأرقام القياسية لمعرفة مدى التغير في هذه الأسعار خلال فترة زمنية بالنسبة لسنة معينة تتخذ كسنة أساس .

١-١٢ منحنى امكانيات الانتاج

Production Possibilities Curve

يعرف منحنى امكانيات الانتاج بأنه البدائل المختلفة التي يمكن انتاجها بالموارد المتاحة من الأرض والعمالة ورأس المال. أن أهم مشكلة تعاني منها المجتمعات الان تنحصر في موضوع اختيار الحاجات التي يجب أن توجه الموارد لاشباعها ويمكن توضيح ذلك من خلال أسلوب بياني بسيط يطلق عليه منحنى امكانيات الانتاج، فالجدول رقم (١) يوضح خيارات الانتاج لسلعتي القمح والشعير واحتساب تكلفة الفرصة البديلة.

ويلاحظ أن هناك تناقص في سلعة الشعير وتزايد في سلعة القمح نتيجة للحاجة والاشباع والاختيار ما بين السلعتين وحاجتهما لاشباع أفراد المجتمع.

وليصبح رسم المنحنى ممكناً، يتم وضع عدد من الافتراضات التي تهدف إلى تبسيط فكرة رسم المنحنى ثم التعامل مع النتائج، وهذه الافتراضات هي:

١- افتراض ان كمية الموارد الاقتصادية المتاحة لدى المجتمع محدودة وثابتة.

٢- جميع هذه الموارد مستغلة بشكل تام، بمعنى أن المجتمع يستخدم جميع عناصر الانتاج المتاحة لديه دون أي هدر فيها.

٣- افتراض أن المستوى الفني والتقني (العامل التكنولوجي) المستخدم في الانتاج ثابت.

٤- افتراض أن المجتمع ينتج نوعين فقط من السلع هما سلعتا الشعير والقمح والموضح في الجدول رقم (١) والشكل رقم (١).

جدول رقم (١)

امكانيات الانتاج

خيارات الانتاج المتاحة	انتاج القمح بالالف طن	انتاج الشعير بالالف طن	تكلفة الفرصة البديلة بالالف طن
أ	صفر	٣٥	-
ب	١	٣٣	٢
جـ	٢	٢٥	٨
د	٣	١٥	١٠
هـ	٤	صفر	١٥

شكل رقم (١)

منحنى امكانيات الانتاج

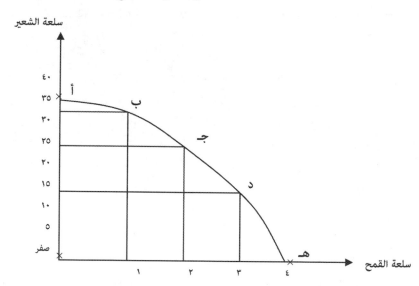

وتكمن أهمية منحنى امكانيات الانتاج في الأمور التالية:

أ- يفسر منحنى امكانيات الانتاج جوهر المشكلة الاقتصادية لأنه يؤكد على عامل الندرة في الموارد الاقتصادية وكيفية تخصيص هذه الموارد بفاعلية وفقاً لاحتياجات المجتمع.

ب- يبين منحنى امكانيات الانتاج الأهمية النسبية للسلع والخدمات التي يحتاجها المجتمع؟ وعلى ضوء ذلك يتم اختيار البدائل.

ج- يعكس منحنى امكانيات الانتاج فلسفة تكلفة الفرصة البديلة والتي تعني مقدار التضحية بانتاج وحدات من سلعة ما في سبيل انتاج وحدات اضافية من سلعة أخرى وتم توضيح ذلك في الجدول رقم (١) حيث تم التضحية بانتاج ٢ طن من انتاج الشعير في سبيل انتاج ١ طن من القمح أي أن الفرصة البديلة لانتاج القمح على حساب فرصة انتاج الشعير هي ٢ طن . وأي زيادة في انتاج القمح سيقابله تناقص في انتاج الشعير وذلك بافتراض أن الموارد الاقتصادية محدودة.

ويلاحظ أن تكلفة الفرضية البديلة بين كل بديل وآخر تأخذ بالتزايد لان انتاج سلعة القمح يعني التضحية المتزايدة من انتاج سلعة الشعير.

إن من أهم خصائص منحنى امكانيات الانتاج تتمثل بالآتي:

١- يميل منحنى امكانيات الانتاج من أعلى إلى أسفل أي أنه سالب الميل وذلك بسبب العلاقة العكسية في تغيرات انتاج السلعتين، فزيادة انتاج احدى السلعتين سيقابله تناقص في انتاج السلعة الأخرى أي تكلفة الفرصة البديلة.

٢- أن منحنى امكانية الانتاج هو محدب الشكل وذلك بسبب تزايد تكلفة الفرصة البديلة عندما ينتقل المجتمع من بديل إلى آخر.

وقد لا يكون منحنى امكانيات الانتاج محدباً بل خطاً مستقيماً، وهذا يحدث فقط عندما يكون ميل المنحنى ثابت وفي هذه الحالة تكون تكلفة الفرصة البديلة ثابتة أي التضحية بوحدة واحدة من إحدى السلعتين في سبيل انتاج وحدة واحدة من السلعة الأخرى وخاصة فيما يتعلق بالسلع المتجانسة .

جدول إمكانيات الانتاج

البدائل	الكمية المنتجة من (س) طن	الكمية المنتجة من (ص) برميل	
١	١٥٠	صفر	← يستخدم جميع الموارد في إنتاج (س)
٢	١٤٠	١٠	
٣	١٢٠	٢٠	يوزع الموارد: جزء في (س) والباقي في (ص)
٤	٩٠	٣٠	
٥	٥٠	٤٠	
٦	صفر	٥٠	← يستخدم جميع الموارد في إنتاج (ص)

منحنى امكانيات الانتاج

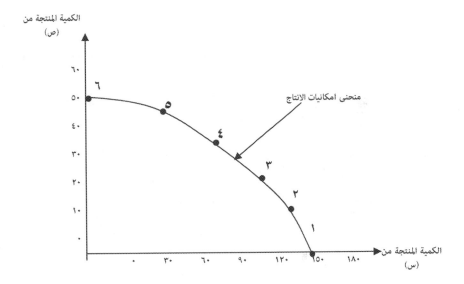

منحنى إمكانيات الانتاج:

خط بياني يصل بين عدة نقاط، كلّ نقطة فيها تمثل كمية من (س) وكمية من (ص) يمكن إنتاجهما عند استخدام الموارد الاقتصادية المتاحة بالكامل وفق طرق الإنتاج المعروفة.

تحليلات

منحنى امكانيات الانتاج

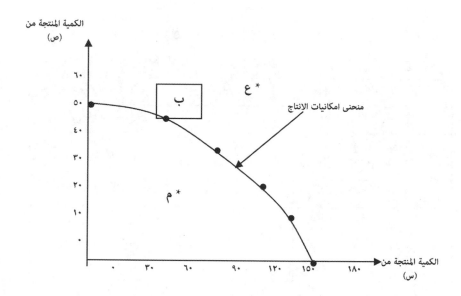

على المنحنى	جميع النقاط على المنحنى تمثل كفاءة فنية (انتاجية) النقطة (ب) تمثل كفاءة اقتصادية او كفاءة توزيعية.
خارج المنحنى	النقطة (ع) مستحيلة في ظل الموارد المتاحة وطرق الانتاج المتبعة حاليا.
داخل المنحنى	النقطة (م) تمثل بطالة.

ملخص

عناصر المشكلة الاقتصادية
القضايا التي يتعيّن على المجتمع إيجاد حلّ لها

الأنظمة الاقتصادية	ماذا ينتج من السلع والخدمات؟ وبأيّ كميّة	١
طرق الإنتاج (التكنولوجيا)	كيف تنتج هذه السلع والخدمات؟	٢
التوزيع والعدالة في توزيع الدخل القومي	لمن تنتج هذه السلع والخدمات	٣
التوظف الكامل والبطالة	هل الموارد الاقتصادية موظفة بالكامل أم لا؟	٤
البطالة والتضخم	هل يشهد النشاط الاقتصادي استقرارا ام لا؟	٥
النمو الاقتصادي والتنمية الاقتصادية	هل ينمو الاقتصاد بمعدّلات كافية ام لا؟	٦

النظريات الاقتصادية والسياسات الاقتصادية

النظرية:

نتيجة يتوصل إليها الباحث عند دراسة قضية أو مسألة ما في مجال معيّن.

النظرية الاقتصادية

نتيجة يتوصّل إليها الباحث الاقتصادي من دراسة قضية أو مسألة في المجال الاقتصادي.

السياسات الاقتصادية:

إجراءات تتخذها الحكومة في المجال الاقتصادي لتحقيق هدف أو أكثر.

قد تكون ناجحة (فعّالة) أو فاشلة في تحقيق أهدافها. (كالسياسة المالية، النقدية والتجارية... الخ).

العلاقة بينهما

- في الغالب، تكون السياسات الاقتصادية منبثقة أو مأخوذة من نظرية اقتصادية ثبت صحتها.
- أحيانا، تشتق نظريات اقتصادية من سياسات اقتصادية طبقت فعلا بغض النظر عن نجاحها أو فشلها.

ويسعى كل مجتمع إلى تحقيق مجموعة من الأهداف الاقتصادية والاجتماعية تتلخص بالآتي:

١- الكفاءة:

ويقصد بالكفاءة الاستغلال الأمثل للموارد المالية المتاحة للمجتمع ويمكن التمييز بين نوعين من الكفاءة:

أ- الكفاءة الفنية:

وذلك باستغلال موارد المجتمع بأقصى كفاءة فنية ممكنة وصولا إلى تحقيق أقصى إشباع ممكن للمجتمع. وهنا تثور مجموعة من الأسئلة، فما هي الطرف الفنية المتبعة في إنتاج السلع والخدمات، وما هي القواعد التي يتم وفقا لها اختيار هذه الطرق؟ والتساؤل يدور حول إذا ما كانت الطرق الفنية المتبعة في الإنتاج تؤدي إلى أكبر قدر ممكن من الناتج القومي تسمح به المعلومات التكنولوجية المتوفرة. أم أن هناك طرقاً أخرى معروفة وممكنة التطبيق يمكن أن تؤدي إلى ناتج قومي أكبر، وذلك بدوره يؤدي إلى تساؤل آخر حول الظروف التي تؤدي إلى إختيار أفضل الطرق الإنتاجية في كل مصنع او مزرعة، وفي الاقتصاد القومي بوجه عام.

ب- الكفاءة الاقتصادية:

أي كفاءة توزيع السلع والخدمات التي ينتجها المجتمع، بحيث يوزع موارده وإمكاناته المتاحة لإنتاج السلع والخدمات التي يحتاجها دون أن يكون هناك زيادة في إنتاج مجموعة من السلع ونقص في إنتاج مجموعة أخرى.

ويرى بعد الاقتصاديين ان كفاءة التوزيع تعني كفاءة توزيع الدخل القومي بين من شاركوا بشكل او بآخر في إنتاجه وتحديد نصيب كل واحد أو جماعة من هذا الدخل.

٢- النمو الاقتصادي:

وهو زيادة الكميات المنتجة من السلع والخدمات في المجتمع، وهذه الزيادة إذا ما افترضنا بقاء عدد السكان ثابتا فإن نصيب الفرد من السلع والخدمات المنتجة سوف يرتفع، وهذا ما يؤدي إلى ارتفاع مستوى معيشة الفرد.

ويسعى كل مجتمع إلى رفع مستوى معيشة أفراده وذلك من خلال تحقيق نمو اقتصادي مطرد ومستمر، وكلما استطاعت الدولة أن تحقق معدل نمو اقتصادي أعلى كلما كان ذلك أفضل.

وتواجه الدول النامية مشكلة كبيرة في رفع مستوى معيشة الأفراد فيها بسبب الزيادة السكانية الهائلة فيها، فالزيادة السكانية تمتص الفائض في النمو الاقتصادي في حين استطاعت الدول الغربية لفترة طويلة من الزمن تحديد النمو السكاني فيها عند أدنى حد ممكن وزادت من معدلات النمو الاقتصادي فيها مما أدى إلى ارتفاع مستويات الدخول فيها وبالتالي ارتفاع مستويات المعيشة.

٣- الاستقرار:

تسعى كل دولة إلى تحقيق الاستقرار في الأسعار وفي أسعار صرف العملات. لأن ارتفاع أسعار السلع والخدمات يؤدي إلى تخفيض مستوى المعيشة للمواطنين، مما يدفع بالعمال والموظفين إلى المطالبة برفع الأجور والرواتب وهذا يقود إلى ما يسمى بالتضخم.

٤- العدالة:

تسعى المجتمعات إلى تحقيق العدالة في توزيع الثروات والدخول بين أفرادها، ولكن العدالة مفهوم يختلف من شخص إلى آخر ومن مجتمع إلى آخر. فهل العدالة هي توزيع الدخول بين جميع الأفراد، أم توزيع الدخل حسب مساهمة كل فرد في العملية الإنتاجية، وهنا يثور سؤال ماذا عن العجزة أو الأطفال أو العاطلين عن العمل. وإذا ما قررنا توزيع الدخل بالتساوي بين جميع الأفراد فماذا عن عامل الحافز لدى المواطن هل يلغى.

وكمثال على تحقيق الدولة للعدالة تفرض الضرائب وتحصلها من الأغنياء وتعيد إنفاقها بصورة خدمات تعليمية وصحية وغيرها يستفيد منها الفقراء أكثر من الأغنياء.

أسئلة الخطأ والصواب

أجب صح أم خطأ :

س١ إن كمية الموارد الاقتصادية محدودة وأنماط تخصصها ثابتة في الأجلين القصير والطويل

س٢ ليس هناك دور للحكومة يذكر في النظام الرأسمالي

س٣ يعتبر الاقتصاد علماً لأنه يتبع الطريقة العلمية في التوصل إلى استنتاجاته وتعميماته

س٤ يكتسب علم الاقتصاد أهميته من ارتباط القضايا الاقتصادية بحياة الإنسان ورفاهيته

س٥ في ظل النظام الاشتراكي يعتبر الربح حافزاً مهماً في العملية الإنتاجية

س٦ يمكن وصف الاقتصاد الأردني بأنه اقتصاد مختلط

س٧ السمة العامة المميزة للاقتصاد المختلط هي الملكية الخاصة لعناصر الإنتاج

س٨ نتيجة لتعدد الحاجات وتطورها وندرة الموارد يجد الإنسان نفسه تحت ضغط الحاجة إلى الاختيار بين أي الحاجات يشبع أولاً

س٩ لا توجد علاقة بين علم الاقتصاد والعلوم الأخرى

س١٠ لا حاجة لاستخدام أي من الطرق في التحليل الاقتصادي

س١١ يبحث علم الاقتصاد في السلوك الإنساني الهادف لإشباع الحاجات والرغبات المادية للإنسان

س١٢ يقصد بالإنتاج كل العمليات الإنتاجية التي ينجم عنها خلق أو زيادة درجة المنفعة في سلعة ما أو إنتاج خدمات لها منفعة

س١٣ لعناصر الإنتاج عوائد على سبيل المثال:

● الأرض عائدها الربح

● العمل عائده الأجور

- راس المال عائده الفائدة
- التنظيم أو الإدارة عائدها الريع

س١٤ الطريقة الاستنباطية أو الافتراضية أو الاستنتاجية هي طريقة الوصول إلى المجهول بواسطة المعلوم أي التحليل من العام إلى الخاص

س١٥ إن تكلفة الفرصة البديلة عبارة عن تكلفة الموارد التي يخصصها المجتمع لإنتاج سلعة على حساب سلعة اخرى

س١٦ السلع الحرة هي التي لها ثمن ومنفعة

س١٧ يقصد بالسلع الاستهلاكية تلك السلع التي لا تشبع الحاجات البشرية بطريقة مباشرة كالغذاء والملابس والأجهزة الكهربائية

س١٨ يقصد بالسلع الإنتاجية أو ما تسمى بالسلع الرأسمالية تلك السلع التي تشبع الحاجات البشرية بطريقة غير مباشرة

أسئلة للمناقشة

س١ : عرّف علم الاقتصاد ثم اشرح أهداف علم الاقتصاد ؟

س٢ : وضح بالتفصيل أركان علم الاقتصاد مع اعطاء بعض الأمثلة ؟

س٣ : اشرح مفهوم وخصائص وأركان المشكلة الاقتصادية ؟

س٤ : في رأيك ما هو الحل الأمثل لحل المشكلة الاقتصادية ؟

س٥ : اشرح لماذا ندرس علم الاقتصاد وهل يعتبر الاقتصاد علماً؟

س٦ : قارن بين النظم الاقتصادية المعاصرة ؟

س٧ : ما المقصود بالمهارة الاقتصادية وهل لها علاقة للاشباع الحقيقي لحاجات ورغبات الانسان من موارده ؟

س٨: اشرح العلاقة بين علم الاقتصاد والعلوم الأخرى؟

س٩: وضِّح أهم الطرق المستخدمة في التحليل الاقتصادي لحل أية مشكلة اقتصادية كالبطالة والفقر ...الخ؟

س١٠: عدد أقسام علم الاقتصاد مع الشرح؟

س١١: اشرح مفهوم منحنى امكانيات الانتاج مع الأمثلة؟

س١٢: ما هي خصائص منحنى امكانيات الانتاج؟

تمارين عملية

مثال (١)

احسب تكلفة الفرصة البديلة لامكانات الانتاج بين سلعتين هما الارز والقمح.

تكلفة الفرصة البديلة لانتاج الأرز	انتاج القمح (بالالف طن)	انتاج الارز (طن)	خيارات الانتاج المتاحة
	٢٥	صفر	أ
	٢٣	١	ب
	٢٠	٢	ج
	١٥	٣	د
	صفر	٤	هـ

مثال (٢)

احسب تكلفة الفرصة البديلة لامكانات الانتاج بين انتاج السلع الرأسمالية وانتاج السلع الاستهلاكية.

تكلفة الفرصة البديلة للسلع الاستهلاكية	انتاج السلع الانتاجية بالطن	انتاج السلع الاستهلاكية (بالطن)	بدائل أو خيارات الانتاج
	٢٠٠	صفر	أ
	١٨٠	١	ب
	١٤٠	٢	ج
	٨٠	٣	د
	صفر	٤	هـ

الفصل الثاني
نظريات القيمة

الفصل الثاني
نظريات القيمة

Value Theories

١-٢- لمحة تاريخية:

تعتبر هذه النظرية من النظريات الأساسية في علم الاقتصاد كما تسمى أحيانا بنظرية تحديد الأثمان. ولقد كان للعديد من المفكرين الاقتصاديين على مر العصور بصمات واضحة في هذا الموضوع امثال أدم سميث، ريكاردو وابن خلدون وماركس والفرد مارشال وغيرهم. فلا بد من التمييز بين مفهومين للقيمة هما:

أ-   القيمة الاستعمالية، وتعني او تمثل المنفعة أو الفائدة التي يحصل عليها الفرد من استهلاكه للسلع والخدمات التي يحصل عليها.

ب- القيمة التبادلية، وهي تعني القوة الشرائية للسلع والخدمات اثناء مبادلتها في السوق بسلع وخدمات أخرى، بمعنى آخر أنها تعني القوة التبادلية للسلعة تجاه السلع الأخرى، وهي بهذا تعبر عن المنفعة الكلية التي يحصل عليها المجتمع من استخدامه للسلع والخدمات المختلفة.

وبما أن منفعة أي سلعة او خدمة تتوقف على شدة حاجة المستهلك لها، مما يدل على أن هذه المنفعة ليست ثابتة وانما تتغير بتغير حاجة الفرد لها، وبتغير الأفراد انفسهم، وهذا يعني أنه إذا كان سلعة ما نافعة لفرد ما في وقت معين، قد لا تكون بنفس الدرجة من المنفعة لفرد آخر، كما أن هذه المنفعة لتلك السلعة قد تختلف حتى لنفس الفرد وبين وقت لآخر.

هناك حقائق اساسية وهي ان السلع المختلفة لها أسعار مختلفة، وبعض السلع اسعارها منخفضة وبعضها اسعارها مرتفعة لأن سعر السلعة الواحدة يتغر من فترة لأخرى، واحيانا ترتفع اسعار بعض السلع وفي احيان أخرى تنخفض.

إن هناك العديد من الاقتصاديين ركزوا على القيمة التبادلية دون التأكيد على القيمة الاستعمالية التي تعتمد على المنفعة نظراً تكون المنفعة مسألة نسبية وهي تختلف باختلاف الزمان والمكان. **فالقيمة** تعني القوة التبادلية لسلعة، تجاه السلع الأخرى أما **الثمن** يعني التعبير النقدي للقيمة.

وتلعب نظرية القيمة او ما يعرف بجهاز الاثمان في نظام السوق الحر أهمية كبيرة، تلك الأهمية التي تظهر من خلال ما يلي:

أ- يساعد جهاز الاثمان في تحديد الأسعار، أسعار السلع والخدمات المختلفة وبذلك فإنه أداة تساعد في تحديد القدرة أو القوة الشرائية للأفراد، حيث أن انخفاض الأسعار تعني زيادة القوة الشرائية وارتفاع الأسعار تعني انخفاض القوة الشرائية.

ب- يساعد جهاز الاثمان في توزيع الموارد الاقتصادية بين الاستعمالات البديلة لها، حيث عن طريق الأسعار يمكن توجيه مورد ما (عنصر انتاجي) لاستخدام معين دون الاستخدامات الأخرى، فأرتفاع الاجور في قطاع الصناعة يشجع قوة العمل للعمل في هذا القطاع دون العمل في القطاعات الأخرى... الخ، أي أنه بمثابة وسيلة تساعد في تحديد ماذا ينتج، وكم ينتج؟

ج- يساعد جهاز الاثمان على توزيع الدخل بين عناصر الانتاج وذلك حسب مساهمتها في تكوين أو انتاج ذلك الدخل، حيث ان عناصر الانتاج (العمل، رأس المال، الأرض، التنظيم) عندما تساهم في العملية الانتاجية لانتاج ناتج ما، فلا بد أن تحصل على دخول معينة حسب تلك المساهمة وهذه الدخول هي (الاجور، الفائدة، الريع والارباح).

د- كما يساعد جهاز الاسعار او الثمن في تحديد الطريقة أو الأسلوب الذي يتم به إنتاج ناتج معين، إذا اخذنا بنظر الاعتبار بأن لكل اسلوب تكاليفه وإن هذه التكاليف ما هي إلا نوع من الأسعار لعناصر الانتاج، كالمفاضلة بين أسلوب مكثف للعمل او اعتماد تكنولوجيا بسيطة، أو اختيار أسلوب مكثف للرأسمال أي اعتماد تكنولوجيا متطورة.

وكان أول من ناقش ظاهرة القيمة هو آدم سميث (Adam Smith) في كتاب عن طبيعة ثروة الأمم وأسبابها صدر عام ١٧٧٦ . يقول آدم سميث أن السلع التي تشبع الحاجات الملحة لدى الأفراد كالخبز والماء، يكون لها قيمة تبادلية منخفضة أي أن أسعارها تكون منخفضة، في حين أن السلع التي لا تشبع حاجات ملحة كالذهب والماس، تكون قيمتها التبادلية مرتفعة، أي أن أسعارها عالية. وبعبارة أخرى حسب رأي آدم سميث فأن لأي سلعة من السلع قيمتين، قيمة استعمالية Value in Use وهي التي تبين قدرة السلعة على إشباع الحاجات، أو بمعنى أخر منفعة السلعة، ومثل هذا النوع من القيمة تحدده عوامل شخصية تختلف من شخص إلى آخر وليس لها علاقة بقوى السوق، أما النوع الثاني من القيمة فهو القيمة التبادلية Value in Exchange وهي التي تبين قدرة السلعة على التبادل مع

غيرها من السلع وهي التي تعرف باسم السعر، ومثل هذا النوع من القيمة تحدده عوامل موضوعية خاصة بالسوق.

إن النقود الآن هي المقياس العام والموحد لقيم السلع والخدمات. فالثمن للأشياء هو التعبير النقدي عن قيمتها في السوق.

٢-٢ نظريات القيمة Value Theories :

إن آدم سميث (Adam Smith) قد خرج من مناقشته لظاهرة القيمة بنظريتين أساسيتين سادتا الفكر الاقتصادي في الربع الأخير من القرن الثامن عشر والنصف الأول من القرن التاسع عشر وهما:

٢-٢-١ النظرية التي تنسب القيمة للعمل.

٢-٢-٢ نظرية نفقة الإنتاج.

ولكن هناك نظرية ثالثة سنتكلم عنها أيضا هي نظرية المنفعة الحدية.

٢-٢-١ النظرية التي تنسب القيمة للعمل أو نظرية العمل Labour Theory

تعتبر هذه النظرية من النظريات القديمة التي عالجت موضوع القيمة .

تقوم هذه النظرية على أساس أن قيمة أي سلعة من السلع أو خدمة إنما تتحدد بمقدار ما بذل في إنتاجها من عمل، أو بعبارة أخرى بمقدار ما يحتاجه إنتاجها من جهد.

مثال: نفترض أن سلعة معينة ولتكن (A) تحتاج إلى ٨ ساعات عمل لإنتاجها، في حين أن سلعة أخرى ولتكن (B) تحتاج إلى ٤ ساعات عمل لإنتاجها، أي أن الجهد المبذول لإنتاج السلعة الأولى (A) هو ضعف الجهد اللازم لإنتاج السلعة الثانية (B) ويترتب على ذلك أن تكون قيمة السلعة (A) ضعف قيمة السلعة (B) .

إن هذه النظرية تنسب أيضاً إلى الاقتصادي الإنجليزي ديفيد ريكاردو (David Ricardo) الذي أكد عليها في كتابه مبادئ الاقتصاد السياسي عام ١٨١٧، وقد زاد من أهمية هذه النظرية، اعتماد كارل ماركس (Karl Marx) عليها في تحليله للنظام الرأسمالي لإظهار ما يحتويه من تناقضات، وقد أكدوا جميعاً على أن القيمة إلى العمل تتوقف على عاملين أساسيين.

٢- الوقت اللازم لإعداد السلعة للعرض في السوق

ولقد أكد كل من ريكاردو وماركس (Ricardo & Marx) بعد آدم سميث (Adam Smith) أن هناك تفاوتاً كبيراً في المهارات والقدرات التي يتمتع بها الأشخاص المختلفون، سواء في داخل المهنة الواحدة، أو فيما بين المهن المختلفة. فهناك من أنواع العمل ما يتباين في نوعه كعمل النجار، والخباز، والحداد، والصباغ، وعمل المزارع، وما يتفاوت في كفاءته من حيث القدرة والذكاء والنشاط، ومعروف أن العامل القديم أكثر خبرة وكفاءة من العامل المبتدئ.

ولذلك نجد أن ريكاردو (Ricardo) قد بين أن قيم السلع إنما تتحدد على أساس قيمة العمل اللازمة لإنتاجها وليس على أساس كمية العمل المبذول فعلاً في إنتاجها. بينما قال ماركس أن قيمة السلعة تتحد على أساس كمية العمل المبذول في إنتاج السلعة والضروري اجتماعياً أي العمل المبذول من قبل عامل متوسط المهارة والنشاط.

لقد تعرضت هذه النظرية لمجموعة من الانتقادات يمكن إيجازها فيما يلي:

١- فشلت هذه النظرية في تفسير أسعار الكثير من السلع التي تتمتع بقيمة تبادلية مرتفعة على الرغم من أنه لم يبذل جهد كبير في إنتاجها. أو أن الجهد الذي بذل لا يتناسب مع هذه القيمة المرتفعة وكمثال على ذلك المعادن النفسية التي يكون لها سعر مرتفع مستمد من ندرتها وليس من جهد كبير في إنتاجها.

٢- أنها أعطت أهمية للعمل وأهملت عناصر الانتاج الأخرى وخاصة رأس المال.

٣- أنها نظرت إلى وحدات العمل وكأنها متجانسة دون أن تعطي أهمية للمهارة والكفاءة والخبرة.

٤- فشلت هذه النظرية في تفسير التغير في قيم بعض السلع التي تزداد قيمتها نتيجة لمرور الوقت وليس نتيجة لجهد إضافي بذل في تفهم الناس لها أو لتغير أذواقهم تجاهها أو الزيادة في قيم الأراضي نتيجة لتحسن موقعها واللوحات الفنية القديمة .

٥- لا يمكن أن نتصور أن سلعة ما يكون لها سعر في السوق ما لم تكن لها منفعة مهما بذل في إنتاجها من مجهود. ولكن ريكاردو (Ricardo) وآدم سميث (Adam Smith) لم يبينوا أن المنفعة تعتبر ضمن العوامل المحددة للقيمة بمعنى أنه لم يشترط وجود علاقة سببية بين منفعة السلعة وبين سعرها.

٢-٢-٢ نظرية نفقة الإنتاج أو تكاليف الانتاج Production Cost Theory

تعتبر هذه النظرية امتداداً للنظرية السابقة.

كانت الانتقادات التي وجهت إلى النظرية التي تنسب القيمة للعمل سبباً في تفكير بعض الاقتصاديين أمثال جون ستيورات ميل (J.S.Mill) في البحث عن أساس آخر للقيمة وهو على أساس النفقة التي تنفق على جميع عوامل الإنتاج لإنتاج السلعة أو الخدمة. فنظرية نفقة الإنتاج تقول بأن ما يدفع لإنتاج سلعة ما من نفقات إنتاج هو الذي يحدد قيمة هذه السلعة. وتؤكد هذه النظرية أيضاً على أن العبرة ليست بعدد الساعات أو الجهد المبذول في العمل بل بالنفقة التي تنفق على العملية الإنتاجية للسلعة.

ولقد تعرضت هذه النظرية أيضاً لبعض الانتقادات أهمها:

١- إن هذه النظرية قد أخذت في الاعتبار جانب المنتجين فقط، أي جانب العرض (الندرة) وما يحدده من نفقات إنتاج، دون أن تتعرض لجانب المستهلكين أي جانب الطلب، والذي تحدده منفعة السلعة وقدرتها على إشباع الحاجات، وبالتالي فإن هذه النظرية عجزت عن تفسير قيم السلع التي يتم تبادلها بسعر قيم عن نفقة إنتاجها، التي يتم تبادلها بسعر يزيد عن نفقة إنتاجها بسبب زيادة إقبال المستهلكين على شرائها أي أنها اهملت المنفعة ومدى أهميتها في تحديد قيمة السلعة.

٢- إن نفقة الإنتاج لا تعتبر في أي وقت من الأوقات كماً ثابتاً ولكنها تختلف من منتج إلى آخر، فالمنتج الكفء يستطيع أن ينتج السلعة بتكلفة منخفضة، في حين أن المنتج الأقل كفاءة ينتج نفس السلعة بتكلفة أعلى، علماً بأن ثمن السلعة في السوق يكون واحداً. فوحدة الإنتاج تختلف من وحدة إلى وحدة أخرى، ومن المعروف أن النفقة المتوسطة تتوقف على كمية الإنتاج بالنسبة للحجم الواحد للمشروع.

٣- أنها لم تعطي أهمية للتقدم العلمي والتكنولوجي في تخفيض تكاليف الانتاج.

٤- لم تعطي أهمية للنوعية وإنما نظرت إلى السلع وكأنها متجانسة غير متمايزة.

٢-٢-٣ نظرية المنفعة: Utility Theory

تعتبر هذه النظرية امتداداً للنظريات السابقة التي عالجت موضوع القيمة. حيث اعتقد المفكرون ان قيمة السلع أو الخدمات تحدد استنادا إلى منفعتها، فالسلعة التي تحقق منفعة أكبر (أي اشباعاً اكبر) لا بد وأن تكون لها قيمة أكبر من سلعة ذات منفعة اقل.

واستمرت نظرية نفقة الإنتاج كأساس للقيمة تسيطر على الفكر الاقتصادي حتى العقد الثامن من القرن التاسع عشر، حينما ظهرت نظرية المنفعة الحدية على يد زعماء مدرسة التحليل الحدي النمساوية. أمثال ستانلي جيفرنز وكارل مينجر وليون وولراس (Jevons, William Stanely, Menninger, Walras, Le'on) فقد توصل هؤلاء إلى نتيجة واحدة أن قيمة الأشياء تتحدد بمنفعتها.

وقد فرقت المدرسة النمساوية بين نوعين من المنفعة: المنفعة الكلية التي يحصل عليها الفرد من استهلاكه لكمية معينة من السلعة، والمنفعة الحدية التي يحصل عليها الفرد من آخر وحدة من وحدات هذه السلعة، هذا وتؤكد المدرسة النمساوية بأن المنفعة الحدية وليس المنفعة الكلية هي العنصر المحدد للقيمة، أي أن قيم السلع تتحدد بناء على منافعها الحدية وليس على منافعها الكلية. وأن المنفعة الحدية تتناقص باستمرار بزيادة وحدات السلعة المستهلكة ويرجع ذلك الى أن الإنسان لا يمكنه ان يستمر في استهلاك السلعة إلى ما لا نهاية، بل أن هناك حداً يصل فيه المستهلك إلى حالة من الإشباع الكامل، وذلك بعد حصوله على كمية معينة من السلعة.

إلا أنها واجهت بعض الانتقادات منها ما يلي:

١- على الرغم من أن هذه النظرية استطاعت أن تحل لغز القيمة إلا أنها لم تسلم من النقد حيث عاب عليها البعض إهمالها لجانب العرض في تفسير القيمة واهتمامها فقط بجانب الطلب أي أنها لم تأخذ في حسبانها جانب نفقة الإنتاج.

٢- أنها ركزت على المنفعة وأهملت الندرة على الرغم من أن المنفعة هي شيء نسبي اضافة إلى صعوبة قياسها.

٣- قد تكون هناك سلعة ذات منفعة كبيرة ولكنها ذات قيمة قليلة او ليس لها قيمة اصلا كالماء والهواء بشكلهما الطبيعي واللذان يعتبران اكثر أهمية للانسان من الماس والذهب في الوقت الذي يكون هناك سلع ذات منفعة قليلة، بينما تكون ذات قيمة كبيرة كالماس.

وحتى نستطيع أن نتفهم العوامل التي تحدد أسعار السلع المختلفة فإن الأمر يتطلب منا دراسة اكثر تفصيلاً للعوامل التي تحكم عرض المنتجين من ناحية، وطلب المستهلكين من ناحية أخرى، وهـذا هـو ما سنقوم به في الفصول القادمة عندما نتكلم عن نظرية الطلب ونظرية العرض وتوازن العرض والطلب.

أسئلة الخطأ والصواب

أجب صح أم خطأ :

١- إن أول من ناقش ظاهرة القيمة هو آدم سميث في بحث نشره عام ١٧٧٦.

٢- إن السلع التي تشبع الحاجات الملحة لدى الأفراد كالخبز والماء لا يكون لها قيمة تبادلية منخفضة أي أن اسعارها تكون مرتفعة.

٣- تعتبر النقود المقياس العام والموحد لقيم السلع والخدمات والثمن للأشياء هو التعبير النقدي عن قيمته في السوق.

٤- إن النظرية التي تنسب القيمة للعمل تقوم على أساس أن قيمة أي سلعة من السلع إنما تتحدد بمقدار ما بذل في إنتاجها من عمل وجهد.

٥- هناك بعض السلع يكون لها سعر في السوق وليس لها منفعة.

٦- تقوم نظرية نفقة الإنتاج على عدد الساعات والجهد المبذول في العمل.

٧- برزت نظرية المنفعة على يد مدرسة التحليل الحدي النمساوية بزعامة ستانلي جيفرنز وكارل مينجر وليون ووالراس.

أسئلة للمناقشة

السؤال الأول: ما المقصود بنظرية القيمة ثم اشرح متى بدأ استعمال هذه النظرية.

السؤال الثاني: اشرح النظرية التي تنسب القيمة للعمل بالتفصيل.

السؤال الثالث: وضّح بالتفصيل الفرق بين نظرية نفقة الإنتاج ونظرية المنفعة.

السؤال الرابع: لقد تعرضت النظرية التي تنسب القيمة للعمل إلى عدد من الانتقادات، وضح هذه الانتقادات مع اعطاء بعض الأمثلة.

السؤال الخامس: هناك بعض الانتقادات وجهت لنظرية نفقة الإنتاج، اشرح بالتفصيل هذه الانتقادات مع اعطاء بعض الأمثلة.

السؤال السادس: ما الفرق بين المنفعة الكلية والمنفعة الحدية مع الأمثلة.

الفصل الثالث
نظرية الطلب

مقدمة

الفصل الثالث
نظرية الطلب
Demand Theory

مقدمة

تواجه كافة المجتمعات في ظل الأنظمة الاقتصادية المعاصرة التي تم الحديث عنهما في الفصل الأول أن هذه المجتمعات تعاني من مشكلات رئيسة ثلاثة هي ماذا ننتج، وكيف ننتج، ولمن ننتج، لكن الاختلاف فيما بينهما في طريقة معالجة تلك المشكلات. فالأردن تتبع حاليا النظام الاقتصادي المختلط والذي يجمع ما بين خصائص النظام الاقتصادي الحر وبعض خصائص النظام الاشتراكي. فإن هذه المشكلات الثلاث تعالج في الأردن من خلال نظام السوق (جهاز الثمن) وآلية السعر مع تدخل الحكومة في مجالات معينة من النشاط الاقتصادي رغم ان هناك تسارع كبير في تبني الخصخصة أي نقل ملكية وأنشطة من القطاع العام إلى القطاع الخاص. وسوف أتناول في فصل كامل عن نظرية الأسواق من حيث مفهومه وأنواعه وأشكاله وخصائصه وسماته (الفصل العاشر).

٣-١ مفهوم الطلب The Concept of Demand

يعرّف الطلب بأنه عبارة عن الكميات من السلعة أو الخدمة التي يرغب المشترون أو المستهلكون في شرائها بأسعار معينة وفي وحدة زمنية معينة، وفي سوق معين، وعند سعر معين تدعهما قوة شرائية (الدخل) ويتكون الطلب من عنصرين هما:

أ- الرغبة : Desire

ب- القدرة: Ability

إن توفر الرغبة لدى الإنسان في الحصول على شيء معين، لا يعتبر طلبا بالمعنى الاقتصادي لهذا المصطلح لأن رغبته هذه لن تؤثر على الكميات المعروضة للبيع من هذا الشيء في السوق، أو على السعر الذي تباع به، فهو إذن طلب غير فعال (Ineffective Demand) . أما إذا صاحب تلك الرغبة لدى الإنسان مقدرة على الشراء الفعلي، بمعنى إن كانت لديه موارد كافية يستطيع بمقتضاها الحصول على هذا الشيء المعين فإنه يقوم من جانبه بطلب هذا الشيء حيث أن رغبته في هذه الحالة تتحول إلى طلب فعال لأنها تستند إلى قوة شرائية تقويها وتعززها بحيث تجعل لها تأثيرا على الثمن الذين تباع به. فهنا اختلاف بين

الرغبة والطلب لا بسبب اختلاف مستوى الدخل فقط وانما أيضا بسبب تفاوت الاستعداد لدفع الثمن المطلوب فالرجل الميسور الحال الذي يذهب إلى بائع الخبز تتوفر لديه القدرة والاستعداد لدفع الثمن المطلوب لرغيف الخبز، في حين أن الفقير، مهما بلغت درجة رغبته في الحصول على رغيف الخبز، لن يحصل عليه إلا اذا.

- توفر لديه المال اللازم.

- وكان مستعداً لدفع المال اللازم ثمناً لرغيف الخبز ففي حالة الرجل الميسور، تشكل رغبته طلباً، أما في الحالة الثانية، حالة الرجل الجائع الفقير فقد لا تشكل رغبته طلباً إلا اذا توفرت الشروط المذكورة أعلاه.

فالرجل الثري لديه رغبة ولديه مقدرة على الدفع في حين أن هذا الفقير الجائع لديه رغبة أكبر في السلعة ولكن لديه مقدرة اقل في الدفع، أي أن الرغبة - هي طلب سلبي في حين أن الطلب هو الرغبة الإيجابية.

الملاحظات العامة حول تعريف الطلب ما يلي:

١- يقاس الطلب بالكمية وليس بالقيمة.

٢- يشترط توفر الرغبة في السلعة ليكون هناك طلب عليها والرغبة في السلعة شرط ضروري ولكنه ليس كافيا.

٣- يجب أن يكون هناك استعداد لشراء السلعة ويتوقف ذلك على عدة عوامل أهمها الدخل.

٤- ركز التعريف على سعر السلعة كأهم عامل يحدد استعداد المستهلك لشراء السلعة.

٥- الطلب له بعد رضى فنقول: يبلغ الطلب العالمي على البترول ٣٥ مليون برميل يوميا.

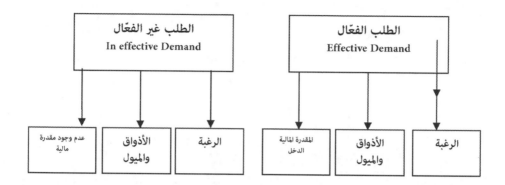

الطلب غير الفعّال In effective Demand			الطلب الفعّال Effective Demand		
عدم وجود مقدرة مالية	الأذواق والميول	الرغبة	المقدرة المالية الدخل	الأذواق والميول	الرغبة

ومن المعروف أن الإنسان يحتاج في حياته لكثير من السلع لإشباع حاجاته، وهناك نوعان مـن السلع:

أ- السلع الاقتصادية:

وهي السلع التي لا يمكن الحصول على أية وحدة منها الا بعـد دفـع الـثمن المرمـوق كالأجهزة الكهربائية، والسيارات والمواد الغذائية والملابس والأحذية والاثاث.. الخ.

ب- السلع الحرة:

وهي التي لها منفعة ولكـن يمكن الحصـول عليهـا بـدون ثمـن ومثـال ذلك الهـواء والاسـتمتاع بالحدائق العامة، وشواطئ البحار والغابات وزيارة المتاحف الأثرية الخ، ومبـدئياً يمكـن القـول أن السـلعة لكي تكون سلعة اقتصادية ينبغي أن تتوفر فيها صفتان في آن معا: وهاتان الصفتان النـدرة والمنفعـة، فـإذا توفرت واحدة فقط من هاتين الصفتين، كانت السلعة حرة وليست سلعة اقتصادية.

٣-٢ قانون الطلب Law of Demand

يشير قانون الطلب إلى العلاقة العكسية بين الكمية التي يرغب المستهلك في شرائها من سلعة معينة في الأجل القصير (يوم، أسبوع، شهر) وثمن السلعة، وذلك باقتراض ثبات العوامل المستقلة الأخرى كدخل المستهلك، ذوق المستهلك، وأسعار السلع الأخرى من بديلة أي منافسة وسلع مكملة.

وواضح أنه كلما انخفض ثمن سلعة معينة في السوق، ازدادت الكميات المطلوبة منها عند هذا الثمن، لأن المشترين الذين لم يكونوا يشترون أية وحدات من هذه السلعة من قبل سيرغبون في شراء بعض الوحدات من السلعة عندما ينخفض سعرها، كما أن المشترين الذين كانوا يشترون عدداً محدوداً من وحدات هذه السلعة عندما كان سعرها مرتفعاً يصبحون أكثر استعداداً لشراء المزيد من الوحدات عندما ينخفض سعر هذه السلعة.

إن القاعدة العامة للطلب تشير إلى ان الكميات المطلوبة من سلعة ما تتزايد عادة كلما انخفض سعرها، وتتناقص كلما ارتفع سعرها، أي أن العلاقة بين السعر والكمية في حالة الطلب هي علاقة عكسية، وهو ما يوضحه جدول الطلب.

٣-٣ جدول الطلب Demand Schedule

ويمكن التعبير عن قانون الطلب باستخدام الأرقام بشكل جدول يسمى بجدول الطلب والذي يوضح الكميات المطلوبة من سلعة ما في فترة معينة عند مستويات الأسعار المختلفة لهذه السلعة، مثلما هو موضح في الجدول الفرضي التالي رقم (٢)

الجدول رقم (٢)

طلب المستهلك لسلعة ما

سعر السلعة (س) بالدينار	الكمية المطلوبة (بالوحدة)
١٨	٢
١٤	٤
١٠	٦
٦	٨

نلاحظ من الجدول رقم (٢) أنه كلما انخفض سعر السلعة (س) ارتفع عدد الوحدات المطلوبة وبطبيعة الحال فإننا نفترض ثبات جميع العوامل الأخرى التي يمكن أن توثر على سلوك المستهلك تجاه هذه السلعة مثل: دخله، ذوق المستهلك، وأسعار الأخرى إلى آخر هذه العوامل التي يمكن أن تؤثر بصورة مباشرة أو غير مباشرة على طلب المستهلك لهذه السلعة.

ولجدول الطلب أهمية لدى رجال الأعمال، خاصة الذين يتمتعون منهم بمركز احتكاري، إذ يهمهم معرفة ما ستكون عليه حالة الطلب على السلع التي ينتجونها عند مستويات الأسعار المختلفة - وذلك للتعرف على أنسب سعر يدر عليهم أكبر الأرباح.

كذلك تهتم الحكومات بجداول الطلب عند وضع تقديرات ميزانيتها، وتحديد مستوى الضرائب اللازمة لتمويل النفقات العامة، إذ تساعدها هذه الجداول على معرفة السلع التي سوف تفرض عليها الضرائب، ذلك بأن حصيلة الضرائب تختلف باختلاف حجم المبيعات. وهكذا لابد من قبل فرض أي ضريبة من تقدير الطلب المتوقع على السلعة المراد فرض الضريبة عليها.

٣-٤ منحنى الطلب Demand Curve :

أ- منحنى طلب الفرد (شخص واحد فقط).

لو قمنا بتمثيل البيانات التي يعرضها جدول رقم (٢) تمثيلاً بيانياً حيث تمثل الكميات المطلوبة على المحور الأفقي والأسعار على المحور الرأسي فإنه يظهر لنا منحنى الطلب (ط ط) الذي يعكس لنا العلاقة العكسية بين السعر والكمية المطلوبة حيث أن المنحنى ينحدر من أعلى إلى اسفل كلمنا اتجهنا من اليسار إلى اليمين بسبب قانون تناقص المنفعة الحدية، وهذا ليس إلا تطبيقاً لقانون الطلب الذي سبق أن أشرنا إليه، والذي يقضي بأن الكمية المطلوبة من سلعة معينة تتغير تغيراً عكسياً مع التغير في ثمنها فتزيد بانخفاضه وتقل بارتفاعه، وهذا ما يوضحه شكل رقم (٢).

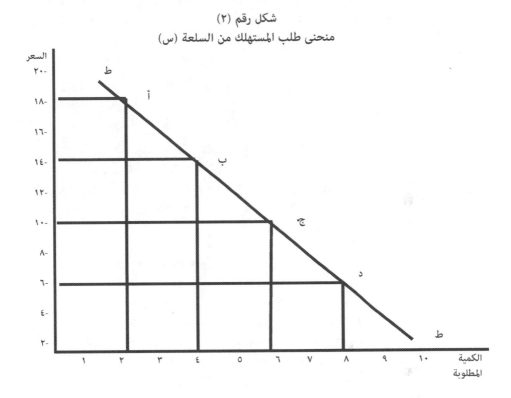

شكل رقم (٢)
منحنى طلب المستهلك من السلعة (س)

إن المستهلك لن يزيد من مشترياته من سلعة ما، إلا إذا انخفض ثمنها حيث يبرر الثمن المنخفض عندئذ شراء الوحدات الإضافية ذات المنفعة الأقل. وسيتوقف المستهلك عن الشراء عندما يجد أن الثمن الذي يدفعه سيتعادل مع منفعة الوحدة الأخيرة التي يحصل عليها من تلك السلعة.

أما إذا ارتفع ثمن السلعة فإن المستهلك سيجد أن منفعة الوحدة الأخيرة التي يشتريها من هـذه السلعة، اقل من الثمن الذي يدفعه لها، وعلى هذا سيمتنع عن شراء بعض الوحدات إلى أن يجد أن منفعة الوحدة الأخيرة التي يشتريها تتعادل مع الثمن الذي يدفعه فيها.

ب- منحنى طلب السوق

لقد تم تمثيل جدول الطلب سابقاً بالنسبة للفرد أي لمستهلك واحد وشكل المنحنى كان سالب الميل أي ينحدر من أعلى إلى اسفل وإلى اليمين، واطلق عليه منحنى الطلب حيث يعكس ميل المنحنى السالب قانون الطلب الذي تم توضيحه بالعلاقة العكسية بين سعر سلعة ما والكمية المطلوبة من تلك السلعة، مع بقاء العوامل الأخرى ثابتة. ان هذا المنحنى في الشكل الذي تم رسمه سابقا يطلق عليه منحنى طلب الفرد، وأي شخص آخر سيكون له منحنى طلب آخر، وغالبا ما يكون مختلفا، ولكنها جميعا تميل من أعلى إلى اسفل وإلى اليمين عاكسة بذلك قانون الطلب.

أما منحنى طلب السوق فهو يشير إلى وجود عدد من المستهلكين على طلب سلعة واحدة ويمكن تجميع الكميات لكل مستهلك مقابل كل سعر ويمكن توضيحه في الجدول التالي:

طلب السوق على سلعة ما

السعر بالدينار	الكمية المطلوبة (وحدة)				
	مستهلك أول	مستهلك ثاني	مستهلك ثالث	مستهلك رابع	جميع المستهلكين
١٠	٢٠	٥	٧	٩	٤١
٩	٢٢	١٠	١١	١٢	٥٥
٨	٢٥	١٥	١٧	١٨	٧٥
٧	٣٠	٢٢	٢١	٢٠	٩٣
٥	٣٥	٣٠	٢٥	٢٤	١١٤

ويمكن توضيح ذلك للطالب من خلال الرسم بيانيا كل مستهلك على حده.

وخلاصة القول أن منحنى الطلب هو خط بياني يصل بين عدة نقاط كل نقطة منها تمثل سعرا معينا للسلعة والكمية المطلوبة منها في السوق عند هذا السعر والعلاقة عكسية بين السعر والكمية المطلوبة، كما أن العلاقة العكسية = سالب الميل لمنحنى الطلب.

٣-٥ العوامل المؤثرة على الطلب (محددات الطلب)

يتحدد طلب المستهلك لسلعة أو خدمة ما وبالتالي تتحدد الكميات التي سيحصل عليها المستهلكون في سوق وزمان معينين وبسعر معين بفعل العوامل التالية:

١- عدد المستهلكين:

يتطلب سوق كبير مثل سوق مدينة عمان أو الزرقاء كميات كبيرة من الطعام والملابس والسجائر والمنتجات الأخرى لسد حاجة مستهلكيه، على عكس الكميات التي تطلب في سوق صغيرة مثل سوق مدينة المفرق. ويرجع هذا السبب إلى أن عدد مستهلكي سوق عمان والزرقاء أكبر بكثير من سوق عدد مستهلكي سوق المفرق وعدد المستهلكين في مدينة القاهرة أكبر بكثير من عدد المستهلكين في مدينة عمان بسبب كبر عدد السكان وتختلف من مدينة لأخرى داخل نطاق حدود الدولة وخارج النطاق الإقليمي وحتى بين عدد سكان الدول كالأردن ومصر والهند والصين.

وواضح أن زيادة عدد المستهلكين تؤدي إلى زيادة الكمية المطلوبة من تلك السلعة في فترة زمنية معينة وكلما قل عدد المستهلكين قلت الكمية المطلوبة منها فالعلاقة طردية.

٢- الاختلاف في دخل الأفراد:

تتوقف مقدرة أي فرد على إشباع رغباته المتعددة، على مقدار ما يحصل عليه من دخل. وبالنسبة للأفراد من ذوي الدخول الكبيرة يكونون قادرين على إشباع رغبات أكثر من ذوي الدخول الصغيرة، ومن البديهي أنه اذا زاد دخل الفرد يصبح قادراً على شراء وحدات أكثر من السلع والخدمات التي كان يشتريها أو يشتري سلعاً لم يكن قادراً على شرائها من قبل ومستويات الدخول ثلاثة:

- دخل عالي High Income

- دخل متوسط Medium Income

- دخل منخفض Low Income

فالعلاقة طردية بين الدخل والكمية المطلوبة كلما زاد الدخل زادت الكمية المطلوبة والعكس صحيح.

وباختصار نقول هنا أنه كلما زادت دخول الأفراد زادت قدراتهم على شراء السلع وبالتالي تزيد الكميات المطلوبة من هذه السلع وكلما انخفضت دخول الأفراد قلت قدراتهم الشرائية وبالتالي تنخفض الكميات المطلوبة من هذه السلع.

٣- عادات وأنماط الاستهلاك ودرجة تفضيل المستهلك:

تؤثر عادات الاستهلاك وتفضيل المستهلكين للسلع والخدمات على الطلب. ولا شك أن هناك ارتباطاً وثيقاً بين أذواق المستهلكين والكميات المطلوبة من سلعة معينة. فإذا تحولت أذواق المستهلكين وميولهم نحو سلعة معينة فإن الكميات المطلوبة من هذه السلعة تزيد، أما إذا تحولت أذواق وميول المستهلكين عن هذه السلعة فإن الكميات المطلوبة منها تنخفض. فهناك دول لها عادات وتقاليد في شراء كميات كبيرة من السلع مثل التوابل من قبل الشعب الهندي والباكستاني والازياء الشعبية في دولة الخليج العربي.

٤- درجة توفر السلع البديلة والمكملة:

السلع البديلة (المتنافسة) هي التي تقوم بإشباع نفس الحاجة للمستهلك مثل اللحم الأحمر والدجاج فارتفاع سعر اللحم يؤدي إلى انخفاض الطلب عليه وزيادة الطلب على الدجاج بافتراض ثبات سعر الدجاج.

أما السلع المكملة: فهي التي لا يمكن استخدام واحدة دون الأخرى لإشباع حاجة المستهلك كالسكر والشاي والبنزين والسيارة والسكر والقهوة .

إذا زاد سعر السكر قلت الكمية المطلوبة من السكر وقلت الكمية المطلوبة من الشاي.

وهناك سلع مستقلة وهي ليس لها مع بعضها بعضا مثل السيارات والبطاطا، الملح والسكر، الاحذية والسمك، وتعرف هذه السلع بأنها سلع مستقلة لأن التغير في سعر احداها لا يؤثر في الطلب على الأخرى.

٥- الظروف البيئية العامة :

ويقصد بها الظروف الاجتماعية والدينية والمناخية التي يعيش فيها المستهلكون فمثلاً يزداد الطلب على المرطبات في أشهر الصيف عنها في أشهر الشتاء حتى ولو لم يتغير سعرها. كذلك فإن الطلب يتغير على بعض السلع في المناسبات الاجتماعية كالأفراح والمواسم الدينية، فمثلاً يزداد الطلب على الأسماك الطازجة والمحفوظة والدقيق والسكر في عيد الفطر المبارك عند المسلمين بينما يزداد الطلب على طيور الحبش في عيد الميلاد عند المسيحيين.

٦- توقعات المستهلكين:

إذا توقع ارتفاع سعر سلعة فان طلبه الآن سوف يزداد على السلعة قبل الارتفاع للسعر، وإذا ارتفع دخله فان طلبه سوف يزداد أيضاً. مثال سلعة السكر أو الأرز او أية سلعة يكثر المستهلكين في شرائها باستمرار يزداد الطلب على السلع الضرورية مقارنة بالسلع الكمالية.

٧- السعر

كلما انخفض سعر سلعة معينة يؤدي إلى زيادة الكمية المشتراة من قبل المستهلك اذا كانت السلعة ضرورية وحسب حاجته. وليس السلع الكمالية.

٨- الحروب

تزداد الكمية المشتراة عند وقوع الحرب مما يؤدي الى شراء كمية كبيرة للتخزين لمواجهة احتياجات المستهلكين عند الحاجة. ويتوقف ذلك على مدى توفر الدخل لدى أفراد المجتمع لشراء الكميات.

٩- الظروف الاقتصادية

ففي ظل الانفتاح الاقتصادي او الازدهار والرفاه يزداد الدخل مما يؤدي الى زيادة الكمية المشتراة، اما في ظل الكساد والركود فتقل الكمية المشتراة بسبب قلة الدخل لدى المستهلكين. فالدخل هو محدد رئيسي للشراء أو عدم الشراء.

٣-٦ دالة الطلب Demand Function

دالة الطلب عبارة عن العلاقة الدالية التي تربط المتغير التابع (الكمية المطلوبة) بالمتغير المستقل (محددات الطلب) وتكتب بالشكل التالي:

ك ط = (د س ، ع ، س ، ذ ، ت)

وحيث أن:

ك ط = الكمية المطلوبة

س = سعر السلعة

د = دخل المستهلك

ع = عدد المستهلكين

س = أثمان السلع الأخرى (السلع البديلة)

ذ = أذواق المستهلكين

ت = توقعات المستهلكين

إن الكميات المطلوبة تتغير بالزيادة أو النقصان حسب تغيرات السعر مع بقاء باقي محددات الطلب ثابتة. وأيضا (ك ط) تتغير بتغير السعر فالطلب يتغير بتغير المحددات كالدخل، أو أذواق وميول المستهلكين أو عدد المستهلكين أو أسعار السلع الأخرى مع بقاء مستوى الأسعار ثابتا.

والتفسير البياني واضح بانتقال منحنى الطلب بأكمله إلى يمين المنحنى الأصلي في زيادة الطلب والى يساره في حالة نقصان الطلب. فالمنحنى (ط ط) انتقال إلى (ط₁ ط₁) نتيجة الزيادة في الطلب وانتقال الى (ط₂ ط₂) نتيجة النقصان في الطلب، وهذا ما يوضحه الشكل رقم (٣)

شكل رقم (٣)
منحنى الطلب والعلاقة العكسية بين الكمية والسعر

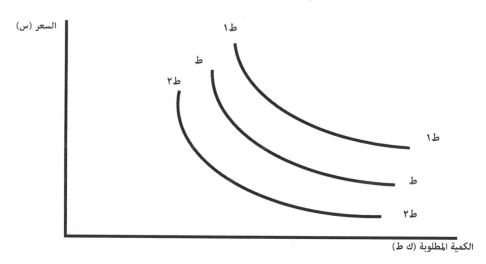

٨١

٧-٣ التغير في الطلب والتغير في الكمية المطلوبة

Change in Demand and Change in Quantity Demanded

أوضحنا سابقاً أن مفهوم الطلب يمثل العلاقة بين السعر والكمية المطلوبة من سلعة معينة خلال فترة زمنية معينة وفي سوق معين، وقلنا أيضا عن محددات الطلب أن أي تغير في هذه المحددات سوف يؤدي إلى تغير في الطلب على السلعة، أي إلى زيادة أو نقص الطلب. كما أن أي تغير في سعر السلعة سوف يؤدي إلى تغير في الكمية المطلوبة أو المشتراة من السلعة، أي هي زيادة أو نقص الكمية المطلوبة وسنحاول فيما يلي إلقاء مزيد من الضوء لتوضيح هذه المقولات.

أولاً: التغير في الكمية المطلوبة:

يمكن توضيح ذلك من خلال الجدول رقم (٣) مع توضيحه أيضا بيانيا

جدول رقم (٣)

جدول التغير في الكمية المطلوبة

السعر (دينار)	الكمية المطلوبة (طن)
٢	٤٠
٤	٣٠
٦	٢٠
٨	١٠

ينجم التغير في الكمية المطلوبة من سلعة ما عن التغير في سعر تلك السلعة. ويلاحظ من خلال الجدول أنه إذا ارتفع سعر السلعة فإن الكمية المطلوبة منها ستنخفض، فعندما يرتفع السعر من٢ إلى ٤ دنانير فإن الكمية المطلوبة سوف تنخفض من ٤٠ وحدة إلى ٣٠ وحدة. وإذا استمر الانخفاض في سعر سلعة معينة فإن الكمية المطلوبة منها سترتفع وإذا استمر ارتفاع السعر لسلعة معينة فسوف تنخفض الكميات المطلوبة منها حسب ما تم توضيحه في الجدول رقم (٣)

شكل رقم (٤)
منحنى التغير في الكمية المطلوبة

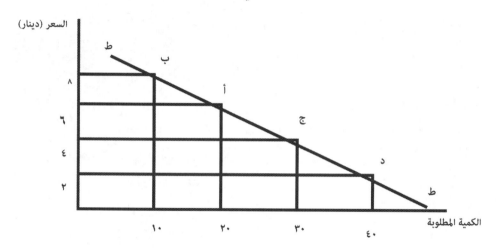

إن الشكل أعلاه يبين بوضوح أن الانتقال من نقطة (أ) إلى نقطة (ب) على نفس منحنى الطلب يعني نقص الكمية المطلوبة نتيجة لارتفاع سعر السلعة بينما الانتقال مـن نقطـة (أ) إلى نقطـة (ج) يعنـي زيادة الكمية المطلوبة نتيجة لانخفاض السعر وهذا يمكن رؤيته من خلال الشكل رقم (٤).

ثانياً: التغير في حالة الطلب Change in Demand

يعني التغير في الطلب تغيرا كاملا في جدول الطلب بمعنى انتقال منحنى الطلب، فعنـدما يـزداد الطلب فإن جميع الكميات المقابلة لكل سعر تصبح اكبر، والزيـادة في الطلـب يـؤدي إلى زيـادة في الكميـة المطلوبة بسبب انخفاض اسعارها.

ويمكن ان يكون التغير في حالة الطلب، تغير الكميات المطلوبة من سلعة ما، سلباً أو إيجابا، عـبر الزمن، أي من الأجل الطويل، وهو ما يحدث لتحولات لا يمكن أن تتم ما بين عشية وضحاها وإنما تحتـاج لفترات زمنية طويلة نسبيا لكي تتشكل ولكي تبدأ في ممارسة تأثيرها على الطلب وضمن هذا السـياق فـإن التغير في الطلب يرجع إلى عوامل عديدة خارجية غير سعر السلعة نفسها حسب ما أوضـحنا سـابقا، وهـي التي سميناها محددات الطلب ويمكن توضيح ذلك من خلال حالتين وهما:

أ- زيادة الطلب على السلعة وتتمثل في انتقال منحنى الطلب على السلعة إلى اليمين، ويرجع السبب في ذلك إلى مجموعة عوامل يمكن إيجازها كما يلي:

١- زيادة عدد المشترين أو مستهلكي السلعة.

٢- تغير أذواق المستهلكين لصالح السلعة.

٣- ارتفاع دخول المستهلكين اذا كانت السلعة عادية. (السلع الجديدة)

٤- انخفاض دخول المستهلكين إذا كانت السلعة رديئة. (السلع القديمة المستعملة)

٥- زيادة أسعار السلع البديلة.

٦- انخفاض أسعار السلع المكملة.

٧- توقعات المستهلكين بزيادة دخولهم أو زيادة أسعار السلع التي يستهلكونها.

ب- انخفاض الطلب على السلعة ويتمثل في انتقال منحنى الطلب على السلعة إلى اليسار، نتيجة لما يلي:

١- نقص عدد المشترين او مستهلكي السلعة.

٢- تغير أذواق المستهلكين ضد السلعة.

٣- انخفاض دخول المستهلكين إذا كانت السلعة عادية.

٤- ارتفاع دخول المستهلكين إذا كانت السلعة رديئة.

٥- انخفاض أسعار السلع البديلة.

٦- ارتفاع أسعار السلع المكملة.

٧- توقعات المستهلكين بانخفاض دخولهم أو انخفاض أسعار السلع التي يستهلكونها.

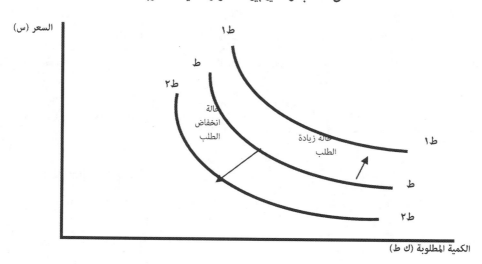

شكل رقم (٥)

منحنى الطلب والتغير بين السعر والكمية المطلوبة

السعر (س)
ط١
ط
ط٢
الة
انخفاض
الطلب
الة زيادة
الطلب
ط١
ط
ط٢
الكمية المطلوبة (ك ط)

المنحنى (ط ط) يمثل منحنى الطلب الأصلي قبل حدوث التغير، بينما يمثل (ط١ ط١) منحنى الطلب بعد زيادة الطلب على السلعة نتيجة للتغير في محددات الطلب التي تم ذكرها سابقا.

أما المنحنى (ط٢ ط٢) يمثل منحنى الطلب الجديد بعد انخفاض الطلب على السلعة نتيجة للتغير في بعض أو كل المحددات المذكورة أعلاه. فانتقال منحنى الطلب الى اليمين حسب ما هو مبين في الشكل يعني زيادة الطلب على السلعة (ط١ط١) بينما انتقال منحنى الطلب إلى اليسار كما يظهر في المنحنى (ط٢ط٢) يعني نقص الطلب على السلعة ويمكن رؤية ذلك التغير من خلال الشكل رقم (٥).

إن تمدد الطلب يعني زيادة الكمية المطلوبة نتيجة لانخفاض السعر، واما انكماش الطلب فيعني انخفاض الكمية المطلوبة نتيجة لارتفاع السعر. فهناك علاقات بين المتغيرات الاقتصادية في نظرية العرض والطلب لا بد من توضيحها قبل الدخول في تفاصيل نظرية الطلب والعرض والتوازن بين العرض والطلب بالآتي:

أولا: العلاقة بين سعر السلعة والكمية المطلوبة منها في السوق هي علاقة عكسية حسب قانون الطلب.

ثانيا: العلاقة بين سعر السلعة والكمية المعروضة منها في السوق هي علاقة طردية حسب قانون العرض.

ثالثا: العلاقة بين دخل المستهلك والكمية المطلوبة من السلعة هي علاقة طردية إذا كانت السلعة عادية، وتكون العلاقة عكسية إذا كانت السلعة رديئة.

رابعا: العلاقة بين الكمية المطلوبة من السلعة وأسعار السلع الأخرى، تكون العلاقة طردية إذا كانت السلعة الأخرى بديلة، وأما العلاقة العكسية إذا كانت السلعة الأخرى مكملة.

خامسا: فالعلاقة بين تكاليف انتاج السلعة والكمية المعروضة منها في السوق علاقة عكسية.

٣-٨ مرونة الطلب   Elasticity of Demand

٣-٨-١ ما المقصود بالمرونة؟

تعني المرونة درجة استجابة الكمية المطلوبة من سلعة ما للتغير الحاصل في سعر تلك السلعة. فالمرونة مدى قوة أو ضعف العلاقة بين المتغير التابع والمتغير المستقل. هناك ثلاثة أنواع رئيسة لمرونة الطلب يمكن توضيحها كما يلي:

٣-٨-٢ مرونة الطلب السعرية   Price Elasticity of Demand

إن قانون الطلب ينص على وجود علاقة عكسية بين سعر سلعة ما والكمية المطلوبة منها، فإذا زاد السعر انخفضت الكمية، وإذا انخفض السعر زادت الكمية ولكن قانون الطلب لا يكشف عن درجة التغير أو مدى استجابة الكمية المطلوبة للتغير في سعر السلعة. ويطلق الاقتصاديون على مدى استجابة الكمية المطلوبة للتغير في السعر اسم مرونة الطلب السعرية. ويمكن تعريف مرونة الطلب السعرية بأنها نسبة التغير في الكمية المطلوبة الى نسبة التغير في السعر.

أي:

مرونة الطلب السعرية = $\dfrac{\text{التغير النسبي في الكمية المطلوبة لسلعة أو خدمة ما}}{\text{التغير النسبي في السعر}}$

ويمكن التعبير عنها كالآتي:

$$\frac{\Delta \text{ك ط١} - \text{ك ط}}{\text{ك ط}} \div \frac{\Delta \text{س١} - \text{س}}{\text{س}}$$

حيث أن:

Δ ك ط١ : تمثل التغير في الكمية المطلوبة

Δ س١ : تمثل التغير في السعر

ك ط : تمثل الكمية المطلوبة الأصلية قبل التغير (كمية الأساس)

س : تمثل السعر قبل التغير (سعر الأساس)

٣-٨-٣ درجات مرونة الطلب السعرية:

تأخذ مرونة الطلب السعرية درجات مختلفة، فيما يتصل بمدى استجابة التغير في الكميات المطلوبة من سلعة معينة للتغير الحاصل في سعر تلك السلعة وهذه الدرجات، هي كما يلي:

١- فإذا كانت النتيجة صفرا فإن الطلب يكون عديم المرونة.

٢- فإذا النتيجة ما لا نهائية فإن الطلب لا نهائي المرونة.

٣- إذا كانت النتيجة اكبر من واحد صحيح فإن الطلب مرن.

٤- اذا كانت النتيجة اقل من واحد صحيح فإن الطلب غير مرن.

٥- وإذا كانت النتيجة واحد صحيح فإن الطلب متكافئ المرونة.

١- طلب عديم المرونة Perfectly Inelastic Demand

وتتميز هذه الحالة بما يلي :

أ- لا يؤدي التغير في الثمن إلى أي تغيير في الكمية المطلوبة والمثال على ذلك بعض السلع الضرورية للمستهلك والتي تبقى الكميات المطلوبة منها ثابتة مهما ارتفع سعرها أو نقص كسلعة الملح والخبز والأدوية.

ب- في هذه الحالة يكون المعامل العددي لمرونة الطلب مساويا للصفر.

جـ- يأخذ منحنى الطلب شكل الخط المستقيم العمودي على المحور الأفقي أي موازي للمحور الرأسي كما يتضح من الشكل التالي:

شكل رقم (٦)
حالة الطلب عديم المرونة

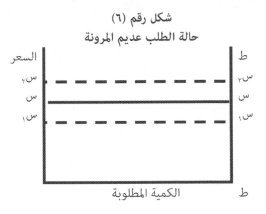

مثال:

الكمية المطلوبة (بالوحدات)	السعر (بالدينار)
٦	١٠
٦	٨

في هذه الحالة نجد أن السعر قد ارتفع بينما الكمية المطلوبة لم تتغير وبتطبيق قانون درجة المرونة :

$$قانون درجة مرونة الطلب = \frac{التغير النسبي في الكمية المطلوبة لسلعة أو خدمة ما}{التغير النسبي في السعر لنفس السلعة أو الخدمة}$$

٨٨

$$= \frac{\Delta\ \text{ك ط}_1 - \text{ك ط}}{\text{ك ط}} \div \frac{\Delta\ \text{س}_1 - \text{س}}{\text{س}}$$

$$\text{التغير النسبي في الكمية المطلوبة} = \frac{٦ - ٦}{٦} = \frac{\text{صفر}}{٦}$$

$$\text{التغير النسبي في السعر} = \frac{٨ - ١٠}{٨} = \frac{-٢}{٨}$$

$$= \frac{\text{صفر}}{٦} \div \frac{-٢}{٨} =$$

$$= \frac{\text{صفر}}{٦} \times \frac{٨}{-٢} = \text{صفر}$$

وعندما يكون معامل المرونة صفرا يكون الطلب عديم المرونة كما في المثال أعلاه.

٢- الطلب لا نهائي المرونة Perfectly Elastic Demand

وتتميز هذه الحالة بما يلي:

أ- السعر الثابت لا يتغير ولكن الكمية المطلوبة هي التي تتغير، والمثال على ذلك عندما تقوم الدولة بشراء بعض المحاصيل الزراعية محددة سعرا معينا أو اسعار العملات الأجنبية وأسعار الأسهم والسندات.

ب- المعامل العددي للمرونة ما لا نهاية.

جـ- يأخذ منحنى الطلب شكل الخط المستقيم الموازي للمحور الأفقي كما هو مبين في الرسم البيـاني رقـم (٧)

وفي هذه الحالة يبقى السعر ثابتاً أما الكمية المطلوبة فهي التي ترتفع وبتطبيق قانون درجة المرونة :

$$\text{قانون درجة مرونة الطلب} = \frac{\text{التغير النسبي في الكمية المطلوبة لسلعة أو خدمة ما}}{\text{التغير النسبي في السعر لنفس السلعة أو الخدمة}}$$

$$= \frac{\Delta \text{ك ط١ - ك ط}}{\text{ك ط}} \div \frac{\Delta \text{س١ - س}}{\text{س}}$$

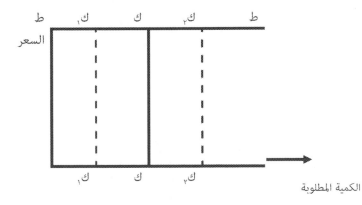

شكل رقم (٧)
حالة لا نهائي المرونة

مثال:

السعر (بالدينار)	الكمية المطلوبة (بالوحدات)
٤	٦
٤	١٢

وبتطبيق قانون درجة مرونة الطلب:

التغير النسبي في الكمية المطلوبة = $\frac{\text{١٢-٦}}{\text{٦}} = \frac{\text{٦}}{\text{٦}}$

التغير النسبي في السعر = $\frac{\text{٤-٤}}{\text{٤}} = \frac{\text{صفر}}{\text{٤}}$

$= \frac{\text{٦}}{\text{٦}} \div \frac{\text{صفر}}{\text{٤}}$

$= \frac{\text{٦}}{\text{٦}} \times \frac{\text{٤}}{\text{صفر}}$

$= \text{١} \times \frac{\text{صفر}}{\text{٤}}$ = لا نهائي المرونة ∞

وهنا يكون الطلب لا نهائي المرونة

٣- الطلب المرن Elastic Demand (كثير المرونة)

ويتميز الطلب المرن بالخصائص التالية:

أ- التغير النسبي في الكميات المطلوبة أكبر من التغير النسبي في السعر.

ب- درجة مرونة الطلب أكبر من واحد صحيح.

جـ- منحنى الطلب (ط ط) بطيء الانحدار وأقرب ما يكون إلى الخط المستقيم الموازي للمحور الأفقي كما هو مبين في الشكل التالي:

يتضح لنا من الشكل المبين رقم (٨) أن التغير النسبي في الكمية (ك ك١) أكبر من التغير النسبي في السعر (س س١)

شكل رقم (٨)
حالة الطلب المرن

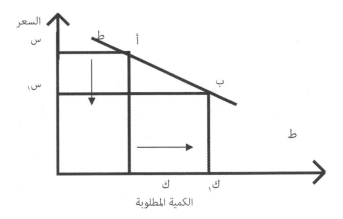

مثال:

السعر (بالدينار)	الكمية المطلوبة (بالوحدات)
١٠	٢٠
٨	٣٠

وبتطبيق قانون المرونة:

$$\text{قانون درجة مرونة الطلب} = \frac{\text{التغير النسبي في الكمية المطلوبة لسلعة أو خدمة ما}}{\text{التغير النسبي في السعر لنفس السلعة أو الخدمة}}$$

$$= \frac{\Delta \text{ ك ط١ - ك ط}}{\text{ك ط}} \div \frac{\Delta \text{ س١ - س}}{\text{س}}$$

$$\text{التغير النسبي في الكمية المطلوبة} = \frac{٣٠-٢٠}{٢٠} = \frac{١٠}{٢٠}$$

$$\text{التغير النسبي في السعر} = \frac{٨-١٠}{٨} = \frac{-٢}{٨}$$

$$= \frac{١٠}{٢٠} \div \frac{-٢}{٨}$$

$$= \frac{١٠}{٢٠} \times \frac{٨}{٢} = \frac{٨٠}{٤٠} = ٢$$

درجة مرونة الطلب اكبر من واحد صحيح إذن الطلب مرن، وذلك لان تغيرا بنسبة معينة في السعر أدى إلى تغير بنسبة أكبر في الكمية المطلوبة (الخبز والملح) الإشارة السالبة تهمل لأنها تشير هنا إلى العلاقة العكسية بين السعر والكمية المطلوبة.

٤- الطلب غير المرن Inelastic Demand (قليل المرونة)

وهذه الحالة تتصف بالسمات التالية:

أ- إن التغير النسبي في السعر أكبر من التغير النسبي في الكمية المطلوبة، ومعنى ذلك أن تغيرا كبيرا في السعر يؤدي إلى تغير بسيط في الكميات المطلوبة أي ان س س١ أكبر من ك ك١ .

ب- درجة مرونة الطلب اقل من واحد صحيح.

جـ- منحنى الطلب شديد الانحدار وهو أشبه بالخط المستقيم الموازي للمحور الرأسي كما هو موضح في الشكل رقم (٩) ومن أهم الأمثلة على هذه الحالة السلع الضرورية كالملح والخبز.. الخ فمهما تغير سعر الخبز فإن الكمية المطلوبة منه لن تتأثر كثيرا لأنها سلعة أساسية وضرورية.

شكل رقم (٩)

حالة الطلب غير المرن

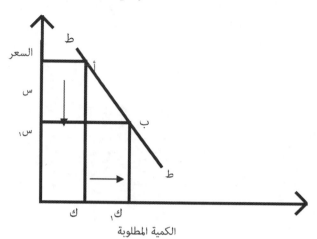

مثال:

الكمية المطلوبة (بالوحدات)	السعر (بالدينار)
١٢	٨
١٧	٤

وبتطبيق قانون درجة مرونة الطلب:

$$\text{قانون درجة مرونة الطلب} = \frac{\text{التغير النسبي في الكمية المطلوبة لسلعة أو خدمة ما}}{\text{التغير النسبي في السعر لنفس السلعة أو الخدمة}}$$

$$= \frac{\Delta\ \text{ك ط١ - ك ط}}{\text{ك ط}} \div \frac{\Delta\ \text{س١ - س}}{\text{س}}$$

التغير النسبي في السعر $= \frac{\text{٤ - ٨}}{\text{٤}} = \frac{\text{-٤}}{\text{٤}}$

التغير النسبي في الكمية المطلوبة $= \frac{\text{١٧-١٢}}{\text{١٢}} = \frac{\text{٥}}{\text{١٢}}$

$$= \frac{\text{٥}}{\text{١٢}} \div \frac{\text{-٤}}{\text{٤}}$$

$$= \frac{\text{٥}}{\text{١٢}} \times \frac{\text{-٤}}{\text{٤}} = \frac{\text{-٢٠}}{\text{٤٨}} = \text{٠.٤٢}$$

درجة مرونة الطلب أقل من واحد صحيح إذن الطلب غير مرن، وذلك لأن تغيرا بنسبة معينة في السعر أدى إلى تغير بنسبة اقل في الكمية المطلوبة.

٥- الطلب المتكافئ المرونة: Unitary Elasticity Demand (احادي المرونة)

وهذه الحالة تتصف بالخصائص التالية:

أ- التغير النسبي في السعر يؤدي إلى تغير نسبي في الكمية المطلوبة بنفس النسبة، فإذا انخفض الثمن الى النصف زادت الكمية المطلوبة الى الضعف، وإذا ارتفع الثمن إلى النصف نقصت الكمية المطلوبة الى النصف.

ب- درجة مرونة الطلب مساوية لواحد صحيح.

جـ- منحنى الطلب (ط ط) يأخذ شكل خط وسط الانحدار بين المحور الرأسي ويصنع مع المحور الأفقي زاوية مقدارها (٤٥) درجة وهذا واضح في الشكل رقم (١٠) أي ان س $س_١$ مساوية ك $ك_١$.

شكل رقم (١٠)

حالة الطلب المتكافئ المرونة

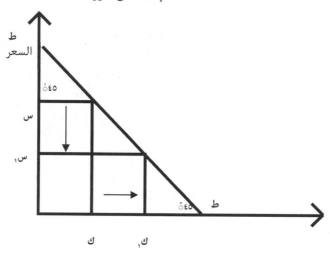

ط
ط
ك
الكمية المطلوبة

مثال:

السعر (بالدينار)	الكمية المطلوبة (بالوحدات)
١٢	٢٠
١٠	٢٤

وبتطبيق قانون درجة مرونة الطلب:

قانون درجة مرونة الطلب = التغير النسبي في الكمية المطلوبة لسلعة أو خدمة ما / التغير النسبي في السعر لنفس السلعة أو الخدمة

$$= \frac{\text{ك ط}_١ - \text{ك ط}}{\text{ك ط}} \div \frac{\Delta \text{ س}_١ - \text{س}}{\text{س}}$$

$$\text{التغير النسبي في الكمية المطلوبة} = \frac{٢٤-٢٠}{٢٠} = \frac{٤}{٢٠}$$

$$\text{التغير النسبي في السعر} = \frac{١٠-١٢}{١٠} = \frac{-٢}{١٠}$$

$$= \frac{٤}{٢٠} \div \frac{-٢}{١٠}$$

$$= \frac{٤}{٢٠} \times \frac{١٠}{٢} = \frac{٤٠}{٤٠} = ١$$

درجة مرونة الطلب تساوي واحد صحيح إذن الطلب متكافئ المرونة أي أن تغيرا في السعر بنسبة معينة يؤدي إلى تغير في الطلب بنفس نسبة التغير في السعر.

٣-٩ العوامل المؤثرة على مرونة الطلب السعرية :

هناك عوامل تؤثر على درجة مرونة الطلب على سلعة معينة يكون السعر العامل الأساسي نجملها فيما يلي:

١- مدى وجود بديل للسلعة:

كلما توافر للسلعة بديل ويستطيع البديل إشباع نفس الرغبة التي تشبعها السلعة الأصلية كان الطلب على السلعة الأصلية أكثر مرونة، فإذا ارتفع سعر

السلعة الأصلية تحول المستهلكون إلى السلعة البديلة التي يفترض أن يبقى ثمنها ثابتا.

مثال: تحول المستهلكين من استهلاك سلعة المعكرونة إلى استهلاك سلعة الأرز عند ارتفاع ثمن الأول وبقاء ثمن الأرز ثابتا. ومثال آخر اللحوم البيضاء (الدجاج والسمك والطيور) واللحوم الحمراء (الخاروف والبقر والعجل)..الخ.

ويتوقف انخفاض الكميات المطلوبة من السلعة الأصلية على مدى قوة السلعة البديلة في الحلول محل السلعة الأصلية. فالطلب على الملابس والطعام هو طلب مرن لأنه يوجد لكل سلعة منها بدائل اما الطلب على الأدوية او البنزين فيعتبر عديم المرونة وأما بالنسبة للسلع المتكاملة يكون الطلب عليها قليل المرونة كالطلب على البنزين وعلاقته بالسيارة.

٢- مدى ضرورة السلعة بالنسبة للمستهلك:

كلما كانت السلعة ضرورية للمستهلك كلما كان الطلب عليها غير مرن فارتفاع السعر أو نقصانه لا يؤدي إلى زيادة أو نقصان الكميات المطلوبة بنسب كبيرة والمثال على ذلك سلعتا الملح والخبز.

٣- مقدار نصيب السلعة من دخل المستهلك:

كلما قل نصيب السلعة من دخل المستهلك كان الطلب عليها قليل المرونة، فإن أي تغير في ثمن هذه السلعة لا يؤثر كثيرا على الكمية المطلوبة فيها.

والمثال على هذه الحالة هي سلعة الكبريت والملح أما اذا كانت السلعة تمثل نصيبا كبيرا من دخل المستهلك فإن الطلب عليها مرن وهذا يعني أن انخفاض او ارتفاع السلعة يؤدي الى تغير أكبر في الكميات المطلوبة من تلك السلعة والمثال في هذه الحالة الأدوات الكهربائية.

٤- حجم دخل المستهلك:

إن طلب الأغنياء على سلعة أقل مرونة من طلب الفقراء على السلعة نفسها وهذا يعني أن الأغنياء أصحاب الدخول الكبيرة سيقومون بشراء السلعة بنفس الكميات سواء انخفض سعر هذه السلعة أم ارتفع أما في حالة الفقراء فإن ارتفاع او انخفاض في سعر السلعة سيؤدي الى تغير نسبي أكبر في الكميات المطلوبة. والطلب لهولاء الفقراء على أسعار السلع يكون مرنا.

وهناك عوامل أخرى لمرونة الطلب السعرية هي الآتي:

أولا: طبيعة السلعة: حجمها أو وزنها أو قابليتها للتخزين.

ثانيا: مدى تشابه أو اختلاف العادات والتقاليد بين الشعوب.

ثالثا: مدى توفر وسائل الاتصال والمواصلات.

رابعا: العوائق المصطنعة التي تضعها الحكومات في وجه تدفق السلع والخدمات بين الدول.

تطبيقات عملية أخرى على مرونة الطلب السعرية

(١) عديم المرونة

$$\text{معامل المرونة} = \frac{\text{نسبة التغير في الكمية المطلوبة من السلعة}}{\text{نسبة التغير في سعر السلعة نفسها}}$$

السعر	الكمية المطلوبة
١٠	١٠٠
٩	١٠٠

$$\text{معامل المرونة} = \frac{\frac{١٠٠ - ١٠٠}{١٠٠}}{\frac{٩ - ١٠}{١٠}} = \frac{\frac{\text{صفر}}{١٠٠}}{\frac{١-}{١٠}}$$

$$= \frac{\text{صفر}}{١٠٠} \times \frac{١٠}{١-} = \frac{\text{صفر}}{١٠٠-} = \text{صفر}$$

١٠٠

(٢) قليل المرونة (غير مرن)

$$\text{معامل المرونة} = \frac{\text{نسبة التغير في الكمية المطلوبة من السلعة}}{\text{نسبة التغير في سعر السلعة نفسها}}$$

السعر	الكمية المطلوبة
١٠	١٠٠
٩	١٠٥

$$\text{معامل المرونة} = \frac{\frac{١٠٥-١٠٠}{١٠٠}}{\frac{٩-١٠}{١٠}} = \frac{\frac{٥}{١٠٠}}{\frac{-١}{١٠}} = \frac{٥}{١٠٠} \times \frac{١٠}{-١}$$

$$= \frac{٥٠}{-١٠٠} = -٠.٥$$

(٣) أحادي المرونة (المتكافئ المرونة)

$$\text{معامل المرونة} = \frac{\text{نسبة التغير في الكمية المطلوبة من السلعة}}{\text{نسبة التغير في سعر السلعة نفسها}}$$

السعر	الكمية المطلوبة
١٠	١٠٠
٩	١١٠

معامل المرونة $= \dfrac{\dfrac{١١٠-١٠٠}{١٠٠}}{\dfrac{٩-١٠}{١٠}} = \dfrac{\dfrac{١٠}{١٠٠}}{\dfrac{١-}{١٠٠}} = \dfrac{١٠}{١٠٠} \times \dfrac{١٠}{١-}$

$= \dfrac{١٠٠}{١٠٠-} = ١-$

(٤) كثير المرونة (مرن)

معامل المرونة $=$ $\dfrac{\text{نسبة التغير في الكمية المطلوبة من السلعة}}{\text{نسبة التغير في سعر السلعة نفسها}}$

السعر	الكمية المطلوبة
١٠	١٠٠
٩	١٢٠

معامل المرونة $= \dfrac{\dfrac{١٢٠-١٠٠}{١٠٠}}{\dfrac{٩-١٠}{١٠}} = \dfrac{\dfrac{٢٠}{١٠٠}}{\dfrac{١-}{١٠}} = \dfrac{٢٠}{١٠٠} \times \dfrac{١٠}{١-}$

$= \dfrac{٢٠٠}{١٠٠-} = ٢-$

(٥) لا نهائي المرونة

معامل المرونة = نسبة التغير في الكمية المطلوبة من السلعة / نسبة التغير في سعر السلعة نفسها

السعر	الكمية المطلوبة
١٠	١٠٠
٩	١٠٠٠

$$\text{معامل المرونة} = \frac{\frac{١٠٠٠-١٠٠}{١٠٠}}{\frac{٩-١٠}{١٠}} = \frac{\frac{٩٠٠}{١٠٠}}{\frac{١-}{١٠}} = \frac{٩٠٠}{١٠٠} \times \frac{١٠}{١-}$$

$$= \frac{٩٠٠٠}{١٠٠-} = ٩٠-$$

حالات مرونة الطلب السعرية

حالة المرونة	معامل المرونة	أثر السعر على الكمية المطلوبة
عديم المرونة	م = صفر	معدوم
قليل المرونة (غير مرن)	صفر > م > ١	ضعيف
أحادي المرونة (متكافئ)	م = ١	متماثل
كثير المرونة (مرن)	م < ١	قوي
لانهائي المرونة	م = ما لا نهاية	قوي جدا جدا

١٠٣

٣-١٠ مرونة الطلب الدخلية   Income Elasticity of Demand

يقصد بمرونة الطلب الدخلية درجة استجابة الكمية المطلوبة من سلعة معينة للتغير الحاصل في الدخل، وتقاس بالتغير النسبي في الكمية المطلوبة مقسوما على التغير النسبي في الدخل، أي أن:

$$\text{مرونة الطلب الدخلية} = \frac{\text{التغير النسبي في الكمية المطلوبة لسلعة أو خدمة ما}}{\text{التغير النسبي في الدخل}}$$

وعادة فإن العلاقة بين الكمية المطلوبة من سلعة ما ودخل المستهلك هي علاقة طردية هذا بالنسبة للسلع العادية (الجديدة). أما بالنسبة للسلع الدنيا (الرديئة) المستعملة فان زيادة الدخل تؤدي إلى نقص الكمية المطلوبة منها. وعادة يكون مرونة الطلب الدخلية موجبا دائما أي أن التغيرات في دخل المستهلك، لا بد وان تؤدي إلى تغيرات في الكمية المطلوبة من سلعة ما بنفس الاتجاه.

وتقاس مرونة الطلب الدخلية من خلال المعادلة التالية:

$$\text{مرونة الطلب الدخلية} = \frac{\dfrac{\Delta \text{ ك ط١- ك ط}}{\text{ك ط}}}{\dfrac{\Delta \text{ د١ - د}}{\text{د}}}$$

حيث أن:

Δ ك ط١ : التغير في الكمية المطلوبة

Δ د١ : التغير في الدخل

ك ط : الكمية المطلوبة الأصلية

د : الدخل الأصلي

والجدول رقم (٤) يوضح ذلك مع ثبات جميع العوامل المحددة للطلب

جدول رقم (٤)

مرونة الطلب الدخلية

الدخل بالدينار	الكمية المطلوبة (بالوحدات)
٦٠	٤
٧٠	٦

مرونة الطلب الدخلية = $\frac{٦ - ٤}{٤}$

$$= \frac{٧٠ - ٦٠}{٦٠}$$

$$= \frac{٢}{٤} \div \frac{١٠}{٦٠}$$

$$= \frac{٢}{٤} \times \frac{٦}{١} = \frac{١٢}{٤} = ٣$$

يلاحظ أن زيادة دخل المستهلك تؤدي إلى زيادة الكمية التي سوف يشتريها المستهلك من السلعة، كما ويعني أن هذه السلعة عادية (الجديدة) واذا كانت إشارة معامل مرونة الدخل سالبة، فإن ذلك يعني أن زيادة دخل المستهلك تؤدي إلى نقصان الكمية التي سيشتريها المستهلك من السلعة، كما ويعني أن هذه السلعة دنيا (رديئة) أي قديمة ومستعملة .

تطبيقات على مرونة الطلب الدخلية

مرونة الطلب الدخلية

سلعة عادية

$$\text{معامل المرونة} = \frac{\text{نسبة التغير في الكمية المطلوبة من السلعة}}{\text{نسبة التغير في دخل المستهلك}}$$

الدخل	الكمية المطلوبة
١٠٠	١٠٠
١٥٠	١٢٠

$$\text{معامل المرونة} = \frac{\frac{١٢٠-١٠٠}{١٠٠}}{\frac{١٥٠-١٠٠}{١٠٠}} = \frac{\frac{٢٠}{١٠٠}}{\frac{٥٠}{١٠٠}} = \frac{٢٠}{١٠٠} \times \frac{١٠٠}{٥٠}$$

$$= \frac{٢٠}{٥٠} = ٠.٤$$ الإشارة موجبة فالسلعة عادية

مرونة الطلب الدخلية

سلعة رديئة

$$\text{معامل المرونة} = \frac{\text{نسبة التغير في الكمية المطلوبة من السلعة}}{\text{نسبة التغير في دخل المستهلك}}$$

الدخل	الكمية المطلوبة
١٠٠	١٠٠
١٥٠	٩٠

$$\text{معامل المرونة} = \frac{\frac{٩٠-١٠٠}{١٠٠}}{\frac{١٠٠-١٥٠}{١٠٠}} = \frac{\frac{-١٠}{١٠٠}}{\frac{٥٠}{١٠٠}} = \frac{-١٠}{١٠٠} \times \frac{١٠٠}{٥٠}$$

$$= \frac{-١٠}{٥٠} = -٠.٢$$ الإشارة سالبة فالسلعة رديئة

٣-١١ مرونة الطلب التبادلية (التقاطعية)

Gross Elasticity of Demand

تعرّف مرونة الطلب التبادلية بأنها مدى استجابة الكمية المطلوبة من سلعة ما نتيجة للتغير في سعر سلعة أخرى. لذا فإنه يطلق أيضا على مرونة الطلب التبادلية بمرونة الطلب لثمن سلعة أخرى. وأن هناك سلعاً بديلة وسلعاً مكملة وسلعا مستقلة.

وأن العلاقة بين الكمية المطلوبة من سلعة ما وسعر السلعة البديلة هي علاقة طردية، كما وأن العلاقة بين الكمية المطلوبة من سلعة ما وسعر السلعة

المكملة هي علاقة عكسية، وتقاس مرونة الطلب التبادلية من خلال القانون المستخدم في قياس المرونة (م) ويمكن توضيح ذلك من خلال الجدولين رقم (٥) ورقم (٦)

$$م = \frac{\Delta ك}{ك١} \div \frac{\Delta س}{س١}$$

$$مرونة الطلب التبادلية لثمن السلعة البديلة = \frac{التغير النسبي في الكمية المطلوبة لسلعة ما}{التغير النسبي في سعر السلعة البديلة}$$

$$مرونة الطلب التبادلية لثمن السلعة المكملة = \frac{التغير النسبي في الكمية المطلوبة لسلعة ما}{التغير النسبي في سعر السلعة المكملة}$$

جدول رقم (٥)
مرونة الطلب التبادلية لثمن السلعة البديلة

الكمية المطلوبة من السلعة (وحدة) (القهوة)	سعر السلعة البديلة (بالدينار) (الشاي)
٢١	٤
١٩	٣.٥

$$مرونة الطلب التبادلية = \frac{١٩-٢١}{٢١} = \frac{٢-}{٢١}$$

١٠٨

$$= \frac{٣.٥ - ٤}{٤} = \frac{-٠.٥}{٤}$$

$$= \frac{-٢}{٢١} \div \frac{-٠.٥}{٤}$$

$$= \frac{-٢}{٢١} \times \frac{٤}{-٠.٥}$$

$$= ٠.٧٦$$

الجواب لدرجة المرونة بالموجب دليل على أن العلاقة طردية بين الكمية المطلوبة وسعر السلعة البديلة.

جدول رقم (٦)
مرونة الطلب المكملة

الكمية المطلوبة من السلعة (وحدة) (سيارات)	سعر السلعة المكملة (بالدينار) (بنزين)
٢٥	٣٠
٢٢	٣٥

$$\text{مرونة الطلب التبادلية} = \frac{٢٢-٢٥}{٢٢} = \frac{-٣}{٢٢}$$

$$= \frac{\text{٣٥-٣٠}}{\text{٣٠}} = \frac{\text{٥}}{\text{٣٠}}$$

$$= \frac{\text{-٣}}{\text{٢٢}} \div \frac{\text{٥}}{\text{٣٠}}$$

$$= \frac{\text{-٣}}{\text{٢٢}} \times \frac{\text{٣٠}}{\text{٥}}$$

= -٠.٧٢

الجواب بالسالب لمعامل المرونة وهذا دليل على أن العلاقة عكسية بين الكمية المطلوبة من السلعة وسعر السلعة المكملة، ولكن كما هو معروف فإن الإشارة السالبة تهمل عند التعبير عن درجة المرونة.

أمثلة أخرى حول السلع البديلة والمكملة والمستقلة

١- مرونة الطلب التقاطعية (سلعة بديلة) اللحوم البيضاء واللحوم الحمراء، البيبسي والكولا .

$$\text{معامل المرونة} = \frac{\text{نسبة التغير في الكمية المطلوبة من السلعة س}}{\text{نسبة التغير في سعر السلعة ص}}$$

سعر السلعة ص	الكمية المطلوبة من س
٥	١٠٠
٤	٩٠

$$\text{معامل المرونة} = \frac{90-100}{100} = \frac{-10}{100}$$

$$= \frac{4-5}{5} = \frac{-1}{5}$$

$$= \frac{-10}{100} \div \frac{-1}{5}$$

$$= \frac{-10}{100} \times \frac{5}{-1}$$

$$= \frac{-50}{-100} = 0.5$$

الإشارة موجبة لأن هناك علاقة طردية

٢- مرونة الطلب التقاطعية لسلعة مكملة

أمثلة: الكاميرات، والأفلام، السيارات والبنزين

$$\text{معامل المرونة} = \frac{\text{نسبة التغير في الكمية المطلوبة من السلعة س}}{\text{نسبة التغير في سعر السلعة ع}}$$

	سعر السلعة ع	الكمية المطلوبة من س
=	٥	١٠٠
	٤	١٢٠

$$\text{معامل المرونة} = \frac{١٢٠-١٠٠}{١٠٠} = \frac{٢٠}{١٠٠}$$

$$= \frac{٤-٥}{٥} = \frac{-١}{٥}$$

$$= \frac{٢٠}{١٠٠} \div \frac{-١}{٥}$$

$$= \frac{٢٠}{١٠٠} \times \frac{٥}{-١} = \frac{١٠٠}{-١٠٠} = -١$$

الإشارة سالبة لأن هناك علاقة عكسية

٣- مرونة الطلبة التقاطعية لسلعة مستقلة

مثال: السيارات والاجهزة الكهربائية

$$\text{معامل المرونة} = \frac{\text{نسبة التغير في الكمية المطلوبة من السلعة س}}{\text{نسبة التغير في سعر السلعة هـ}}$$

$$= \frac{\text{سعر السلعة هـ}}{\begin{matrix}٥\\٤\end{matrix}} = \frac{\text{الكمية المطلوبة من س}}{\begin{matrix}١٠٠\\١٠٠\end{matrix}}$$

$$= \frac{100-100}{100} = \frac{\text{صفر}}{100}$$

$$= \frac{4-5}{5} = \frac{-1}{5}$$

$$= \frac{\text{صفر}}{100} \div \frac{-1}{5} = \text{صفر}$$

$$= \frac{\text{صفر}}{100} \times \frac{5}{-1} = \frac{\text{صفر}}{-100} = \text{صفر}$$

الناتج صفر لأن السلع مستقلة لا يوجد ترابط بينهما.

١٢-٣ مرونة الطلب والإيراد الكلي:

Elasticity Demand and Total Revenue

هناك علاقة بين مرونة الطلب والإيراد الكلي، ونحصل على الإيراد الكلي بضرب عدد الوحدات المباعة من السلعة في ثمن الوحدة الواحدة منها. نستنتج أنه توجد علاقة محددة ما بين مرونة الطلب والإيراد الكلي. ذلك أن هذا الإيراد إنما يتغير نتيجة للتغير الذي يحدث في الثمن، ويتوقف اتجاه التغير في الإيراد على درجة مرونة الطلب، وما اذا كان يتصف بالمرونة أو بعدم المرونة.

إن تغير الثمن بنسبة مئوية معينة يؤدي إلى تغير الكمية المطلوبة بنسبة مئوية أكبر، وهكذا فإن انخفاض الثمن بنسبة مئوية ما من شأنه نقص الإيراد الكلي بمبلغ معين وذلك في حالة ما اذا افترضنا عدم تغير الكمية المطلوبة لكن كون الطلب مرنا يعني أن الكمية المطلوبة ستزيد بنسبة مئوية أكبر من نسبة الانخفاض في الثمن.

نستطيع أن نوضح حالة الطلب المرن والإيراد الكلي من خلال الجدول رقم (٧)

جدول رقم (٧)

الطلب المرن والإيراد الكلي

الثمن × الكمية (الإيراد الكلي)	الكمية (بالوحدات)	الثمن (بالدينار)
٢٠٠٠	١٠٠	٢٠
٤٥٠٠	٣٠٠	١٥
٨٠٠٠	٨٠٠	١٠
١٢٥٠٠	٢٥٠٠	٥

أما في حالة الطلب غير المرن، إن تغير الثمن بنسبة مئوية معينة يؤدي إلى تغير الكمية المطلوبة بنسبة مئوية اقل. وهكذا فإن انخفاض الثمن بنسبة مئوية ما من شأنه نقص الإيراد الكلي بمبلغ معين. وذلك في حالة ما اذا افترضنا عدم تغير الكمية المطلوبة، لكن كون الطلب غير مرن إنما يعني ان الكمية المطلوبة ستزيد بنسبة مئوية اقل من نسبة الانخفاض في الثمن.

فينقص الإيراد الكلي عندما ينخفض الثمن، ويحدث العكس تماما في حالة ارتفاع الثمن بنسبة مئوية.

ففي حالة الطلب غير المرن فإن الإيراد الكلي يتغير في اتجاه طردي لاتجاه التغير في الثمن، فهو ينخفض نتيجة لانخفاض الثمن ويرتفع نتيجة لارتفاعه ويمكن ملاحظة ذلك من خلال الجدول رقم (٨).

جدول رقم (٨)

الطلب غير المرن والإيراد الكلي

الثمن × الكمية (الإيراد الكلي)	الكمية (بالوحدات)	الثمن (بالدينار)
٣٠٠	١٢٠٠	٠.٢٥
٢٤٠	١٥٠٠	٠.١٦
١٨٠	٢٠٠٠	٠.٠٩
١٥٠	٣٠٠٠	٠.٠٥

إن انخفاض الثمن بنسبة مئوية معينة من شأنه زيادة الكمية المطلوبة بنفس هذه النسبة، وإذن يتعادل أثر انخفاض الثمن في إنقاص الإيراد الكلي مع اثر زيادة الكمية المطلوبة بنفس نسبة انخفاض الثمن في زيادة هذا الإيراد. وإذن يظل الإيراد الكلي ثابتا عند مستواه بعد انخفاض الثمن، ويحدث الشيء نفسه في حالة ارتفاع الثمن بنسبة مئوية معينة.

في حالة الطلب المتكافئ المرونة فإن الإيراد الكلي يظل ثابتا دون تغيير عندما يتغير الثمن لان التغير في الثمن مساوياً للتغير في الكمية.

جدول رقم (٩)

الطلب المتكافئ المرونة والإيراد الكلي

الثمن (بالدينار)	الكمية (بالوحدات)	الثمن × الكمية (الايراد الكلي)
٠.٢٥	٢٤٠٠	٦٠٠
٠.٢٠	٣٠٠٠	٦٠٠
٠.١٥	٤٠٠٠	٦٠٠
٠.١٠	٦٠٠٠	٦٠٠
٠.٠٥	١٢٠٠٠	٦٠٠

يوضح الجدول رقم (٩) علاقة مرونة الطلب بالإيراد الكلي في حالة الطلب المتكافئ المرونة، مع مراعاة أننا حسبنا معامل المرونة هنا على أساس متوسط الثمن الأصلي والثمن الجديد.

تطبيقات على مرونة الطلب السعرية

(١) الطلب قليل المرونة (غير مرن)

السعر	الكمية المطلوبة	الإيراد الكلي
١٠	١٠٠	١٠٠٠
٩	١٠٥	٩٤٥

الحل:-

$$\frac{\frac{105-100}{100}}{\frac{9-10}{10}} = \frac{\frac{5}{100}}{\frac{-1}{10}} = \frac{5}{100} \times \frac{10}{-1}$$

$$= \frac{٥}{-١٠٠} = -٠.٥$$

معامل المرونة = ٠.٥ ⟵ الطلب قليل المرونة (غير مرن)

إذا كان الطلب قليل المرونة (غير مرن)،

ليس من مصلحة البائع تخفيض السعر.

(٢) الطلب قليل المرونة (غير مرن)

السعر	الكمية المطلوبة	الإيراد الكلي
١٠	١٠٠	١٠٠٠
١١	٩٥	١٠٤٥

الحل:-

$$\frac{\frac{٩٥-١٠٠}{١٠٠}}{\frac{١١-١٠}{١٠}} = \frac{\frac{-٥}{١٠٠}}{\frac{١}{١٠}} = \frac{-٥}{١٠٠} \times \frac{١٠}{١}$$

$$= \frac{-٥}{١٠٠} \times \frac{١٠}{١} = -٠.٥$$

معامل المرونة = ٠.٥ ⟵ الطلب قليل المرونة (غير مرن)

إذا كان الطلب قليل المرونة (غير مرن)،

من مصلحة البائع زيادة السعر.

(٣) الطلب كثير المرونة (مرن)

الإيراد الكلي	الكمية المطلوبة	السعر
١٠٠٠	١٠٠	١٠
١٠٨٠	١٢٠	٩

الحل:-

$$\dfrac{\dfrac{١٢٠-١٠٠}{١٠٠}}{\dfrac{٩-١٠}{١٠}} = \dfrac{\dfrac{٢٠}{١٠٠}}{\dfrac{-١}{١٠}}$$

$$= \dfrac{٢٠}{١٠٠} \times \dfrac{١٠}{-١} = -٢$$

معامل المرونة = -٢.٠٠٠ ← الطلب كثير المرونة (مرن)
إذا كان الطلب كثير المرونة (مرن)،
من مصلحة البائع تخفيض السعر.

(٤) الطلب كثير المرونة (مرن)

الإيراد الكلي	الكمية المطلوبة	السعر
١٠٠٠	١٠٠	١٠
٨٠٠	٨٠	١١

الحل:-

$$\dfrac{\dfrac{٨٠-١٠٠}{١٠٠}}{\dfrac{١١-١٠}{١٠}} = \dfrac{\dfrac{-٢٠}{١٠٠}}{\dfrac{١}{١٠}} = \dfrac{-٢٠}{١٠٠} \times \dfrac{١٠}{١}$$

$$= -٢$$

١١٧

معامل المرونة = -٢.٠٠ ←――― الطلب كثير المرونة (مرن)
إذا كان الطلب كثير المرونة (مرن)،
ليس من مصلحة البائع زيادة السعر.

(٥) الطلب أحادي المرونة

التغير في الإيراد الكلي	نسبة التغير في الكمية المطلوبة	نسبة السعر في السعر
لا يتغير	-١٠%	١٠%

معامل المرونة = -١.٠٠ ←――― الطلب أحادي المرونة
إذا كان الطلب أحادي المرونة،
لا يستفيد البائع من تغيير السعر.

ملخص

قرار التسعير
وحالات مرونة الطلب السعرية

قرار التسعير	معامل المرونة	حالة المرونة
ليس من مصلحة البائع تخفيض السعر	م = صفر	عديم المرونة
من مصلحة البائع زيادة السعر	صفر > م > ١	قليل المرونة (غير مرن)
لا يستفيد البائع من تغيير السعر	م = ١	أحادي المرونة
من مصلحة البائع تخفيض السعر	م < ١	كثير المرونة (مرن)
ليس من مصلحة البائع زيادة السعر	م = ما لا نهاية	لانهائي المرونة

أسئلة الخطأ والصواب

أجب صح أم خطأ :

١- أن توفر الرغبة لدى الإنسان في الحصول على شيء معين لا يعتبر طلباً فعلياً.

٢- لا يوجد اختلاف بين رغبة الانسان والطلب على شراء السلع والخدمات.

٣- ان السلع الاقتصادية هي التي لها منفعة وثمن.

٤- السلع الحرة هي السلع التي لها ثمن وليس لها منفعة.

٥- يشير قانون الطلب الى العلاقة العكسية بين الكمية السعر.

٦- ان السلع البديلة هي التي تقوم بإشباع نفس الحاجة للمستهلك.

٧- إن الكميات المطلوبة تتغير بالزيادة أو النقصان حسب تغيرات السعر مع بقاء بـاقي محـددات الطلـب ثابتة.

٨- ينتقل منحنى الطلب بأكمله الى يمـين المنحنـى الأصـلي في زيـادة الطلب والى يساره في حالـة نقصـان الطلب.

٩- تعني المرونة درجة استجابة الكمية المطلوبة من سلعة ما للتغير الحاصل في سعر تلك السلعة.

١٠- تأخذ مرونة الطلب السعرية درجات مختلفة وعلى سبيل المثال فإذا كانـت النتيجـة اقل مـن واحد صحيح فإن الطلب يكون مرنا.

١١- في حالة الطلب عديم المرونة لا يؤدي التغير في الثمن الى أي تغير في الكمية المطلوبة.

١٢- في حالة الطلب المتكافئ المرونة التغير النسبي في السعر يؤدي إلى تغير نسبي اقل في الكمية المطلوبة.

١٣- كلما قل نصيب السلعة من دخل المستهلك كان الطلب عليها قليل المرونة.

١٤- إن طلب الأغنياء على سلعة من السلع أقل مرونة من طلب الفقراء على السلعة نفسها.

١٥- إن العلاقة بين الكمية المطلوبة من سلعة ما ودخل المستهلك هي علاقة طردية.

أسئلة للمناقشة

السؤال الأول: وضح مع الأمثلة ما يلي:

أ- مفهوم الطلب

ب- قانون الطلب

جـ- جدول الطلب

د- منحنى الطلب

السؤال الثاني: اشرح العوامل المؤثرة على الطلب (محددات الطلب)

السؤال الثالث: اشرح بالتفصيل التغير في الطلب والتغير في الكمية المطلوبة.

السؤال الرابع: ما المقصود بالمرونة وما هو قانون مرونة الطلب السعرية.

السؤال الخامس: وضّح ما يلي لحالة الطلب عديم المرونة من حيث:

أ- السمات

ب- القانون

جـ- مثال رياضي

د- الرسم بيانيا

السؤال السادس: وضّح ما يلي لحالة الطلب المرن وغير المرن من حيث:

أ- السمات

ب- القانون

جـ- مثال رياضي

د- الرسم بيانيا

السؤال الثامن: وضّح ما يلي لحالة الطلب المتكافئ المرونة من حيث:

أ- السمات

ب- القانون

جـ- مثال رياضي

د- الرسم بيانيا

السؤال التاسع: اشرح العوامل المؤثرة على مرونة الطلب السعرية.

السؤال العاشر: ما المقصود بمرونة الطلب الدخلية وضح ذلك مع إعطاء مثال.

السؤال الحادي عشر: ما المقصود بمرونة الطلب التبادلية (التقاطعية) مع اعطاء مثال على ذلك.

السؤال الثاني عشر: ما هي العلاقة بين الطلب والإيراد الكلي، وضح هذه العلاقة بالتفصيل.

تمارين عملية

مثال (١)

الجدول التالي يمثل الكميات المطلوبة من سلعة ما عند الأسعار المختلفة خلال فترة زمنية معينة مع باقي العوامل الأخرى ثابتة:

السعر (دينار)	الكمية المطلوبة (بالوحدات)
٥	٢
٢	٢

المطلوب: احتساب شكل المرونة باستخدام قانون درجة مرونة الطلب السعرية ثم ما هو شكل مرونة الطلب وخصائص هذا الشكل .

مثال (٢)

الجدول التالي يوضح الدخل والكمية المطلوبة مع ثبات جميع العوامل المحددة للطلب

الدخل (بالدينار)	الكمية المطلوبة (بالوحدات)
٦٠	٣
٧٠	٥

المطلوب: احتساب مرونة الطلب الدخلية

مثال (٣)

أعطي مثال من عندك لتوضيح مرونة الطلب التقاطعية أو التبادلية بالنسبة للسلع البديلة والسلع المكملة والسلع المستقلة.

الفصل الرابع
نظرية العرض

الفصل الرابع
نظرية العرض
Supply Theory

٤-١ مفهوم العرض Concept of Supply

في الفصل السابق كان الحديث حول جانب الطلب والذي يمثل جانب المستهلكين او المشترين، أما في هذا الفصل سنتناول جانب العرض أي المنتجين.

ويقصد بالعرض الكمية التي يعرضها المنتجون للبيع في السوق من سلعة معينة عند ثمن معين، وفي فترة زمنية معينة. وهو دالة يعتمد على سعر السلعة وتكاليف إنتاجها. وأن دالة العرض تمثل العلاقة الدالية بين الكمية المباعة أو المعروضة من سلعة معينة وبين الأسعار السائدة في السوق.

ويجب أن نفرق هنا بين الكمية المعروضة وبين الكمية المخزونة من السلعة، فعرض سلعة معينة تعني الكمية التي يعرضها المنتجون للبيع في السوق من هذه السلعة في وقت معين، وعند ثمن معين. أما الكميات المخزونة فهي الكميات التي يختزنها المنتجون في مخازنهم دون أن يعرضوها في السوق.

وترتبط فكرة العرض بمسألة الندرة، ذلك أن إنتاج سلعة ما إنما يتم بوجود مجموعة معينة من عوامل الإنتاج (الأرض- العمل- راس المال- التنظيم). هذا وإن العامل الرئيسي الذي يحكم العرض هو عامل التكاليف وسعر السلعة السائد في السوق لابد أن يعادل على الأقل نفقات إنتاج المشروع.

إن من أهم الملاحظات حول تعريف العرض ما يلي:

١- يقاس العرض بالكمية وليس بالقيمة.

٢- يشترط توفر ملكية السلعة ليكون هناك عرض منها وملكية السلعة شرط ضروري ولكنه ليس كافيا.

٣- يجب أن يكون هناك استعداد لبيع السلعة والاستعداد للبيع ليس مطلقا وإنما يتوقف على عدة عوامل.

٤- ركز التعريف على "سعر السلعة" كأهم عامل يحدّد استعداد البائع لبيع السلعة.

٥- العرض له بعد زمني فنقول: يبلغ المعروض من السلعة ٥٠٠ طن سنويا.

٤-٢ قانون العرض Law of Supply

بعد أن عرفنا ما يعنيه لفظ العرض في السياق الاقتصادي نود أن نعرف ما يمكن أن يحدث للكمية التي يعرضها المنتجون من سلعة معينة عندما يتغير ثمن تلك السلعة بالزيادة أو النقصان في السوق.

وواضح أنه كلما ارتفع ثمن سلعة معينة في السوق كلما زادت الكمية المعروضة منها عند هذا الثمن المرتفع، حيث أن المنتجين يرغبون عادة في أن يبيعوا كمية اكبر من السلعة كلما ارتفع ثمنها للحصول على مزيد من الأرباح ويحدث العكس اذا ما انخفض ثمن السلعة في السوق.

ونؤكد هنا أن ثمن السلعة في السوق ليس بالعامل الوحيد الذي يؤثر على الكميات التي تعرض منها للبيع في السوق، إذ أن هناك عوامل أخرى لها تأثيرها أيضا على الكميات المعروضة من تلك السلعة في السوق، ومن ذلك مثلاً سياسة الدولة المالية (الضرائب والإعلانات) والعوامل الطبيعية (درجة الحرارة- كمية الأمطار والآفات التي تصيب المحاصيل) والتكاليف لانتاج السلعة وغيرها من العوامل التي تؤثر تأثيراً ملحوظاً على الكمية التي تعرض من سلعة معينة في السوق.

القاعدة إذن أنه كلما ارتفع ثمن سلعة ما، زادت الكمية المعروضة منها وكلما انخفض ثمنها قلت الكمية المعروضة منها. وكأن هناك علاقة طردية بين ثمن السلعة والكمية المعروضة منها. هذه العلاقة هي ما يسمى بقانون العرض الذي ينطوي على أن الكمية المعروضة من سلعة معينة تتغير تغيراً طردياً بوجه عام مع تغير الثمن الذي يباع به في السوق، فتزيد بارتفاعه وتقل بانخفاضه، أي أن هناك علاقة موجبة بين سعر السلعة والكمية المعروضة منها.

٤-٣ جدول العرض Supply Schedule

يوضح جدول العرض العلاقة الطردية بين السعر والكمية المعروضة من سلعة معينة في زمن معين، وهذا الجدول يظهر الأثر الذي يحدثه تغير الثمن على الكمية المعروضة من سلعة معينة.

جدول رقم (١٠)

جدول العرض على سلعة القمح في الأردن

سعر طن القمح (بالدينار)	الكميات المعروضة في السنة بآلاف الأطنان
٢٠	١٦
١٨	١٤
١٦	٨
١٠	٤
٢	٠

نلاحظ من الجدول رقم (١٠) أنه كلما قل ثمن طن القمح كلما قلت الكمية المعروضة في السوق حتى ربما تختفي الكمية من السوق خوفاً من الخسارة. ويتضح من هذا الجدول أيضاً ان هناك علاقة طردية بين ثمن القمح والكمية المعروضة منها إذ كلما ارتفع ثمنها زادت الكمية المعروضة منها وكلما انخفض ثمنها قلت الكمية المعروضة منها وعندما انخفض السعر الى دينارين حسب ما هو مبين في الجدول أصبحت الكمية المعروضة من تلك السلعة صفراً، أي بمعنى آخر لم يكن المنتجون مستعدين لعرض إنتاجهم عند هذا السعر لأن هذا السعر غير كاف حتى لتغطية تكاليف الإنتاج، مما يعرض المنتجين للخسارة لو عرضوا إنتاجهم للبيع في السوق عند هذا السعر.

٤-٤ منحنى العرض Supply Curve

أ- منحنى العرض لمنتج واحد

يمكن تمثيل هذه العلاقة الطردية بين الأسعار والكميات المعروضة من السلعة في رسم بياني يدعى منحنى العرض لمنتج واحد (ع ع) وذلك من واقع البيانات في الجدول رقم (١٠)

وهذا المنحنى يتجه من اسفل إلى أعلى ومن اليسار الى اليمين مبيناً العلاقة الطردية بين الكميات المعروضة من سلعة القمح وثمنها حيث بزيادة السعر تزيد الكمية المعروضة من سلعة القمح وبانخفاضه تقل الكمية المعروضة.

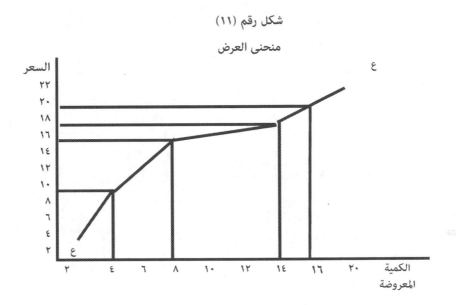

شكل رقم (١١)

منحنى العرض

ويلاحظ أيضاً، أنه على طول منحنى العرض المتجه إلى أعلى، فإن الزيادة في السعر يترتب بوضوح عليها زيادة في الكمية المعروضة (النقاط أ، ب، ج، د) وهو ما يبينه الشكل رقم (١١)

ب- منحنى عرض السوق لأكثر من منتج واحد

تم الشرح سابقا منحنى الطلب لمستهلك واحد وعدد من المستهلكين، أما منحنى عرض السوق فقد تم شرح منحنى العرض لمنتج واحد وأما بالنسبة للسوق فسيكون هناك عدد من المنتجين ويتم تجميع الكميات المعروضة لسلعة ما حسب ما هو موضح أدناه.

طلب السوق على سلعة ما

لأربع منتجين

جميع المنتجين (الكميات)	المنتج الرابع (الكمية)	المنتج الثالث (الكمية)	المنتج الثاني (الكمية)	المنتج الأول (الكمية)	السعر (دينار)
٣٠	٥	٦	٩	١٠	٢٠
٢٥	٤	٥	٨	٨	١٩
١٩	٣	٤	٧	٥	١٨
١٣	٢	٣	٦	٢	١٧
٤	صفر	١	٢	١	١٦

تم تجميع المنتجات لأربع منتجين افقيا ويمكن توضيح ذلك من خلال رسم منحنى العرض لكل منتج على حدة من خلال وضع السعر على المحور الرأسي والكميات المنتجة والمعروضة لكل منتج على المحور الأفقي وهكذا حسب ما تم رسمه في منحنى الطلب الفردي والعرض الفردي.

فمنحنى العرض هو خط بياني يصل بين عدة نقاط كل نقطة فيها تمثل سعرا معينا للسلعة والكمية المعروضة منها في السوق عند هذا السعر. وأن منحنى العرض يوضح العلاقة الطردية، والعلاقة الطردية = موجب الميل.

٤-٥ دالة العرض Supply Function

يقصد بدالة العرض العلاقة الدالية التي تربط المتغير التابع الكمية المعروضة (ك ع) بالمتغير المستقل (محددات العرض) ومحددات العرض أهمها:

س = سعر السلعة

ج = أسعار عناصر الإنتاج

ت = المستوى الفني للإنتاج

ض = الضرائب والمعونات

م = عدد المنتجين، ويمكن توضيح دالة العرض كما يلي:

ك ع = د (س ، ج، ت ، ض، م .. الخ)

وباختصار نقول أن الكمية المعروضة هي دالة لسعرها

وتكتب: ك ع = د (س)

٤-٦ مرونة العرض السعرية Price Elasticity of Supply

إن مفهوم مرونة العرض لا يختلف كثيراً عن مفهوم الطلب، كما تتشابه طريقة قياس المرونة في الحالتين، ويمكن قياس درجة مرونة العرض بالنسبة للسعر طبقاً للمعادلة التالية:

$$\text{قانون مرونة العرض السعرية} = \frac{\text{التغير النسبي في الكمية المعروضة لسلعة او خدمة ما}}{\text{التغير النسبي في السعر}}$$

$$\text{وترمز رياضياً} = \frac{\dfrac{\Delta \text{ك ع}_١ - \text{ك ع}}{\text{ك ع}}}{\dfrac{\Delta \text{س}_١ - \text{س}}{\text{س}}}$$

حيث أن:

Δ ك ع$_١$: تمثل الكمية المعروضة المتغيرة

ك ع : تمثل الكمية المعروضة الأصلية

Δ س$_١$: يمثل السعر المتغير

س : يمثل السعر الأصلي

٤-٧ درجات مرونة العرض السعرية

Degrees of Price Elasticity of Supply

تأخذ مرونة العرض السعرية درجات مختلفة تتراوح ما بين الصفر وواحد صحيح .

١- إذا كان ناتج القسمة مساوياً للصفر قيل أن العرض عديم المرونة.

٢- إن كان لا نهاية قيل أن العرض لا نهائي المرونة.

٣- إذا كان أكبر من واحد صحيح قيل أن العرض مرن.

٤- إذا كان الناتج اقل من واحد صحيح قيل أن العرض غير مرن.

٥- واذا كان مساويا لواحد صحيح قيل أن العرض متكافئ المرونة.

وسنتناول هذه الدرجات الخمس بالتفصيل:

١- العرض عديم المرونة: Perfectly Inelastic Supply

وهذه الحالة تتميز بالسمات التالية:

أ- لا يؤدي التغير في السعر إلى تغير في الكمية المعروضة.

ب- درجة مرونة العرض تساوي الصفر.

جـ- منحنى العرض (ع ع) هو خط مستقيم عمودي على المحور الأفقي وموازٍ للمحور الرأسي حسب ما هو مبين في الشكل التالي رقم (١٢)

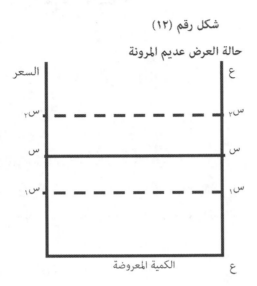

شكل رقم (١٢)

حالة العرض عديم المرونة

مثال

السعر (بالدينار)	الكمية المعروضة (بالوحدة)
٨	٢٠
١٠	٢٠

في حالة العرض عديم المرونة تبقى الكمية المعروضة ثابتة أما السعر فهو الذي يرتفع أو ينخفض، ومن أمثلة ذلك الملح والخبز فهي سلع ضرورية وأساسية.

$$\text{قانون درجة مرونة العرض} = \frac{\text{التغير النسبي في الكمية المعروضة لسلعة أو خدمة ما}}{\text{التغير النسبي في السعر}}$$

وترمز رياضياً :

$$\frac{\dfrac{\Delta \text{ك ع١ - ك ع}}{\text{ك ع}}}{\dfrac{\Delta \text{س١ - س}}{\text{س}}}$$

$$\text{التغير النسبي في الكمية المعروضة} = \frac{\text{٢٠-٢٠}}{\text{٢٠}} = \frac{\text{صفر}}{\text{٢٠}}$$

$$\text{التغير النسبي في السعر} = \frac{\text{١٠-٨}}{\text{٨}} = \frac{\text{٢}}{\text{٨}}$$

$$\text{درجة مرونة العرض} = \frac{\text{صفر}}{\text{٢٠}} \div \frac{\text{٢}}{\text{٨}}$$

$$= \frac{\text{صفر}}{\text{٢٠}} \times \frac{\text{٨}}{\text{٢}} = \text{صفر}$$

معامل مرونة العرض لهذه الحالة صفر إذن فالعرض عديم المرونة

٢- العرض لا نهائي المرونة Perfectly Elastic Supply

وتتميزز هذه الحالة بما يلي:

أ- السعر ثابت لا يتغير والكميات المعروضة هي التي تتغير

ب- المعامل العددي للمرونة يساوي ما لا نهاية.

جـ - يأخذ منحنى العرض (ع ع) شكل الخط المستقيم الموازي للمحور الأفقي والقاطع من المحور الرأسي والعمودي،كما هو بين في الشكل التالي رقم (١٣)

شكل رقم (١٣)
حالة العرض لا نهائي المرونة

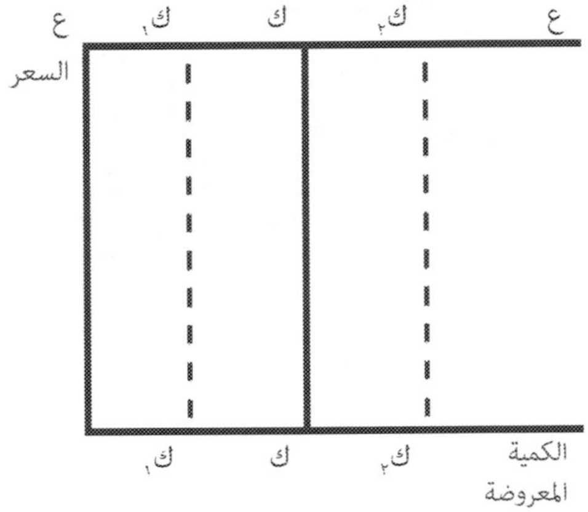

مثال:

الكمية المعروضة (بالوحدة)	السعر (بالدينار)
٢٠	١٠
٣٠	١٠

في هذه الحالة السعر يبقى ثابتاً أما الكمية فهي التي تتغير ترتفع وتنخفض

$$\text{قانون درجة مرونة العرض} = \frac{\text{التغير النسبي في الكمية المعروضة لسلعة أو خدمة ما}}{\text{التغير النسبي في السعر}}$$

$$= \frac{\dfrac{\Delta \text{ك ع}_1 - \text{ك ع}}{\text{ك ع}}}{\dfrac{\Delta \text{س}_1 - \text{س}}{\text{س}}}$$

$$\text{التغير النسبي في الكمية المعروضة} = \frac{٣٠-٢٠}{٢٠} = \frac{١٠}{٢٠}$$

$$\text{التغير النسبي في السعر} = \frac{١٠-١٠}{١٠} = \frac{\text{صفر}}{١٠}$$

$$= \frac{١٠}{٢٠} \div \frac{\text{صفر}}{١٠}$$

$$= \frac{١٠}{٢٠} \times \frac{١٠}{\text{صفر}} = \text{ما لا نهاية}$$

٣- العرض المرن: Elastic Supply (كثير المرونة)

ويتميز العرض المرن بما يلي:

أ- التغير النسبي في الثمن يؤدي إلى تغير نسبي أكبر في الكمية المعروضة.

ب- درجة مرونة العرض أكبر من واحد صحيح.

جـ- منحنى العرض (ع ع) بطيء الانحدار وأقرب ما يكون إلى الخط المستقيم الموازي للمحور الأفقي كما هو مبين في الشكل رقم (١٤)

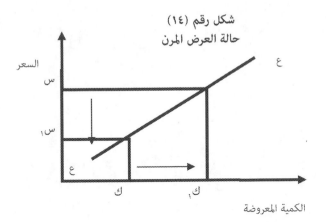

شكل رقم (١٤)
حالة العرض المرن

السعر
ع
س
ع
ك
ك١
الكمية المعروضة

مثال:

السعر (بالوحدة)	الكمية المعروضة (بالوحدة)
٢٠	٢٠
٣٠	٦٠

$$\text{قانون درجة مرونة العرض} = \frac{\text{التغير النسبي في الكمية المعروضة لسلعة أو خدمة ما}}{\text{التغير النسبي في السعر}}$$

$$= \frac{\dfrac{\Delta\ \text{ك ع١ - ك ع}}{\text{ك ع}}}{\dfrac{\Delta\ \text{س١ - س}}{\text{س}}}$$

$$\text{التغير النسبي في الكمية المعروضة} = \frac{٢٠-٦٠}{٢٠} = \frac{٤٠}{٢٠}$$

$$\text{التغير النسبي في السعر} = \frac{٢٠-٣٠}{٢٠} = \frac{١٠}{٢٠}$$

$$= \frac{٤٠}{٢٠} \div \frac{١٠}{٢٠}$$

$$= \frac{٤٠}{٢٠} \times \frac{٢٠}{١٠}$$

$$= \frac{٨٠٠}{٢٠٠} = ٤$$

درجة مرونة العرض أكبر من واحد صحيح إذن فالعرض مرن.

٤- العرض غير مرن Inelastic Supply (قليل المرونة)

وتتميز هذه الحالة بما يلي:

أ- التغير النسبي في السعر يؤدي إلى تغير نسبي اقل في الكمية المعروضة.

ب- درجة مرونة العرض اقل من الواحد صحيح.

جـ- منحنى العرض (ع ع) شديد الانحدار ويشبه الخط المستقيم الموازي للمحور الرأسي كما يتضح في الشكل التالي:

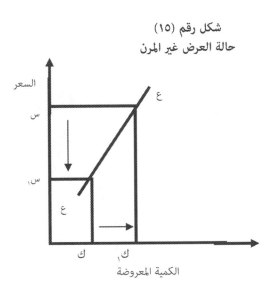

شكل رقم (١٥)
حالة العرض غير المرن

ع
س
س١
ع
ك
ك١
الكمية المعروضة

مثال:

السعر (بالوحدة)	الكمية المعروضة (بالوحدة)
١٠	١٠
١٢	١١

$$\text{قانون درجة مرونة العرض} = \frac{\text{التغير النسبي في الكمية المعروضة لسلعة أو خدمة ما}}{\text{التغير النسبي في السعر}}$$

$$= \frac{\frac{\Delta\ \text{ك ع}_1 - \text{ك ع}}{\text{ك ع}}}{\frac{\Delta\ \text{س}_1 - \text{س}}{\text{س}}}$$

التغير النسبي في الكمية المعروضة $= \frac{١١-١٠}{١٠} = \frac{١}{١٠}$

التغير النسبي في السعر $= \frac{١٢-١٠}{١٠} = \frac{٢}{١٠}$

$$= \frac{١}{١٠} \div \frac{٢}{١٠}$$

$$= \frac{١}{١٠} \times \frac{١٠}{٢}$$

$$= \frac{١٠}{٢٠} = ٠.٥$$

درجة مرونة العرض أقل من واحد إذن فالعرض غير مرن.

٥- عرض متكافئ المرونة Unitary Elastic Supply احادي المرونة

العرض متكافئ المرونة يتصف بالسمات التالية:

أ- التغير النسبي في الثمن يؤدي إلى تغير نسبي مساوٍ في الكمية المعروضة.

ب- درجة مرونة عرض السلعة مساوية للواحد صحيح.

جـ- منحنى العرض (ع ع) يأخذ شكل الخط المستقيم النابع من نقطة الأصل ويشكل زاوية مع كل من المحور الأفقي والمحور الرأسي مقدار كل واحدة منها (٤٥) درجة.

وهذا يمكن توضيحه بالشكل التالي رقم (١٦)

شكل رقم (١٦)
حالة العرض المتكافئ المرونة
(آحادي المرونة)

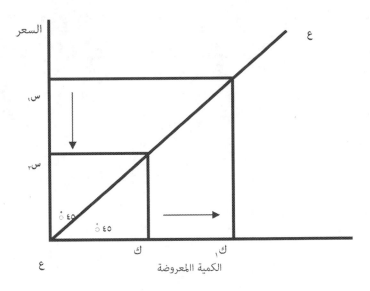

مثال:

السعر (بالوحدة)	الكمية المعروضة (بالوحدة)
١٠	٢٠
١٢	٢٤

$$\text{قانون درجة مرونة العرض} = \frac{\text{التغير النسبي في الكمية المعروضة لسلعة أو خدمة ما}}{\text{التغير النسبي في السعر}}$$

$$= \frac{\dfrac{\Delta \text{ ك ع}_1 - \text{ك ع}}{\text{ك ع}}}{\dfrac{\Delta \text{ س}_1 - \text{س}}{\text{س}}}$$

$$\text{التغير النسبي في الكمية المعروضة} = \frac{٢٤ - ٢٠}{٢٠} = \frac{٤}{٢٠}$$

$$\text{التغير النسبي في السعر} = \frac{١٢-١٠}{١٠} = \frac{٢}{١٠}$$

$$= \frac{٤}{٢٠} \div \frac{٢}{١٠}$$

$$= \frac{٤}{٢٠} \times \frac{١٠}{٢}$$

$$= \frac{٤٠}{٤٠} = ١$$

اذن درجة مرونة العرض واحد صحيح فالعرض يصبح متكافئ المرونة.

٤-٨ التغير في العرض والتغير في الكمية المعروضة

Change in Supply and Change in Quantity Supplied

الاقتصاديون ميزوا بين الزيادة في العرض والزيادة في الكمية المعروضة، فقد استخدموا كلمة العرض للدلالة على منحنى العرض بأكمله، والزيادة في العرض للدلالة على الحالة التي تزيد فيها الكمية المعروضة عما كانت عليه من قبل بالنسبة لأي مستوى من الأسعار، أي بمعنى انتقال منحنى العرض بأكمله الى جهة اليمين.

ولا شك أن هناك فرقاً بين العرض والكمية المعروضة كما هو الحال بالنسبة للطلب حيث أوضحنا هذا الفرق في الفصل السابق. فالمقصود بالتغير في الكمية المعروضة هو التغير في الكميات المعروضة من السلعة نتيجة التغير في مستوى الأسعار، مع بقاء العوامل الأخرى على حالها وهي:

١- أسعار السلع الأخرى.

٢- أسعار عوامل الإنتاج.

٣- المستوى الفني للإنتاج.

٤- مدى رغبة المنتجين في الاحتفاظ بالسلعة.

٥- الضرائب والمعونات

٦- الزمن.

٧- التنبؤ بالأسعار المستقبلية

٨- التغيرات الجوية.

٩- خواص السلعة.

١٠- اكتشاف موارد إنتاجية جديدة

١١- عدد البائعين.

إن التغير في الكمية المعروضة من السلعة في هذه الحالة يتمثل في التحرك أو انتقال المنتج من نقطة إلى أخرى على نفس منحنى العرض، كما هو موضح في الشكل رقم (١٧)

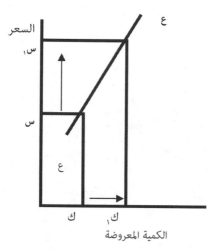

شكل رقم (١٧)

التغير في الكمية المعروضة

مثال:

الكمية المعروضة (بالوحدة)	السعر (بالوحدة)
١٠	١٠
١١	١٢

يتضح من الشكل رقم (١٧) أن زيادة السعر لسلعة ما من (س) إلى (س١) يترتب عليه زيادة في الكمية المعروضة من تلك السلعة من (ك) إلى (ك١) مع افتراض بقاء العوامل الأخرى على حالها حيث ينتقل المنتج من النقطة (أ) إلى النقطة (ب) على نفس منحنى العرض وذلك نتيجة لتغير سعر السلعة ذاتها.

بينما يقصد بتغير العرض، التغير في الكميات المعروضة من سلعة ما نتيجة التغير في أحدى العوامل الأخرى التي تؤثر على عرض السلعة عدا سعر

السلعة نفسها. ومنها على سبيل المثال حدوث تحسن في الطرق الفنية للإنتاج يؤدي إلى تخفيض تكاليف الإنتاج للسلعة، فان منحنى العرض في هذه الحالة سينتقل بأكمله الى جهة اليمين من (ع ع) إلى (ع١ ع١) كما هو مبين في الشكل رقم (١٨)

شكل رقم (١٨)

التغير في العرض والعوامل الأخرى

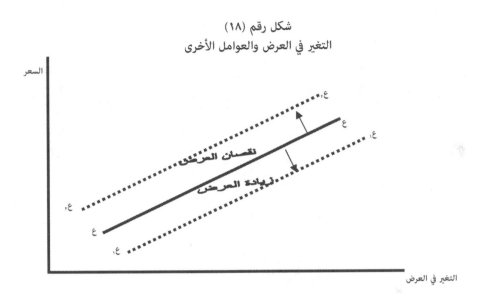

إن تمدد العرض يعني زيادة الكمية المعروضة نتيجة لارتفاع السعر، وأما انكماش العرض فيعني انخفاض الكمية المعروضة نتيجة لانخفاض السعر. كما يكون هناك زيادة الكمية المعروضة نتيجة لزيادة في عدد البائعين، ونقص العرض يعني انخفاض الكمية المعروضة نتيجة لنقص عدد البائعين.

٤-٩ العوامل المؤثرة على العرض:

من البديهي أن الكميات المعروضة من سلعة أو خدمة ما لا تتوقف على سعرها فقط، فهناك عوامل أخرى بجانب السعر تؤثر على العرض، وأن الكميات المعروضة من سلعة ما يكون مصدرها إما المخزون أو الإنتاج، أي بمعنى أن الكميات المعروضة يكون مصدرها الإنتاج فقط فيتحدد العرض في هذه الحالة بالعوامل التالية:

١- عدد المنتجين أو الوحدات الإنتاجية في الصناعة وحجم الطاقات الإنتاجية للوحدة الإنتاجية، ومدى توفر المواد الأولية المحركة ومقدار العمل المتوفر للوحدات الإنتاجية.

٢- مستويات الصحة والمعيشة السائدة، وأهداف الوحدات الإنتاجية والتطور الصناعي، الخبرة الفنية للمنتجين بجانب العوامل الشخصية الأخرى التي قد تؤثر في النتائج المتحصل عليها نتيجة استخدام طرق الإنتاج الحديثة.

٣- الخواص الطبيعية لإنتاج السلعة أو السلع البديلة والأمثلة على ذلك كثيرة/ منها في حالة الإنتاج الزراعي، طول فترة العمل في المزرعة بخصوص فترة حياة أشجار الفاكهة والتي تؤثر بالتالي على سرعة تغيير التركيب العكسي لإنتاج المزرعة.

٤- الأسعار المتوقعة للسلعة والسلع البديلة والاستخدامات البديلة لعناصر الإنتاج المختلفة من أرض، عمل، رأس المال.

٥- تكاليف الإنتاج النسبية للسلعة وبدائلها وهذه تشمل أسعار المواد الأولية والقوى المحركة، استهلاك راس المال الثابت من مبان وآلات ومعدات، الفائدة على رأس المال المستثمر، أجور ومرتبات العمال والمنظم، تكاليف التسويق والضرائب وغيرها.

٦- التغير الذي يحدث في المستوى العام للأسعار.

٧- العادات والتقاليد والعلاقات الاجتماعية الأخرى التي تؤثر في بعض الأحيان على الإنتاج بالزيادة أو النقصان.

أما اذا كان مصدر العرض هو الكميات المخزونة فقط فان العرض في هذه الحالة يتحدد بالعوامل التالية:

١- الكميات المتوفرة من السلعة في مخازن المنتجين أو المضاربين.

٢- التغيرات المتوقعة في أسعار المستقبل.

٣- تكاليف تخزين السلعة فترة زمنية إضافية.

٤- الاستخدامات البديلة لرأس المال المنتج ولوقته.

٥- العادات والتقاليد والمواسم.

٦- مدى ثقة المنتجين في توقعاتهم وفي حكمهم الشخصي.

وتعتبر تكاليف الإنتاج - بوجه عام- العامل الأساسي ذا التأثير المباشر على الكميات المعروضة. وتتوقف تكاليف الإنتاج على العوامل التالية:

أولاً: أسعار عناصر الإنتاج:

تتوقف تكاليف الإنتاج على أسعار عناصر الإنتاج فاذا انخفض سعر عنصر من عناصر الإنتاج التي تستخدم في إنتاج سلعة ما، أدى ذلك إلى انخفاض تكاليف الإنتاج وتزيد بالتالي الكميات المعروضة من السلعة، وكذلك فإن ارتفاع سعر أحد عناصر الإنتاج كارتفاع إيجار المباني والأراضي أو أجور العمال أو سعر الفائدة على راس المال سيؤدي إلى ارتفاع في تكاليف الإنتاج. وبالتالي إلى نقص الكميات المعروضة من السلعة وخاصة إذا كان الطلب الكلي ضعيفاً.

ثانياً: الخبرة الفنية للإنتاج:

يتوقف إنتاج أي سلعة من السلع على الخبرة الفنية ومدى تقدمها وتطورها على مر الزمان، وفي الإمكان تعديل المستوى التكنولوجي وتحسينه للإنتاج عن طريق استخدام آلات حديثة، أو تحسين المعدات القديمة أو ابتكار اصناف جديدة، كل هذه سيؤدي الى خفض في تكاليف الإنتاج وبالتالي يؤدي إلى زيادة العرض من السلع ويتوقف ذلك على الطلب الكلي ومدى حاجة السوق للسلعة.

ثالثاً: مستوى الضرائب والإعانات الحكومية:

من الأساليب التي قد تلجأ إليها الحكومات في حالة ما اذا أردت أن تحد من استهلاك سلعة معينة، أن تفرض ضريبة عليها والذي يؤدي إلى ارتفاع تكاليف إنتاجها وبالتالي إلى نقص الكميات المعروضة منها، وعلى العكس فقد ترى الحكومة أن إنتاج بعض السلع الضرورية يحتاج إلى إعانة مالية حتى يمكن خفض تكاليف إنتاجها فتزداد الكميات المعروضة منها وبالتالي يزداد استهلاكها.

رابعاً: عدد البائعين:

يزداد عدد البائعين بزيادة العرض لأن عرض السوق من سلعة معينة هو مجموع عرض البائعين لسلع مختلفة في السوق والزيادة في العرض يتوقف على الزيادة في الطلب على هذه السلع .

وباختصار هناك عوامل تؤدي إلى زيادة العرض ونقصان العرض، ومن اهم العوامل التي تؤدي إلى زيادة العرض هي:

١- زيادة عدد البائعين.

٢- انخفاض تكاليف الانتاج.

٣- نقص الضرائب وزيادة الاعانات.

٤- تحسن طرق الانتاج.

٥- طول فترة الانتاج.

واما العوامل التي تؤدي إلى نقص العرض تتمثل في الآتي:

١- نقص عدد البائعين.

٢- ارتفاع تكاليف الانتاج.

٣- زيادة الضرائب ونقص الاعانات.

٤- تراجع طرق الانتاج.

٥- قصر فترة الانتاج.

ملخص
أهم أنواع المرونات.
في نظرية العرض والطلب

نوع المرونة	أمثلة على النشاط الاقتصادي
مرونة الطلب السعرية	تقيس قوة أو ضعف العلاقة بين سعر السلعة والكمية المطلوبة منها
مرونة العرض السعرية	تقيس قوة أو ضعف العلاقة بين سعر السلعة والكمية المعروضة منها
مرونة الطلب الدخلية	تقيس قوة أو ضعف العلاقة بين دخل المستهلك والكمية المطلوبة من السلعة
مرونة الطلب التقاطعية أو التبادلية	تقيس قوة أو ضعف العلاقة بين سعر سلعة معينة والكمية المطلوبة من سلعة أخرى

تطبيقات أخرى على مرونة العرض السعرية

(١) عديم المرونة

$$\text{معامل المرونة} = \frac{\text{نسبة التغير في الكمية المعروضة من السلعة}}{\text{نسبة التغير في سعر السلعة نفسها}}$$

السعر	الكمية المطلوبة
١٠	١٠٠
١١	١٠٠

$$\text{معامل المرونة} = \frac{\dfrac{١٠٠-١٠٠}{١٠٠}}{\dfrac{١١-١٠}{١٠}} = \frac{\dfrac{\text{صفر}}{١٠٠}}{\dfrac{١}{١٠}}$$

$$= \frac{\text{صفر}}{١٠٠} \times \frac{١٠}{١} = \frac{\text{صفر}}{١٠٠} = \text{صفر}$$

(٢) قليل المرونة (غير مرن)

$$\text{معامل المرونة} = \frac{\text{نسبة التغير في الكمية المعروضة من السلعة}}{\text{نسبة التغير في سعر السلعة نفسها}}$$

السعر	الكمية المطلوبة
١٠	١٠٠
١١	١٠٥

$$\text{معامل المرونة} = \frac{\frac{١٠٥-١٠٠}{١٠٠}}{\frac{١١-١٠}{١٠}} = \frac{\frac{٥}{١٠٠}}{\frac{١}{١٠}} = \frac{٥}{١٠٠} \times \frac{١٠}{١}$$

$$= \frac{٥٠}{١٠٠} = ٠.٥$$

(٣) أحادي المرونة (المتكافئ المرونة)

$$\text{معامل المرونة} = \frac{\text{نسبة التغير في الكمية المعروضة من السلعة}}{\text{نسبة التغير في سعر السلعة نفسها}}$$

السعر	الكمية المطلوبة
١٠	١٠٠
١١	١١٠

$$\text{معامل المرونة} = \frac{\frac{١١٠-١٠٠}{١٠٠}}{\frac{١١-١٠}{١٠}} = \frac{\frac{١٠}{١٠٠}}{\frac{١}{١٠}} = \frac{١٠}{١٠٠} \times \frac{١٠}{١}$$

$$= \frac{١٠٠}{١٠٠} = ١$$

(٤) كثير المرونة (مرن)

معامل المرونة = $\dfrac{\text{نسبة التغير في الكمية المعروضة من السلعة}}{\text{نسبة التغير في سعر السلعة نفسها}}$

الكمية المطلوبة	السعر
١٠٠	١٠
١٢٠	١١

$$\text{معامل المرونة} = \dfrac{\dfrac{١٢٠-١٠٠}{١٠٠}}{\dfrac{١١-١٠}{١٠}} = \dfrac{\dfrac{٢٠}{١٠٠}}{\dfrac{١}{١٠}} = \dfrac{٢٠}{١٠٠} \times \dfrac{١٠}{١}$$

$$= \dfrac{٢٠٠}{١٠٠} = ٢$$

(٥) لا نهائي المرونة

معامل المرونة = $\dfrac{\text{نسبة التغير في الكمية المعروضة من السلعة}}{\text{نسبة التغير في سعر السلعة نفسها}}$

الكمية المطلوبة	السعر
١٠٠	١٠
١٠٠٠	١١

$$\text{معامل المرونة} = \frac{\frac{1000-100}{100}}{\frac{11-10}{10}} = \frac{\frac{900}{100}}{\frac{1}{10}} = \frac{900}{100} \times \frac{10}{1}$$

$$= \frac{9000}{100} = 90$$

ملخص

حالات مرونة العرض السعرية

حالة المرونة	معامل المرونة	أثر السعر على الكمية المعروضة
عديم المرونة	م = صفر	معدوم
قليل المرونة (غير مرن)	صفر < م < ١	ضعيف
أحادي المرونة (متكافئ)	م = ١	متماثل
كثير المرونة (مرن)	م > ١	قوي
لانهائي المرونة	م = ما لا نهاية	قوي جدا جدا

وأما العوامل المحّددة لمرونة العرض السعرية تتمثل في الآتي:

أولا: طبيعة السلعة: قابليتها للتخزين.

ثانيا: الطاقة الانتاجية المتوفرة.

ثالثا: مدى توفر عناصر الانتاج اللازمة.

رابعا: فترة القياس: الاجل القصير والأجل الطويل.

أسئلة الخطأ والصواب

أجب صح أم خطأ :

١- لا يوجد فرق بين الكميات المعروضة والكميات المخزونة.

٢- ترتبط فكرة العرض بمسالة الندرة ذلك إن إنتاج سلعة ما إنما يتم بوجود مجموعة معينة من عوامل الإنتاج.

٣- إن ثمن السلعة في السوق هو العامل الوحيد الذي يؤثر على الكميات التي تعرض منها للبيع في السوق.

٤- هناك علاقة بين ثمن السلعة والكمية المعروضة منها.

٥- يقصد بدالة العرض العلاقة الدالية التي تربط المتغير التابع الكمية المعروضة (ك ع) بالمتغير المستقل (محددات العرض).

٦- مرونة العرض السعرية = $\frac{\text{التغير النسبي في السعر}}{\text{التغير النسبي في الكمية المعروضة}}$

٧- بالنسبة لدرجة مرونة العرض اذا كان العرض مرن فالناتج يكون اقل من واحد صحيح.

٨- اذا كان مساويا لواحد صحيح قيل ان العرض متكافئ المرونة.

٩- من أهم سمات درجة مرونة حالة العرض عديم المرونة أن التغير في السعر لا يؤدي الى تغير في الكمية المعروضة.

١٠- في حالة لا نهائي المرونة يأخذ شكل منحنى العرض (ع ع) شكل الخط المستقيم الموازي للمحور الرأسي.

١١- في حالة العرض المرن التغير النسبي في الثمن يؤدي إلى تغير نسبي اكبر في الكمية المعروضة.

١٢- لا يوجد فرق بين التغير في العرض والتغير في الكمية المعروضة.

١٣- من الأساليب التي قد تلجأ اليها الحكومات في حالة ما اذا أرادت أن تحد من استهلاك سلعة معينة ان تفرض ضريبة عليها.

أسئلة للمناقشة

السؤال الأول: وضّح المفاهيم التالية مع إعطاء بعض الأمثلة:

أ- مفهوم العرض

ب- مفهوم قانون العرض

جـ- جدول العرض

د- منحنى العرض

هـ- دالة العرض

السؤال الثاني: ما المقصود بمرونة العرض السعرية؟

السؤال الثالث: تأخذ مرونة العرض درجات مختلفة تتراوح ما بين الصفر وما لا نهاية.

المطلوب توضيح الآتي لحالة العرض عديم المرونة:

أ- السمات

ب- القانون

جـ- مثال رياضي

د- الرسم البياني للحالة

السؤال الرابع: وضّح ما يلي لحالة المتكافئ المرونة ما يلي:

أ- السمات

ب- القانون

جـ- مثال رياضي

د- الرسم بيانيا للحالة

السؤال الخامس: وضّح الفرق بين حالة العرض المرن والعرض غير المرن من خلال ما يلي:

أ- السمات

ب- القانون

جـ- مثال رياضي

د- الرسم بيانياً للحالتين

السؤال السادس: وضّح مع الشرح الفرق بين التغير في العرض والتغير في الكمية المعروضة.

السؤال السابع: وضّح بالتفصيل العوامل المؤثرة على الكميات المعروضة.

تمارين عملية

مثال (١)

الجدول التالي يمثل الكميات المعروضة من سلعة ما عند الأسعار المختلفة لنفس السلعة خلال الفترة زمنية مع بقاء باقي العوامل الاخرى ثابتة:

الكمية المعروضة (وحدة)	السعر (بالدينار)
١٠	٤
١٠	٥

المطلوب: تحديد شكل مرونة العرض السعرية باستخدام القانون ثم ما هو شكل مرونة العرض والخصائص.

مثال (٢)

الجدول التالي يبين العلاقة ما بين الكميات المعروضة من سلعة ما عند الاسعار الثابتة.

الكمية المعروضة (وحدة)	السعر (دينار)
١٠	٥
١٢	٦

المطلوب: تحديد شكل مرونة العرض السعرية باستخدام القانون ثم ما هو شكل مرونة العرض والخصائص.

مثال (٣)

الجدول التالي يبين العلاقة ما بين الكميات المعروضة من سلعة ما عند الاسعار المختلفة

الكمية المعروضة (وحدة)	السعر (دينار)
١٠	١٠
٣٠	١٥

المطلوب: تحديد شكل مرونة العرض السعرية باستخدام القانون ثم ما هو شكل مرونة العرض والخصائص.

الفصل الخامس
توازن الطلب والعرض

الفصل الخامس

توازن الطلب والعرض

Demand and Supply Equilibrium

٥-١ التوازن بين الطلب والعرض؟

السؤال: كيف يتحقق التوازن بين الطلب والعرض؟

الجواب: أن يتحدد سعر سلعة أو خدمة ما بتقاطع منحنى الطلب والعرض. وعند نقطة التقاطع هذه تتساوى الكميات المطلوبة مع الكميات المعروضة من السلعة أو الخدمة ويطلق على هذا السعر سعر التوازن، ويمكن توضيح ذلك من خلال الجدول رقم (١١)

جدول رقم (١١)

الطلب والعرض في السوق لسلعة ما

سعر الكيلو (بالقروش)	الكميات المطلوبة (بالكيلو)	الكميات المعروضة (بالكيلو)	حالة السوق الفائض (+) النقص (-)
٥٠	٥٠	١٥٠	١٠٠ +
٤٠	٦٠	١٢٠	٦٠ +
٣٠	٧٠	١٠٠	٣٠ +
٢٠	٨٠	٨٠	صفر
١٠	٩٠	٧٠	٢٠ -
٥	١٠٠	٦٠	٤٠ -

وترتكز نظرية العرض والطلب على ثلاثة محاور هي:

١- السوق: سيتم تناوله بالتفصيل في الفصل العاشر.

٢- قوى الطلب: تم تناوله في الفصل الثالث.

٣- قوى العرض: تم تناوله في الفصل الرابع.

يلاحظ من خلال الجدول رقم (١١) أن نقطة التوازن هي ٨٠ كيلو للكميات المطلوبة والكميات المعروضة عند سعر ٢٠ قرش للكيلو الواحد، ويلاحظ ايضا ان السوق في حالة فائض ونقص للسلعة حسب ما هو موضح في الجدول. فإذا كانت الكمية المطلوبة تساوي الكميات المعروضة، يكون هناك توازن، وإذا كانت الكميات المطلوبة أقل من الكميات المعروضة، يكون هناك فائض، وأما إذا كانت الكمية المطلوبة أكبر من الكميات المعروضة سوف يكون هناك نقص.

ويمكن أيضا توضيح ذلك الجدول من خلال الشكل التالي

شكل رقم (١٩)
توازن منحنى العرض والطلب

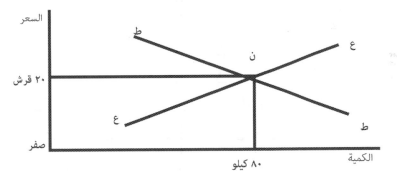

من خلال الشكل رقم (٩) يمثل (ط ط) منحنى الطلب ويمثل (ع ع) منحنى العرض ونقطة التوازن لمنحنى الطلب والعرض هي (ن) وهذه تسمى نقطة التوازن أو نقطة التعادل بين الطلب والعرض حسب ما ذكرنا سابقا. فإذا حدث أي تغير في الظروف المحددة للطلب أو العرض، فإن سعر السوق سوف يرتفع أو ينخفض تبعا

لظروف السوق الجديدة وتصبح الكميات المطلوبة غير مساوية للكميات المعروضة، وواضح عند انخفاض السعر لأي سلعة يرغبها المستهلك فسوف يزيد المستهلك من الكميات المشتراة لكن انخفاض السعر ليس من مصلحة المنتج الذي يعرض سلعته في السوق لأنه يريد تحقيق أكبر ربح من خلال بيع سلعته عند سعر مرتفع.

الجدول التالي يوضح وضع التوازن حسابيا من جداول العرض والطلب.

ملخص
تحديد وضع التوازن حسابيا
من جداول العرض والطلب

اتجاه السعر	الحالة في السوق	الكمية المطلوبة	الكمية المعروضة	السعر المحتمل
ينخفض	فائض عرض	٥٠	٨٠٠	٧
ينخفض	فائض عرض	٩٥	٦٠٠	٦
ينخفض	فائض عرض	١٨٠	٥٠٠	٥
استقرار= توازن	لا فائض عرض / لا فائض طلب	٣٠٠	٣٠٠	٤
يرتفع	فائض طلب	٥٠٠	٢٥٠	٣
يرتفع	فائض طلب	٨٠٠	١٥٠	٢
يرتفع	فائض طلب	١٢٠٠	٤٠	١

إن فائض العرض يعني ان الكمية المعروضة اقل من الكمية المطلوبة حيث يرغب البائعون في البيع ولكن لا يوجد من يشتري، ولتحفيز المشترين على الشراء يعرضون بيع السلعة بسعر أقل، وأما فائض الطلب فيعني أن الكمية المطلوبة أكبر من الكمية المعروضة حيث يرغب المشترون في الشراء ولكن لا يوجد من يبيع، ولتحفيز البائعين على البيع ليبدون استعدادا لشراء السلعة بسعر أعلى. والتوازن يصف حالة في السوق يستقر فيها السعر عند مستوى معين تكون عنده الكمية المعروضة تساوي الكمية المطلوبة أي لا فائض عرض ولا فائض طلب، يعني لا يوجد مبرّر للبائعين لتخفيض السعر ولا يوجد للمشترين مبرّر لرفع السعر.

٥-٢ التغيرات في ظروف الطلب والعرض (التغير في توازن السوق)

يمكن توضيح التغيرات في ظروف الطلب والعرض، من خلال ثلاث حالات وهي كالآتي:

الحالة الأولى: تغير ظروف الطلب مع بقاء ظروف العرض ثابتة وهناك حالتان لتوضيح ذلك:

١- زيادة الطلب مع بقاء العرض ثابتا.

٢- نقصان الطلب مع بقاء العرض ثابتا.

الحالة الثانية: تغير ظروف العرض مع بقاء ظروف الطلب ثابتة وهناك حالتان لتوضيح ذلك:

١- زيادة العرض مع بقاء الطلب ثابتاً.

٢- نقصان العرض مع بقاء الطلب ثابتاً.

الحالة الثالثة: تغير ظروف الطلب والعرض معا ويمكن توضيح ذلك كالآتي:

١- الزيادة في الطلب مع النقص في العرض.

٢- النقص في الطلب مع الزيادة في العرض.

وفيما يلي سنحاول شرح الحالات الثلاث السابقة بالاستعانة ببعض الرسوم البيانية لمنحنيات الطلب والعرض.

الحالة الأولى: حالة تغير ظروف الطلب مع بقاء ظروف العرض ثابتة

١- زيادة الطلب مع بقاء العرض ثابتاً

يرجع سبب الزيادة في الطلب على السلعة من قبل المستهلك الى عوامل أهمها:

١- الزيادة في الدخول

٢- اذواق ورغبات وميول المستهلكين لصالح السلعة

٣- ارتفاع الجودة.

٤- عدم وجود سلعة بديلة.

٥- توقعات المستهلكين لارتفاع سعر السلعة.

٦- الظروف الاقتصادية الانتعاش والرواج والازدهار.

٧- المواسم والعادات والتقاليد.

٨- زيادة عدد المستهلكين .

٩- الحروب

١٠- انخفاض الضرائب

١١- زيادة عدد المنتجين

١٢- انخفاض اثمان بعض عناصر الانتاج (كالاراضي والاجور والايجار وسعر المادة الأولية.. الخ)

يبقى عرض الكميات ثابتا في بعض الأحيان لأن الكمية في السوق تكفي لمواجهة الطلب. والشكل رقم (٢٠)
يوضح هذه الحالة:

شكل رقم (٢٠)

حالة زيادة الطلب مع بقاء العرض ثابتا

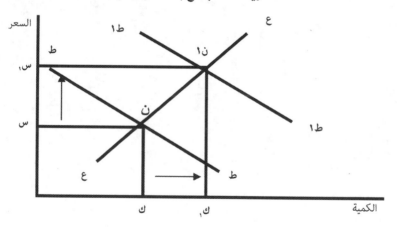

يتحدد سعر التوازن عند النقطة (ن) حيث أن (ك): تمثل الكمية، و (س): تمثل السعر عندها، يتقاطع منحنى الطلب (ط ط) ومنحنى العرض (ع ع). إن منحنى الطلب انتقل من (ط ط) إلى (ط$_{١}$ط$_{١}$) ومنحنى العرض (ع ع) بقى ثابتا ونقطة التوازن أو التعادل ترفع إلى (ن$_{١}$) حيث تتحدد كمية توازن جديدة هي (ك$_{١}$) وتكون أعلى من الكمية السابقة (ك) وسعر توازن جديد هو (س$_{١}$) ويكون أيضا أعلى من سعر التوازن السابق (س).

٢- نقصان الطلب مع بقاء العرض ثابتا:

إن سبب نقصان الطلب يرجع إلى أمور عديدة أهمها:

١- انخفاض الدخول

٢- انخفاض عدد المستهلكين

٣- السلعة ليس حسب اذواق ورغبات وميول المستهلكين

٤- تدني الجودة

٥- وجود سلعة بديلة

٦- الظروف الاقتصادية (كساد وركود)

٧- ارتفاع اسعار بعض عناصر الانتاج (كالاراضي والاجور والايجار.. الخ)

٨- ارتفاع الاسعار.

٩- ارتفاع الضرائب.

١٠- انخفاض عدد المنتجين.

١١- الحروب

ويمكن توضيح ذلك من خلال الشكل رقم (٢١)

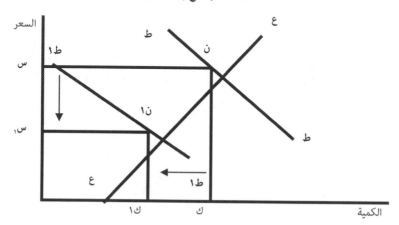

شكل رقم (٢١)

حالة نقصان الطلب مع بقاء العرض ثابتا

يتحدد سعر التوازن (ن) ما بين منحنى الطلب (ط ط) ومنحى العرض (ع ع) وتمثل (ك) الكمية و(س) سعر التوازن. وأن منحنى الطلب انتقل من (ط ط) إلى (ط١ط١) عند نقطة توازن جديدة هـي (ن١) لكن يبقى منحنى (ع ع) ثابتا، فكمية التوازن الجديدة، (ك١) اقل من الكمية السابقة (ك) وسعر التـوازن الجديد (س١) اقل من السعر (س).

الحالة الثانية: حالة تغير ظروف العرض مع بقاء ظروف الطلب ثابتة:

١- زيادة العرض مع ثبات الطلب

تتغير ظروف العرض بالزيادة بسبب مجموعة عوامل وهي كالآتي :

١- انخفاض اثمان بعض عناصر الانتاج (كالأراضي والاجور والايجار وسعر المادة الاولية.. الخ).

٢- زيادة الدخول

٣- ارتفاع الجودة

٤- تغير الاذواق لصالح السلعة

٥- زيادة عدد المستهلكين

٦- انخفاض الضرائب

٧- الظروف الاقتصادية (الانفتاح والانتعاش)

٨- زيادة عدد المنتجين

٩- العادات والتقاليد والمواسم.

١٠- الحروب.

١١- عدم وجود سلعة بديلة.

١٢- ارتفاع الأسعار.

ويمكن توضيح هذه الحالة بواسطة الشكل رقم (٢٢)

شكل رقم (٢٢)
حالة زيادة العرض مع ثبات الطلب

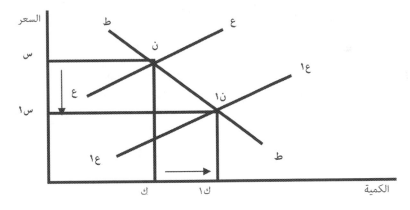

يتحدد سعر التوازن (ن) ما بين منحنى الطلب (ط ط) ومنحنى العرض (ع ع) وتمثل (ك) كمية التوازن و (س) سعر التوازن، وعند انتقال منحنى العرض من (ع ع) إلى (ع١ع١) يبقى منحنى الطلب (ط ط) ثابتا، تنتقل نقطة التعادل من (ن) إلى (ن١) سعر التوازن الجديد في هذه الحالة (س١) اقل من السعر السابق (س) والكمية الجديدة (ك١) أكبر من الكمية السابقة (ك).

٢- نقصان العرض مع ثبات الطلب:

في بعض الأحيان تتغير ظروف الكميات المعروضة بالنقصان ويرجع سبب ذلك الى عوامل عديدة هي:

١- ارتفاع اثمان بعض عناصر الانتاج

٢- تدني الجودة

٣- انخفاض الدخول

٤- وجود سلعة بديلة

٥- ارتفاع الضرائب

٦- نقص عدد المستهلكين.

٧- تغير اذواق ورغبات واذواق المستهلكين ضد أي ليس لصالح السلعة.

٨- الظروف الاقتصادية (ركود وكساد) .

٩- نقص عدد المنتجين.

١٠- ارتفاع السعر.

١١- الحروب.

شكل رقم (٢٣)

حالة نقصان العرض مع بقاء الطلب ثابتاً

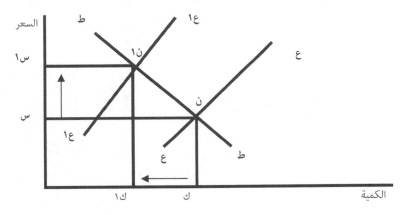

نقطة التعادل أو التوازن (ن) تتقاطع مع منحنى الطلب (ط ط) ومنحنى العرض (ع ع) عند السعر س وعند الكمية (ك)، وعند ارتفاع السعر ينتقل منحنى العرض إلى ($ع_1$ $ع_1$) ويبقى منحنى الطلب (ط ط) ثابتا وترتفع نقطة التوازن الى أعلى لتصبح ($ن_1$) عند سعر جديد هو ($س_1$) وكميته جديدة هي ($ك_1$) لكن السعر الجديد ($س_1$) أكبر من السعر السابق س والكمية الجديدة ($ك_1$) اقل من الكمية السابقة (ك).

الحالة الثالثة: تغير ظروف الطلب والعرض معاً :

هناك حالتين توضح تغير ظروف الطلب والعرض معا وهاتين الحالتين هما:

١- الزيادة في الطلب مع النقص في العرض

ويرجع ذلك الى عوامل عديدة هي:

١- انخفاض الاسعار

٢- ارتفاع الجودة

٣- الظروف الاقتصادية (الانتعاش، الانفتاح والرواج)

٤- ارتفاع الدخول

٥- زيادة عدد المستهلكين

٦- اذواق ورغبات وميول المستهلكين لصالح السلعة

٧- ارتفاع اثمان بعض عناصر الانتاج (المادة الأولية والأجور والايجار واسعار الأراضي.. الخ)

٨- نقص عدد المنتجين

٩- الحروب.

١٠- العادات والتقاليد والمواسم.

١١- ندرة المادة الاولية.

١٢- عدم وجود سلعة بديلة.

١٣- ارتفاع الضرائب.

ويمكن توضيح ذلك من خلال الشكل رقم (٢٤)

شكل رقم (٢٤)

حالة الزيادة في الطلب أكبر من النقصان في العرض

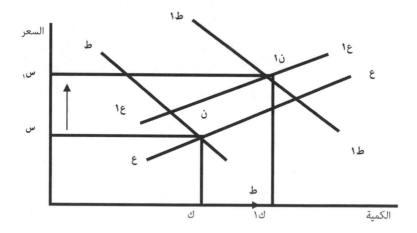

النقطة (ن) هي نقطة التوازن عند تقاطع منحنى الطلب (ط ط) ومنحنى العرض (ع ع) وعند انتقال نقطة التوازن او التعادل إلى ($ن_1$) ففي هذه الحالة سعر التوازن الجديد ($س_1$) أعلى من السعر السابق (س) وكمية التوازن الجديدة ($ك_1$) أعلى من كمية التوازن السابقة (ك).

شكل رقم (٢٥)

حالة الزيادة في الطلب أقل من النقصان في العرض

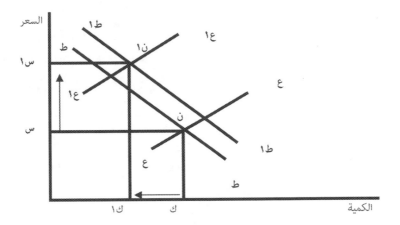

ففي الشكل رقم (٢٥) نقطة التعادل هي (ن١) عند تقاطع منحنى الطلب (ط ط) ومنحنى العرض (ع ع). وعند انتقال نقطة التعادل أو التوازن إلى (ن١) يكون سعر التوازن الجديد (س١) أعلى من سعر التوازن السابق (س) والكمية الجديدة (ك١) اقل من الكمية السابقة (ك) وربما يعود السبب الى ارتفاع الأسعار مما يقلل الطلب.

٢- النقص في الطلب مع الزيادة في العرض ويرجع السبب الى عوامل عديدة اهمها:

١- انخفاض الدخول

٢- ارتفاع الاسعار

٣- وجود سلعة بديلة

٤- تدني الجودة

٥- تغير اذواق ورغبات المستهلكين ضد السلعة

٦- زيادة عدد المنتجين

٧- انخفاض الضرائب

٨- الظروف الاقتصادية (كساد وركود)

٩- انخفاض اثمان بعض عناصر الانتاج (المادة الأولية والأجور والايجار.. الخ)

١٠- نقص عدد المستهلكين.

١١- الحروب.

ويمكن توضيح هذه الحالة من خلال الشكل التالي:

شكل رقم (٢٦)
حالة النقص في الطلب مع الزيادة في العرض

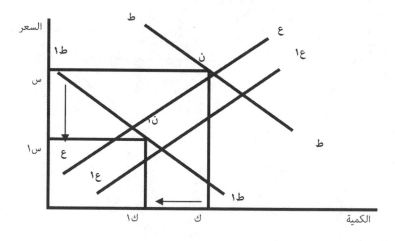

يلاحظ من خلال الشكل رقم (٢٦) أن النقصان في الطلب أكبر من زيادة العرض (ن) نقطة التعادل أو التوازن عند تقاطع منحنى الطلب (ط ط) ومنحنى العرض (ع ع). وعندما ينتقل منحنى الطلب (ط ط) إلى (ط$_١$ط$_١$) ومنحنى العرض (ع ع) الى منحنى الجديد (ع$_١$ع$_١$) تنتقل أيضا نقطة التوازن من (ن) إلى نقطة توازن جديدة (ن$_١$)

إن سعر التوازن الجديد (س$_١$) اقل من سعر التوازن السابق (س) وكمية التوازن الجديدة (ك$_١$) أقل من كمية التوازن السابقة (ك)

وهناك حالة أخرى يمكن توضيحها عندما يكون النقصان في الطلب اقل من الزيادة في العرض من خلال الشكل رقم (٢٧)

شكل رقم (٢٧)

حالة النقصان في الطلب اقل من الزيادة في العرض

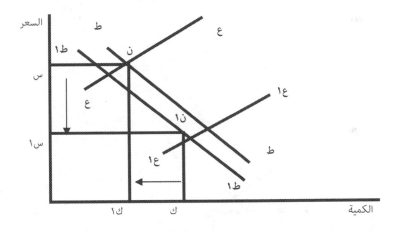

نقطة التوازن (ن) عند منحنى الطلب (ط ط) ومنحنى العرض (ع ع) وسعر التوازن (س) وكمية التوازن (ك)، وعندما ينتقل منحنى الطلب (ط ط) إلى ($ط_1ط_1$) ومنحنى العرض (ع ع) إلى ($ع_1ع_1$) تتغير في هذه الحالة نقطة التوازن لتصبح نقطة التوازن الجديدة هي ($ن_1$) وفي هذه الحالة ان سعر التوازن الجديد ($س_1$) اقل من سعر التوازن السابق (س) وكمية التوازن الجديدة ($ك_1$) أكبر من كمية التوازن السابقة (ك).

٣-٥ مراقبة الأسعار

في بعض الأحيان تتدخل الدولة في تحديد بعض الأسعار لبعض السلع والخدمات وذلك حماية للمستهلكين ومن أجل مراقبة وضبط أسعار هذه السلع والخدمات وعدم التلاعب. في بداية هذا الفصل أوضحنا كيف يتحقق التوازن بين العرض والطلب من خلال سعر التوازن نتيجة لتفاعل قوى العرض والطلب وأن تتساوى الكمية المطلوبة مع الكمية المعروضة لسلعة ما. وقوى السوق تلعب دوراً كبيراً كما هو موجود في النظام الاقتصادي الرأسمالي. فإذا كان السعر مرتفعا، فإن ذلك سيؤدي إلى فائض في سوق السلعة مما يسبب ضغطاً على السعر إلى أسفل إلى أن تصل إلى نقطة التوازن. وإذا كان السعر منخفضا فإن ذلك سيؤدي إلى نقص في سوق السلعة مما يسبب ضغطاً على السعر إلى أعلى إلا أن تصل إلى نقطة التوازن من دون تدخل الحكومة في ذلك.

أ- تحديد حد أقصى للسعر (سقف سعري)

تقوم الحكومة في هذه الحالة بتحديد سقف سعري لمجموعة كبيرة من السلع الاستهلاكية والضرورية للمستهلك مثل الحليب والسكر، الأرز، الخضار والفواكه. وتهدف هذه السياسة التسعيرية عادة لحماية ودعم المستهلك المحلي وفي هذه الحالة لا يمكن للبائع تجاوز السعر تحت طائلة القانون. فهنا تقوم الحكومة أما بتثبيت سعر التوازن في السوق ليصبح سعراً رسمياً بهدف منعه من الارتفاع وتقوم الدولة في معظم الأحيان بفرض سعر أقل من سعر التوازن في سوق السلعة والبائع في هذه الحالة لا يستطيع تجاوز هذا السعر. ومثال على ذلك اذا قامت الحكومة بوضع سقف سعري لسلعة حليب الأطفال قدره ٧٠٠ فلس للوحدة يستطيع البائع ان يبيعه بسعر ٦٨٠ فلس للوحدة ولكنه لا يستطيع ان يبيعه بسعر ٧٥٠ فلس للوحدة، لأن السقف السعري من قبل الحكومة يمنع ذلك. ففي حالات نادرة قد يكون السقف السعري أعلى من سعر التوازن.

ب- تحديد سقف سعري أقل من سعر التوازن

نفترض أن سعر التوازن في سوق سلعة حليب الأطفال هو ١٠ دنانير وأن كمية التوازن تتحدد عند ٦٠ وحدة واردات الحكومة فرض سقف سعري يتحدد عند ٨ دنانير.

فما هي التغيرات التي تحدث في سوق هذه السلعة. فقد اتضح بعد ذلك ان الكميات المعروضة قد انخفضت إلى ٤٠ وحدة بينما زادت الكميات المطلوبة إلى ٨٠ وحدة وهذا يعني وجود نقص في العرض في السوق واتساع الفجوة بين الكميات المطلوبة من السلعة والكميات المعروضة منها. ويؤدي هذا إلى خلق كثير من الأمور السلبية في سوق هذه السلعة منها:

١- نفاذ الكميات المعروضة في السوق بسرعة.

٢- بيع السلعة للزبائن المفضلين بالنسبة للبائع.

٣- نشوء ما يسمى بالسوق السوداء والتي تعني أن يبيع البائع بسعر أعلى من السعر الرسمي وأن يقبل المشتري بذلك.

ففي هذه الحالة يستدعي هنا تدخل الدولة لمعالجة الآثار السلبية السابقة. ومن أهم الإجراءات التي تقوم بها الحكومة لانجاح هذه السياسة التسعيرية وتعويض النقص في سوق السلعة التالي:

١- دعم المنتجين لهذه السلعة من خلال خفض الضرائب والرسوم وسياسات الدعم المتمثلة بإعطاء الاعانات.

٢- تقوم الدولة بتوفير كميات اضافية من السلعة وطرحها في السوق وفقا للسقف السعري.

٣- تشجيع استيراد البدائل للسلعة المسعرة رسمياً من الخارج عن طريق خفض الرسوم الجمركية، او الاعفاء الجمركي.

جـ- تحديد سقف سعري أعلى من التوازن

فعلى سبيل المثال أن الحكومة قد حددت سقف سعري للدجاج عند ٨٥٠ فلسا وبعد ذلك قرر المنتجون أن يبيعوا الدجاج بالحد الأعلى هو ٨٥٠ فلسا ففي هذه الحالة سيقوموا المنتجين بانتاج كميات كبيرة لمواجهة الطلب عند السعر الذي تم تحديده والفائض لديهم سيتم تخزينه عند الطلب. فلا يستطيعون المنتجون أن يبيعوا بأكثر من ذلك فالكميات المطلوبة سوف تتساوى مع الكميات المعروضة.

وخلاصة القول أنه تزداد في هذه الحالة الكميات المعروضة من السلعة وتتقلص الكميات المطلوبة، مما يعني وجود فائض عرض ويؤدي هذا إلى خفض السعر من قبل البائعين وصولا لسعر التوازن.

وبالتالي فرض الحكومة لسقف سعري أعلى من سعر التوازن لن يترك أثراً على حالـة التـوازن في السوق يعتبره البعض سياسة تسعيرية غير مجدية.

د- فرض حد أدنى للسعر (ارضية سعرية)

تقوم هذه السياسة التسعيرية على فرض حد أدنى للسعر، وتهدف إلى منع بيـع وشـراء السـلعة أقل من الأرضية السعرية، وتفرض عادة لدعم المنتج المحلي أو أصحاب عناصر الانتاج لتشجيعهم علـى امداد السوق بمزيد من هذه السلعة مثل الانتاج الزراعي، ويعنـي تحديـد أرضيـة سـعرية، أن المنتج لا يستطيع بيع السلعة بسعر أقل من الأرضية السعرية خوفا من الخسارة.

وتكون الأرضية السعرية غالبا أعلى من سعر التوازن في السوق وفي حالات أخرى تكون مساوية لسعر التوازن حفاظاً على السعر من الانخفاض، وفي حالات نادرة تكون أقل مـن سـعر التـوازن وتخفض الكميات المعروضة في هذه الحالة وتزداد الكميات المطلوبة مما يعني ضغط الطلب المتزايد علـى السـعر حتى يرتفع ليصل إلى سعر التوازن في السوق. ففي هذه الحالة عند فرض الحكومة أرضية سعرية أقل مـن سعر التوازن لن يكون مجدياً، لأنه لن يترك أثراً علـى حالـة التـوازن في السـوق وغالبـاً مـا تكـون الأرضية السعرية أعلى من سعر التوازن.

هـ- تحديد أرضية سعرية أعلى من سعر التوازن.

لنفترض أن سعر التوازن لكيلو البندورة في سوق البندورة هو ١٠٠ فلس وكمية التـوازن هـي ٥٠ طن، وقامت الحكومة بتحديد أرضية سعرية عند ١٥٠ فلس للكيلو، وبسبب التسعير الرسمي الجديد للحكومة تزداد الكمية المعروضة لتصل إلى ٧٠ طن بينما انخفضت الكميات المطلوبة لتصل إلى ٣٠ طن. ويعني ذلك أن هناك فائض في العرض حوالي ٢٠ طن وبالتالي اتسعت الفجوة بـين الكميـات المطلوبـة والكميات المعروضة.

ويترتب على ذلك إما ان يكدس المنتجون الفائض مـع تحمـل أعبـاء تخزينـه أو تلفـه ويـتراكم الفائض مع مرور الزمن ويصبح مشكلة للمنتجين، أو أن يضطر المنتج لبيع السلعة بأقـل مـن السـعر الرسمي، ولانجاح هذه السياسة التسعيرية تضع الحكومة العديد من الإجراءات من أبرزها ما يلي:

١- رفع الرسوم الجمركية على السلع المستوردة البديلة للسلعة المسعرة رسميا حتـى يصبح السـعر الرسمي للسلعة المحلية أكثر اغراء للمستهلك عند مقارنته بأسعار السلع البديلة المسـتوردة مـن الخارج.

٢- تقوم الدولة بشراء الكميات الفائضة بنفس الأرضية السعرية.

ففي السوق السوداء، الكمية المطلوبة تكون أعلى من الكمية المعروضة حيث يرغب المشترون في الشراء ولكن لا يوجد من يبيع، ولتحفيز البائعين على البيع يبدون استعدادا لشراء السلعة بسعر أعلى، ولما كان ذلك مخالفا لقرار الحكومة تجرى المبادلات بينهم بعيدا عن أعين الحكومة (السوق السوداء).

أسئلة الخطأ والصواب

أجب صح أم خطأ :

١- يتحدد سعر سلعة أو خدمة ما بتقاطع منحنى الطلب والعرض معاً.

٢- إن انخفاض سعر السلعة يعتبر من مصلحة المنتج يمكنه من أن يبيع كميات أكبر.

٣- يرجع سبب الزيادة في الطلب على السلعة من قبل المستهلك الى بعض محددات الطلب مثل زيادة في الدخل وتغير اذواق المستهلكين لصالح السلعة وعوامل أخرى.

٤- ان سبب انخفاض الطلب يرجع إلى أمور عديدة منها انخفاض دخول المستهلكين وانخفاض عدد المستهلكين وعوامل أخرى.

٥- تتغير ظروف العرض بالزيادة بسبب محددات العرض مثل انخفاض اثمان عناصر الإنتاج كأسعار الأراضي وانخفاض الأجور والايجار واسعار الأراضي.. الخ.

أسئلة للمناقشة

السؤال الأول: كيف يتحدد التوازن بين جانبي الطلب والعرض؟

السؤال الثاني: وضّح بالتفصيل تغير ظروف الطلب مع بقاء ظروف العرض ثابتة من خلال حالتين:

أ- زيادة الطلب مع بقاء العرض ثابتاً.

ب- نقصان الطلب مع بقاء العرض ثابتاً.

المطلوب العوامل والرسم بيانياً ومع شرح الرسمة.

السؤال الثالث: وضّح بالتفصيل تغير ظروف العرض مع بقاء ظروف الطلب ثابتا من خلال حالتين:

أ- زيادة العرض مع بقاء الطلب ثابتاً.

ب- نقصان العرض مع بقاء الطلب ثابتاً.

المطلوب العوامل والرسم بيانياً ومع شرح الرسمة.

السؤال الرابع: وضح بالتفصيل ظروف الطلب والعرض معاً وذلك من خلال حالتين:

أ- زيادة في الطلب مع النقص في العرض.

ب- النقص في الطلب مع زيادة في العرض.

المطلوب العوامل والرسم بيانياً ومع شرح الرسمة للحالتين .

السؤال الخامس: وضحّ تحديد حد اقصى للسعر (سقف سعري/ من قبل الحكومة مع اعطاء مثال.

السؤال السادس: اشرح بخصوص تحديد سقف سعري اقل من سعر التوازن وأعلى من سعر التوازن مع امثلة.

السؤال السابع: وضحّ سياسة الحكومة عند فرض حد أدنى للسعر (أرضية سعرية) مع الأمثلة.

تمارين عملية

مثال (١)

وضح ثم أكمل حالة الشكل التالي مع تحديد أهم العوامل ثم اشرح الرسمة .

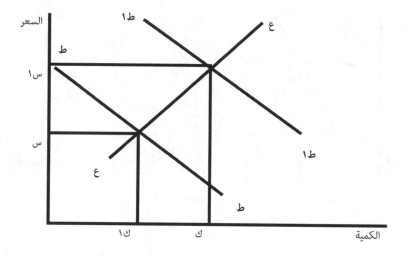

مثال (٢)

وضّح ثم أكمل حالة الشكل التالي مع تحديد أهم العوامل ثم اشرح الرسمة.

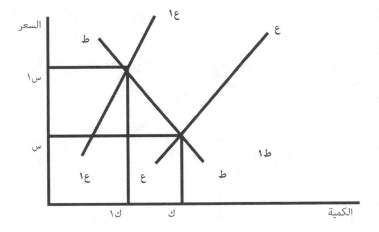

مثال (٣)

وضّح من عندك من خلال افتراض الأرقام كيف يتحقق التوازن بين العرض والطلب ثم ارسم الرسمة التي توضح نقطة التعادل بين العرض والطلب.

الفصل السادس
نظرية سلوك المستهلك

الفصل السادس
نظرية سلوك المستهلك
Consumer's Behaviour Theory

٦-١ مفهوم الاستهلاك :

إن الاستهلاك كما نعرف، هو الغاية النهائية من الإنتاج، ويهمنا في هذا الفصل أن نتعرض بالتحليل لسلوك الفرد المتعلق بقرار نشاطه الاستهلاكي. والمستهلك إنما يطلب السلعة أو الخدمة من أجل الإشباع المباشر لحاجاته من المنتجين وفقاً للأثمان السائدة في السوق.

وبما أن الهدف تحقيق أقصى اشباع لحاجاته ورغباته والوسيلة هي شراء السلع والخدمات من السوق واستهلاكها.

فهناك مجموعة من القيود تحكم قراره وهي:

١- دخل المستهلك او المبلغ المخصّص للانفاق على السلع.

٢- أسعار السلع السائدة في السوق.

٣- جداول المنفعة التي يجنيها المستهلك من استهلاكه لهذه السلع.

٦-٢ الرغبة Desire والطلب Demand والأذواق Taste

يميز الاقتصاديون بين الرغبة والطلب عند دراسة سلوك المستهلك. فقد تتحول الرغبة وهي مجرد شعور نحو سلعة معينة إلى طلب فعال Effective Demand وقد لا تتحول. فالرغبة تعكس أمنية المستهلك في اقتناء سلعة ما، وقد يقتنيها فعلاً إذا لم تدعم هذه الرغبة استعداد وقدرة على دفع ثمنها، مثل ارتفاع سعرها أو تدني مستوى دخله، لكنها تظل رغبة اذا لم يمكنه تحقيقها. فكل منا يرغب مثلاً في امتلاك السيارات الفارهة، وامتلاك البيوت الضخمة، وتناول أشهى وأرقى الأطعمة والمأكولات.

إن للأذواق وتفضيل المستهلك دوراً هاماً في تحديد السلع التي يطلبها ذلك المستهلك. في بعض الأحيان نجد أن بعض المستهلكين لا يفضلون وبالتالي لا يطلبون، سلعة ما بالرغم من تدني سعرها وقدرتهم على شرائها بينما نجد آخرين يفضلون، وبالتالي يطلبون نفس السلعة حتى وإن كان سعرها مرتفعا. ومن الأمثلةو على ذلك: شخص لا يهوى متابعة الألعاب الرياضية على شاشة التلفاز كما أن ليس

على استعداد لشراء لوحة فنية لرسام مميز مهما تدنى سعرها في حين يتهافت آخرون على متابعة شاشات التلفاز أو الذهاب للمسارح أو شراء لوحات فنية، وتعكس الرغبة تفضيل وذوق المستهلك نحو سلع معينة.

وهناك نوعان رئيسيان من التحليل يتضمنها هذا الفصل:

١- التحليل باستخدام أسلوب المنفعة الحدية.

٢- التحليل باستخدام أسلوب منحنيات السواء.

٦-٣ مفهوم المنفعة   Concept of Utility

تعبر المنفعة عن شعور المستهلك بالرضا والارتياح عند استهلاكه لوحدات مختلفة من سلعة ما. وتحاول نظرية المنفعة تحليل سلوك المستهلك وتوضيح الكيفية التي يستطيع أن يصل المستهلك إلى وضع توازن. وترتبط المنفعة بالحاجة والحاجة هي التي تخلق المنفعة، وطلب الأفراد للسلع والخدمات إنما يرجع أساسا إلى وجود الحاجة لديهم. فلكل سلعة أو خدمة منفعة معينة وهي بمثابة الدافع الأساسي الذي يجعل الفرد يطلبها دون غيرها في حدود امكانياته المتاحة.

إن هدف المستهلك هو تعظيم المنفعة في حدود امكانياته. ومن اجل تحليل وفهم سلوك المستهلك، هناك فرضيات اساسية يقوم عليها اسلوب تحليل المنفعة وهي كما يلي:

١- ان المستهلك يفكر بعقلانية ويسلك سلوكاً رشيداً عندما يقوم بتوزيع دخله على أوجه الانفاق المختلفة بهدف تحقيق أقصى منفعة ـ أو اشباع ممكن من ذلك الاتفاق وفي نطاق القيود المفروضة عليه والمتمثلة في مقدار دخله النقدي وأسعار السلع التي تواجهه في السوق.

٢- ان المستهلك قادر على الاختيار من البدائل المتوفرة وبطريقته يعظم فيها منفعته من الاستهلاك وغالبا ما يختار السلعة التي تزيد من اشباعه أو من رفاهيته الشخصية بالنسبة إلى تكاليفها. فالفرد يفضل هدية بقيمة مائة ديناراً على هدية بقيمة ٢٠ ديناراً.

٣- ان المستهلك يعتبر واحداً من بين العديد من المستهلكين. وهذا يعني أنه لا يؤثر في الأسعار ولا في الكميات المعروضة او المطلوبة بتصرفاته الفردية، وأن الأسعار والكميات تتحدد بمقتضى ـ قوانين الطلب والعرض في السوق.

٤- ثبات اذواق المستهلك وميوله وتفضيلاته اتجاه السلع اثناء فترة دراسة سلوكه .

٥- ان المستهلك واحد من عدد كبير من المستهلكين في السوق وسيقبل بالسعر الموجود في السوق خاصة في حالة سوق المنافسة المتاحة.

ولقد ظهرت فكرة المنفعة كأساس فني لتحليل الاستهلاك أو طلب المستهلك في الربع الأخير من القرن التاسع عشر عندما نشرت ثلاثة مؤلفات اقتصادية هامة في الوقت نفسه تقريبا، وبصفة مستقلة تماما، للانجليزي ستينلي جيفونز Stanley Jevons والنمساوي كارل منجر K. Menger والفرنسي- ليون والراس Leon Walras ، وقد قام الكتاب الثلاثة بتحليل سلوك المستهلك على أساس أن هذا المستهلك إنما يقوم على الدوام بحساب المتعة والألم محاولا أن يعظم من المتعة وأن يتجنب الألم، وأنه يخضع دائما في كل وجوه نشاطه الاقتصادي لتأثير هذين الشعورين عليه.

لقد فسر الاقتصاديون الثلاثة سلوك المستهلك على أساس أن المنفعة يمكن قياسها عدديا بعدد وحدات المنفعة، فالمستهلك قادر على أن يحدد لكل سلعة يستهلكها رقما معينا يمثل مقدار المنفعة التي يحصل عليها من استهلاكه لتلك السلعة، على سبيل المثال، إن كيلو التفاح قد يعطي المستهلك ١٠ وحدات منفعة وكيلو البرتقال ٥ وحدات وهكذا.

إن الإنتاج هو خلق المنفعة والشيء النافع في المعنى الاقتصادي هو ذلك الشيء الذي يشبع حاجة لدى الإنسان، فكل ما يشبع حاجة لدى الإنسان هو نافع.

فالمنفعة شعور شخصي ومن تعريف المنفعة يتضح ارتباطها بطلب المستهلك، ذلك أنه عندما يقوم المستهلك بشراء سلعة ما يحصل على الإشباع من امتلاكه لهذه السلعة.

فقد عرف الفيلسوف الإنجليزي جيرمي بنشام Jeremy Bencham المنفعة بانها قوة خفية تستطيع أن تخلق الإشباع، وسعادة الفرد هي المجموع الكلي للإشباعات المختلفة التي يحصل عليها. المنفعة هي مدى الإشباع المتحصل من جراء استهلاكه لسلعة ما، وهنا يمكن التمييز بين المنفعة الحدية والمنفعة الكلية.

٦-٤ المنفعة الكلية والمنفعة الحدية

Total Utility and Marginal Utility

يمكن تعريف المنفعة الكلية على أنها مجموع المنافع التي يحصل عليها الفرد مـن مجمـوع السلع والخدمات التي يستهلكها خلال فترة زمنية معينة. والمنفعـة الكليـة تتزايـد بزيـادة عـدد الوحدات المستهلكة من أية سلعة بمعدل متناقص حتى يبلغ المستهلك الإشباع الكامل.

أما المنفعة الحدية فتعرف بأنها التغير في المنفعة الكلية الناتج عن تغير الكميـة المستهلكة مـن السلعة بوحدة واحدة في فترة زمنية معينة أي:

$$\text{المنفعة الحدية} = \frac{\text{التغير في المنفعة الكلية}}{\text{التغير في عدد الوحدات المستهلكة}}$$

ومن اهم خصائص ومحددات المنفعة الكلية هي الآتي:

١- المنفعة الكلية تزداد بتزايد عدد الوحدات المستهلكة من السلعة.

٢- التزايد في المنفعة الكلية يكون بمعدل متناقص، كلما زادت عدد الوحدات المستهلكة مـن السـلعة كلـما تناقصت منفعة المستهلك.

٣- يستمر التزايد بمعدل متناقص حتى يصل المستهلك إلى اقصى مستوى ممكن من الاشياء.

٤- تزايد عدد الوحدات المستهلكة من السلعة بعـد مسـتوى الاشباع الاقصى- سـيؤدي إلى تناقص المنفعـة الكلية.

السؤال: ما هي العلاقة بين المنفعة الحدية والمنفعة الكلية؟ فالعلاقة هي:

١- عندما تبدأ المنفعة الكلية بالزيادة تكون المنفعة الحدية موجبة.

٢- عندما تصل المنفعة الكلية إلى حدها الأقصى تكون المنفعة الحدية تساوي صفرا.

٣- عندما تبدأ المنفعة الكلية في التناقص تكون المنفعة الحدية سالبة.

٦-٥ قانون تناقص المنفعة الحدية:

Law of Diminishing Marginal Utility

ان المنفعة الحدية تمثل التغيير في المنفعة الكلية عند زيادة الكمية المستهلكة من السلعة بوحدة واحدة، تبدأ اولا بالزيادة ولكنها تأخذ بالتناقص تدريجيا بعد حد معين إلى ان تصل إلى الصفر ثم تصبح سالبة بعد ذلك وهذا ما يعرف بقانون تناقص المنفعة الحدية.

وعرفنا سابقا أن التفاعل بين قوى العرض والطلب هو الذي يؤدي إلى تحديد السعر الذي يسود سوق السلعة. فالمنفعة الكلية والمنفعة الحدية يمثلان الأساس الاقتصادي لجدول قانون الطلب.

فقانون الطلب ينص على أن العلاقة بين الكمية المطلوبة من سلعة ما وسعرها هي علاقة عكسية. ويقرر قانون تناقص المنفعة أن المنفعة أو الإشباع التي يحصل عليها المستهلك من أي سلعة تتناقص كلما زادت الكمية التي يستهلكها من هذه السلعة، ومعنى هذا أن المستهلك يحصل على إشباع أكبر أو منفعة أكبر من الوحدة الأولى التي يستهلكها من سلعة معينة عن تلك التي يحصل عليها من الوحدة الثانية كما أن المنفعة التي يحصل عليها من الثانية أكثر من الثالثة وهكذا.

هذا وواضح أنه كلما كان الثمن للسلعة مرتفعا فإن المستهلك يشتري فقط كمية ضئيلة من السلعة تعطيه إشباعا كافيا، ولكن إذا انخفض الثمن للسلعة فإنه يشتري وحدات إضافية حتى تتكافأ منفعة السلع مع منفعة النقود، ومن ثم فإنه يحصل على كمية أكبر من السلع كلما انخفض ثمن السلعة.

ويمكن توضيح ذلك بمثال عملي ولنفترض أنه في فترة الظهيرة وبعد ساعات من الجهد المتواصل في قاعات المحاضرات سنحت لك الفرصة إلى الذهاب الى كافتيريا الجامعة لتناول بعض الفاكهة الطازجة التي تفضلها (ولنفترض التفاح) ودعا الشعور الشديد بالجوع إلى شراء أربع تفاحات، وبعد أن تناولت التفاحة الأولى بلذة بالغة بدأت في الثانية إلا أنه بدون شك لن تكون لذة التفاحة الثانية مماثلة للأولى، ولا خلاف أنها ستكون اقل ويحتمل أنك بعد الانتهاء منها سوف تتردد كثيرا من تناول التفاحة الثالثة، وربما لو فعلت فسيكون ذلك على مضض. وقد يصبح من المستحيل أن تتناول التفاحة الرابعة ولو حدث أن طلب منك تقويم من عشر درجات لكل تفاحة وفقا للذة أو الإشباع أو المنفعة التي استمدتها من كل منها ربما يكون التقدير كالتالي:

١٠   درجات للتفاحة الأولى

٧   درجات للتفاحة الثانية

٣   درجات للتفاحة الثالثة

صفر للتفاحة الرابعة

وبذلك تكون المنفعة للتفاحتين الأولى والثانية معا (١٧) وللتفاحات الثلاث الأولى هي ٢٠ درجة وهذا ما أطلق عليه الاقتصاديون المنفعة الكلية. أما المنفعة الرابعة الإضافية المستمدة من كل تفاحة على حدة وفقا لترتيبها فقد أطلق عليها المنفعة الحدية وفقا للتقدير الرقمي السابق.

وتكون المنفعة الحدية للتفاحة الأولى هي ١٠، وللثانية ٧، وللثالثة ٣، وللرابعة صفر ويمكن تنظيم التقديرات السابقة لكل من المنفعة الكلية والحدية بجدول رقم (١٢) كما يمكن أيضا تمثيلها بيانيا بالشكلين رقم (٢٨) ورقم (٢٩).

جدول رقم (١٢)

المنفعة الكلية والمنفعة الحدية لتناول التفاح

الكمية المتناولة من التفاح	المنفعة الكلية	المنفعة الحدية
١	١٠	١٠
٢	١٧	٧
٣	٢٠	٣
٤	٢٠	صفر

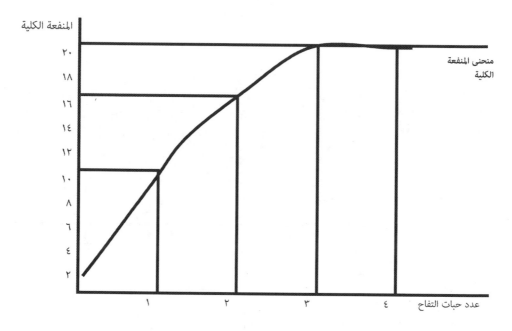

شكل رقم (٢٨)

منحنى المنفعة الكلية

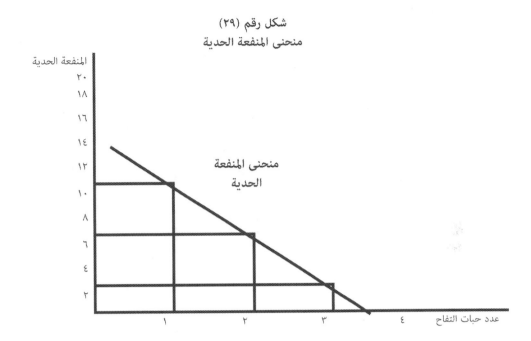

شكل رقم (٢٩)
منحنى المنفعة الحدية

المنفعة الحدية

٢٠
١٨
١٦
١٤
١٢
١٠
٨
٦
٤
٢

منحنى المنفعة
الحدية

١ ٢ ٣ ٤   عدد حبات التفاح

٦-٦ المنفعة الحدية وتوازن المستهلك:

ذكرنا سابقا ان المستهلك يهدف إلى تعظيم المنفعة، وذلك عن طريق استهلاك كميات معينة من السلع والخدمات في ضوء امكانياته المتاحة. وعند تحقيقه لهذا الهدف فإننا نعبر عن ذلك بالقول أن المستهلك في وضع توازن، وهو أفضل وضع له يمكن تحقيقه في ظل الإمكانيات ولو تغيرت تلك الامكانيات لتغير تبعا لذلك وضع التوازن، وهو أفضل وضع له يمكن تحقيقه في ظل الإمكانيات ولو تغيرت تلك الامكانيات تتغير تبعاً لذلك وضع التوازن. والسؤال هو كيف يمكن للمستهلك أن يصل إلى وضع التوازن هذا؟ وماذا يحدث لهذا التوازن عند تغير الظروف المحيطة بالمستهلك؟ هناك إجابة لهذا السؤال حيث يقصد بالتوازن في المعنى الاقتصادي عندما تتعادل المنافع الحدية فنقول أن المستهلك يكون في حالة توازن عندما تتعادل المنفعة الحدية للوحدة الأخيرة من السلعة التي يشتريها عند الثمن السائد في السوق. أي عندما تتعادل المنفعة الحدية المكتسبة مع المنفعة الحدية المضحى بها من النقود التي ينفقها في الحصول على السلعة. إلا أنه فيما يتعلق بتحليل التوازن لابد أن نشترط شرطا جوهريا هو بقاء الأشياء الأخرى ثابتة على حالها ويقضي ذلك أن نفترض:

١- ثبات الدخل ٢- ثبات أثمان السلع. ٣- ثبات أذواق المستهلكين.

والتوازن يعني تعادل المنافع الحدية عند أقصى إشباع ممكن، أي عند الإشباع الأوفى.

مثال: عندما نقدم على عملية الشراء ننفق الدينار الأول على المأكل وكذلك الثاني، أما الثالث فستنفقه على الملبس وكذلك الرابع. فإذا كان دخلنا اليومي دينارا واحدا فقط فلا شك أننا سنكون في وضع أفضل عندما نشتري به مأكلا، أما إذا كان الدخل دينارين فسنشتري وحدتين من المأكل وإذا كان الدخل ثلاثة دنانير فسنشتري وحدتين من المأكل ووحدة واحدة من الملبس، وإذا كان الدخل أربعة دنانير فسنشتري وحدتين مأكل ووحدتين ملبس.

ونستنتج أنه عندما يختار المستهلك وجها لإنفاق كل وحدة نقدية أخيرة من دخله فإن القاعدة التي تضمن له تحقيق أقصى منفعة كلية تتمثل في أن يختار السلعة التي تكون نسبة منفعتها الحدية الأكبر إلى أن تتساوى هذه النسبة لكل السلع فيصبح الأمر سواء بالنسبة للمستهلك وهذا ما يسمى بشرط توازن المستهلك.

٦-٧ أثر الإحلال وأثر الدخل:

لابد وأن نوضح أثر العوامل على مدى استجابة الكمية المطلوبة للسعر من خلال أثر الاحلال وأثر الدخل.

أولاً: اثر الإحلال:

عند ارتفاع سعر سلعة ما، مع ثبات جميع العوامل الأخرى فانه من الطبيعي أن يتحول المستهلك من هذه السلعة إلى سلعة أخرى يمكن أن تؤدي نفس الغرض، فمثلاً عند زيادة أسعار لحوم الغنم والبقر فإن ذلك قد يؤدي بالمستهلكين الى إحلال لحم الدجاج الذي يفترض عدم تغير سعره بدلا من لحوم الغنم والبقر في بعض الوجبات الغذائية، وهذا بالطبع سيؤدي إلى انخفاض الكمية المطلوبة من هذه اللحوم وزيادة الطلب على لحم الدجاج.

ثانياً: اثر الدخل:

إن ارتفاع سعر السلعة مع ثبات جميع العوامل الأخرى بما فيها الدخل النقدي يقلل من قدرة المستهلك على الشراء، أو بمعنى آخر فإن هذا يقلل من الدخل الحقيقي للمستهلك مما يترتب عليه في الحالات الاعتبارية تقليص الكمية المشتراة من السلعة التي ارتفع سعرها خاصة إذا كانت هذه السلعة تشتري بكميات كبيرة قبل ارتفاع ثمنها.

٦-٨ فائض المستهلك:

يعرف فائض المستهلك على أنه مقدار الفرق بين ما كان المستهلك مستعداً لدفعه وما دفعه فعلا مقابل حصوله على السلعة وفائض المستهلك يتأثر بالأسعار. فزيادة الأسعار يؤدي إلى تقليل فائض المستهلك وترتبط فكرة فائض المستهلك ارتباطا وثيقا بنظرية المنفعة.

وفائض المستهلك هو الإشباع الإضافي المساوي للفرق بين المنفعة المتحصلة من استهلاك كمية معينة من سلعة ما وبين المنفعة المضحى بها، أو هو الفرق بين أقصى ما يمكن أن يدفعه المستهلك من وحدات نقدية حتى لا يحرم من السلعة وبين القيمة المدفوعة فعلاً ثمناً لهذه السلعة.

والمثال التالي يوضح مفهوم الفائض الحدي والكلي وعلاقته بتوازن المستهلك. والجدول التالي يبين لنا مقدار المنفعة الحدية والكلية وكذلك الفائض الحدي والكلي للوحدات المستهلكة من سلعة معينة ونحن نريد معرفة الكمية التي سوف يشتريها هذا المستهلك.

جدول رقم (١٣)

المنفعة الحدية والكلية وفائض الحدي والكلي

سعر الوحدة ١	عدد الوحدات المستهلكة٢	المنفعة الحدية ٣	المنفعة الكلية ٤	المنفعة المضحى بها ٥	الفائض الحدي ٦	الفائض الكلي ٧
١٠٠	١	٢٠٠	٢٠٠	١٠٠	١٠٠	١٠٠
١٠٠	٢	١٥٠	٣٥٠	٢٠٠	٥٠	١٥٠
١٠٠	٣	١٢٥	٤٧٥	٣٠٠	٢٥	١٧٥
١٠٠	٤	١٠٠	٥٧٥	٤٠٠	-	١٧٥
١٠٠	٥	٧٥	٦٥٠	٥٠٠	٢٥-	١٥٠
١٠٠	٦	٥٠	٧٠٠	٦٠٠	٥٠-	١٠٠
١٠٠	٧	٢٥	٧٢٥	٧٠٠	٧٥-	٢٥
١٠٠	٨	٢٠	٧٤٥	٨٠٠	٨٠-	٥٥-

١ + ٢ + ٤ افتراضي

٣ + ٥ + ٦ + ٧ استنتاجي

المنفعة المضحى بها = سعر الوحدة × عدد الوحدات المستهلكة

الفائض الحدي = المنفعة الحدية - سعر الوحدة

الفائض الكلي = المنفعة الكلية – المنفعة المضحى بها

إن الجدول رقم (١٣) يشير إلى أن شراء الوحدة الأولى تكلف المستهلك ١٠٠ فلس بينما هو يقدر منفعتها بما يعادل ٢٠٠ فلس، فهو حين يشتري الوحدة الأولى سوف يحقق إشباعا إضافيا يقدر بـ ١٠٠ فلس وهذا الإشباع الإضافي يسمى فائض المستهلك.

فلو اشترى هذا المستهلك وحدة ثانية فهو سيحقق فائضاً قدره ٥٠ فلساً لأنه سيدفع ثمناً قدره ١٠٠ فلس بينما سيحقق منفعة منها تساوي ١٥٠ فلساً، فإذا اشترى وحدة ثالثة أصبح الفائض الحدي ٢٥ فلساً، أما الفائض الكلي فسيرتفع إلى ١٧٥ فلساً، فإذا استمر في الشراء حتى الوحدة الرابعة فسيجد أن الفائض الحدي قد انعدم وفي هذه الحالة يصل الفائض الكلي إلى حده الأعظم فإذا تابع المستهلك في الشراء فسيجد أن الفائض الحدي اصبح سالبا ويبدأ الفائض الكلي بالتناقص.

٦-٩ منحنيات السواء   Indifference Curves Analysis

٦-٩-١ لمحة تاريخية:

يعتبر تحليل منحنيات السواء الصيغة الحديثة لنظرية المنفعة، ويتم عن طريقها توضيح الكيفية التي يصل بها المستهلك إلى وضع التوازن عن طريق انفاق دخله بين السلع المختلفة لتحقيق أكبر قدر من الاشباع. ويقوم بناء منحنيات السواء على اساس وجود سلعتين في كل مجموعة سلعية وأن المستهلك قادر على المقارنة بين الاشباع الذي يمكن ان يعود عليه من مجموعة معينة وبين الاشباع الذي يمكن ان يعود عليه من مجموعة اخرى.

ويرجع تاريخ منحنيات السواء كأسلوب فني من أساليب البحث العلمي إلى الثمانينات من القرن التاسع عشر، وإن كان لم يأخذ مكانته الحالية في التحليل الاقتصادي إلا في الثلاثينات من القرن العشرين. وقد كان الاقتصادي الإنجليزي فرانسيس إجويرث Francis Edgeworth هو أول من استعمل منحنيات السواء عام ١٨٨١ عندما عرض نظريته في المقايضة وذلك لبيان أن إمكانيات التبادل ما بين الطرفين هي إمكانيات محدودة. وبعد أدجورت تبنى الاقتصادي الإيطالي ولفريدو باريتو Viltredo Pareto هذا الأسلوب الفني في عام ١٩٠٦ واستخدامه في مؤلفه المشهور في الاقتصاد السياسي.

أن الاقتصادي جون هيكس John Hicks والرياضي ر. ألن R. Allen البريطانيين هما اللذان أشاعا استعمال منحنيات السواء في مجال نظرية المستهلك يحث رائد في هذا الصدد في عام ١٩٣٤ ومنذ هذا التاريخ وحتى الآن اصبح هذا الأسلوب الفني أداة شائعة من أدوات التحليل الاقتصادي. ومنحنيات السواء تقوم على أساس أن المستهلك يوزع دخله على المنحنيات الاستهلاكية وفقا لتفضيلاته القائمة خلال مدة محددة.

٦-٩-٣ مفهوم منحنى السواء Concept of Indifference

تعرف منحنيات السواء بأنها تمثيلاً بيانياً لكل المجموعات من السلع والخدمات التي لو استهلكها المستهلك، تعطيه نفس القدر من الإشباع، أي أنها تمثل المجموعات التي يعتبرها المستهلك متساوية أو سواء من ناحية المنفعة وبالتالي فإن المستهلك لا يمكنه تفضيل أي منها على الأخرى، ومن هنا جاءت تسمية منحنيات السواء بهذا الاسم.

وتعتبر منحنيات السواء أداة يستخدمها الاقتصاديون لتحليل سلوك المستهلك. وهي تمثل صورة بيانية لذوق المستهلك معين وتفضيلاته تجاه سلعتين مختلفتين خلال فترة محددة. ونظراً لأن المستهلك يرغب عادة في الحصول على سلع كثيرة لإشباع حاجاته ورغباته إلا أننا سنكتفي بافتراض وجود سلعتين هما (س) و (ص). ويستطيع المشتري وهو المستهلك الذي يتمتع بدخل معين أن يحصل على كمية من السلعة (س) وأخرى من السلعة (ص) فيحصل على الحد الأقصى الممكن من الإشباع. والمستهلك هو الوحيد الذي يقرر الكمية التي يرغب من التنازل عنها في السلعة (س) ليحصل على وحدة إضافية من السلعة (ص).

ولو افترضنا أن المستهلك يرغب دائماً في الحصول على السلعتين معاً بكميات متفاوتة فإنه سيوضح مقدار التضحية التي يقدمها من سلعة ما ليحصل على وحدة إضافية من السلعة الأخرى وهذا كله يعتمد على ذوق وميول ومزاج المستهلك. ولا ننسى أن الدخل يلعب دوراً كبيراً في إشباع حاجات ورغبات المستهلك. وهكذا يتضح لنا عند دخل معين أن يكون هناك قراراً بالتوافق أو البدائل التي تعطي المستهلك نفس الدرجة من الإشباع. وهذه التوافيق هي عبارة عن مجموعة نقاط يجمعها خط واحد يسمى "بمنحنى السواء" فمنحنى السواء إذن هو مسار النقاط التي تحدد كميات السلع التي يرغب المستهلك الحصول عليها من السلعتين (س) و (ص) بحيث يحصل في كل مرة على نفس درجة الإشباع بافتراض بقاء الدخل ثابتا كما يتضح من الجدول رقم (١٤) والشكل رقم (٣٠)

مثال توضيحي:

جدول رقم (١٤)

قياس درجة الإشباع للسلعتين

خيارات متعددة لمستهلكين	س (تفاح) (كغم)	ص (برتقال) (كغم)
أ	١٢.٠	٢.٠
ب	١٠.٠	٢.5
ج	٧.٠	٤.٠
د	٤.٠	٧.٠
هـ	٢.٠	١٠.٠

الشكل رقم (٣٠)

منحنى السواء

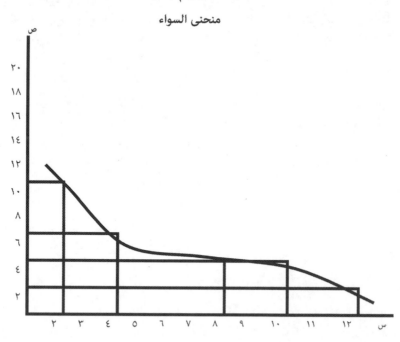

يتضح من الشكل رقم (٣٠) أن السلعة (س) على المحور الأفقي والسلعة (ص) على المحور الرأسي، نجد من الشكل أن هناك إشباعاً أكبر في السلعة (ص) مقارنة مع السلعة (س) وبعد تطبيق درجات الإشباع حسب الجدول الافتراضي يمكن رسم خط يمر بجميع النقاط التي تمثل المستوى نفسه من الإشباع الذي تمثله جميع النقاط، وبين هذا الخط جميع التوافيق من السلعتين (س) و (ص) التي تعطي للمستهلك الإشباع نفسه.

٦-٩-٣ خصائص منحنيات السواء:

تستند منحنيات السواء إلى بعض الخواص المبينة بدورها على القواعد والمبادئ المتعلقة بسلوك المستهلك وهي:

أولاً: منحنيات السواء محدبة من أسفل باتجاه نقطة الأصل وهذا يعكس تناقص المعدل الحدي للاستهلاك أي احلال سلعة محل الأخرى. فكلما زادت الوحدات التي يستهلكها المستهلك من السلعة X قلت الكمية التي يجب عليه التضحية بها من سلعة Y لكل وحدة اضافية من X أي ان معدل الحدي للاستهلاك يتناقص كلما زادت الكميات التي يستهلكها من X .

ثانياً: منحنيات السواء لا تتقاطع ولا أصبحت جميع المجموعات على جميع المنحنيات متساوية في الإشباع وهذا غير ممكن وغير منطقي. فمنحنيات السواء التي تقع إلى أعلى تحتوي على كميات أكبر من السلع التي تقع إلى أسفل. لأن أي من المنحنيين من منحنيات السواء يمثلان مستويين مختلفين من المنفعة فلا بد أن احدهما يقع اعلى من الآخر. فإذا تقاطعت منحنيات السواء فإن ذلك سيكون مناقضا لمبدأ الاختيار الرشيد الذي يسلكه المستهلك ولمبدأ افضلية الكثير من السلع على القليل منها.

ثالثاً: منحنيات السواء تنحدر من أعلى إلى أسفل، ومن اليسار إلى اليمين. وتبين هذه الخاصية ان العلاقة بين ما يستهلكه المستهلك من سلعة ما وما يستهلكه من السلعة الأخرى هي علاقة عكسية، اذا اراد المستهلك المحافظة على مستوى معين من المنفعة. أي ان المستهلك إذا اراد زيادة الكمية المستهلكة من السلعة X، فمثلا فلا بد أن يتنازل او يضحي بوحدات معينة من السلعة Y لكي يحافظ على القدر نفسه من الاشباع، فإن المنحنى لا بد ان يكون سالب الميل، أي ينحدر من أعلى إلى اسفل وإلى اليمين.

رابعاً: توضح منحنيات السواء سلم أفضليات المستهلك بالنسبة للسلع ومدى إشباع رغباته وحاجاته من مجموعة السلع.

خامساً: كلما انتقلنا إلى الأعلى (أو اليمين) بعيداً عن نقطة الأصل كلما زاد مستوى الإشباع أي أن منحنى السواء يمثل إشباعاً أكبر.

٦-٩-٤ منحنيات السواء والمعدل الحدي للاستهلاك أو للإحلال

Indifference Curves and Marginal Rate of Substitution

يعرف المعدل الحدي للاستهلاك بأنه عبارة عن المقدار الذي يطلبه المستهلك من إحدى السلعتين مقابل تنازله عن وحدة واحدة من السلعة الأخرى. ويلاحظ من خلال الجدول رقم (١٥) أن التناقص في عدد الوحدات الموز يصحبه تزايد في عدد وحدات الجوافة، حتى يحصل المستهلك على نفس المستوى من الإشباع، وهذا تطبيق لمبدأ المعدل الحدي للإحلال أي أن المستهلك يحل وحدات إحدى السلعتين محل وحدات من السلع الأخرى.

ويلاحظ أيضاً من خلال الجدول رقم (١٥) أن المعدل الحدي للإحلال يتزايد باستمرار، أي أن عدد وحدات الجوافة الذي يرغب في الحصول عليها مقابل تنازله عن الموز إضافية يتزايد باستمرار.

جدول رقم (١٥)

جدول منحنيات السواء والمعدل الحدي للإحلال

المجموعة	عدد حبات الموز	عدد حبات الجوافة	المعدل الحدي للإحلال
الأولى	٧	٧	-
الثانية	٦	٨	١:١
الثالثة	٥	١٠	٢:١
الرابعة	٤	١٣	٣:١
الخامسة	٣	١٧	٤:١

ويمكن تمثيل الجدول رقم (١٥) من خلال الشكل البياني رقم (٣١)

شكل رقم (٣١)

منحنى السواء والمعدل الحدي للاحلال

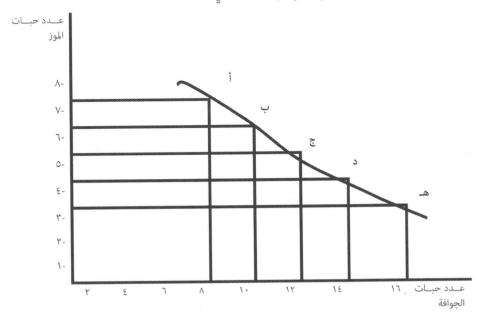

نستنتج من الرسم البياني المبين أعلاه ما يلي:

أ- كل نقطة على منحنى السواء تمثل مجموعة من المجموعات الموجودة في الجدول من المجموعة الأولى حتى المجموعة الخامسة ما بين سلعة الموز وسلعة الجوافة.

ب- كل نقطة على منحنى السواء تعطي نفس الإشباع بالنسبة للسلعتين الموز والجوافة، وأن ضلعي الخط الموصول العمودي والأفقي يمثلان معدل الإحلال لكل مجموعة.

٦-٩-٥ خريطة منحنيات السواء Indifference Curves Map

سنحاول توضيح خريطة منحنيات السواء من خلال الرسم البياني لسلعتين (أ) و (ب) من خلال الشكل رقم (٣٢)

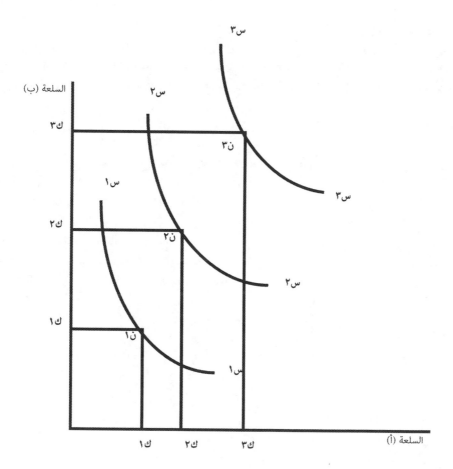

شكل رقم (٣٢)

خريطة منحنيات السواء

السلعة (ب)

٣ك

٢ك

١ك

س٣

س٢

س١

ن٣

ن٢

ن١

س٣

س٢

س١

١ك   ٢ك   ٣ك

السلعة (أ)

إذا كان لدينا منحنى من منحنيات السواء، وليكن المنحنى (س₁)، كالمبين في الشكل وأخذنا نقطة

عليه، ولتكن (ن₁)، تمثل كمية معينة من السلعة (أ) وكمية معينة من السلعة ب، وبالتالي تعبر عن قدر

معين من المنفعة، إن أي نقطة غير (ن₁) على نفس منحنى السواء (س₁) يكون لها نفس المنفعة، ولكن إذا

أخذنا نقطة أخرى إلى أعلى وناحية اليمين مثل النقطة (ن₂) فإننا نلاحظ أن تمثل كمية أكبر من

١٩٩

كلتا السلعتين (أ)، (ب)، وبالتالي تعبر عن منفعة أكبر من تلك التي تعبر عنها النقطة (ن١)، وبما أن (ن٢) تقع على منحنى السواء (س٢) فإننا نستنتج من ذلك أن أي نقطة على منحنى السوء (س٢) تمثل منفعة اكبر من التي تمثلها أي نقطة على منحنى السواء (س١).

وبالمثل نجد أن النقطة (ن٣) التي تقع على أعلى وناحية اليمين من النقطة (ن٢)، تمثل كميات أكبر من كلتا السلعتين، (أ)، (ب) وبالتالي تعبر عن منفعة أعلى من تلك التي تعبر عنها (ن٢) وبنفس الأسلوب السابق يمكننا أن نستنتج أن أي نقطة على منحنى السواء (س٣) تمثل منفعة أعلى من تلك التي على منحنى السواء (س٢).

وهكذا وكلما انتقلنا ناحية اليمين وإلى أعلى كلما انتقلنا إلى منحنيات سواء تمثل مستوى أعلى من الإشباع أو الرفاهية الاقتصادية. ومجموع هذه المنحنيات هو ما يسمى بخريطة السواء. وهذه الخريطة تبين لنا الكميات المختلفة من سلعتين تعطي نفس المنفعة، إذا كنا على منحنى سواء واحد، كما تبين كميات المختلفة من السلعتين التي تعطي مستويات مختلفة من المنافع، إذا كنا ننتقل من منحنى إلى آخر.

٦-٩-٦ خط الثمن Price Line

إن الكثير من الاقتصاديين يطلقون على هذا الخط اسم خط الثمن أو خط الدخل أو خط السوق كما يطلق البعض عليه ايضا اسم خط الميزانية. ويلاحظ من خلال الشكل الأخير أن انخفاض سعر السلعة (أ) وما يتبع من تغير خط الثمن واتخاذه (س١ ص)، أنه قد حدث تغير في كل من ميل الخط وارتفاعه، ويعود إلى التغير في الميل إلى التغير في الأسعار. فخط الثمن يعبر عن علاقات حقيقية أي سلعية، وبالتالي فإن انخفاض ثمن السلعة (أ) حتى مع ثبات الدخل النقدي للمستهلك إنما ينطوي على زيادة الدخل الحقيقي للمستهلك معبرا عنه بوحدات من السلعتين (أ)، (ب). وهذا الخط يبين الأسعار النسبية للسلعتين من ميله، كما يظهر مستوى الدخل من حيث ارتفاعه.

مثال: إذا افترضنا أن دخل المستهلك ٥٠ قرشاً، وأن أسعار السلعتين (أ) و (ب) في السوق هي على الترتيب ١ و ٢ قرش، في هذه الحالة، يكون في استطاعة المستهلك أن يشتري ٢٥ وحدة من السلعة ب اذا قام بإنفاق كل دخله عليها دون أن يشتري شيئاً من السلعة (أ). كما سيكون في استطاعته أن يشتري ٥٠ وحدة من السلعة (أ) إذا ما قام بإنفاق كل دخله دون أن يشتري شيئاً من السلعة (ب)، وفيما بين هذين الحدين هناك الكثير من الكميات المختلفة من السلعتين يستطيع المستهلك

أن يشتريها فمثلاً يستطيع أن يشتري ٢٤ وحدة من (ب) ووحدتين من (أ) أو يشتري ٢٣ وحدة مـن (ب) و٤ وحدات من (أ) وهكذا.

ولتمثيل هذا بيانياً، نقيس على المحور الأفقي مـن الشكـل رقـم (٣٣) الكميـات التـي يمكـن أن يشتريها من (أ) وعلى المحور الرأسي الكميات التي يمكن أن يشتريها من (ب).

والنقطة (ص) في هذا الشكل تمثل الكمية التي يستطيع المستهلك شرائها من السلعة (ب) إذا ما وجه كل دخله للإنفاق عليها، والنقطة (س) تمثل الكمية التي يستطيع المستهلك شرائها مـن السـلعة (أ) إذا ما وجه كل دخله للإنفاق عليها، فإذا ما وصلنا النقطتين (س، ص) بخط مستقيم، فإننا نحصل على خط يعبر عن الكميات المختلفة التي يستطيع المستهلك شرائها من كلتا السلعتين (أ،ب) فمثلاً النقطة (ع) تبيـن أن المستهلك يستطيع أن يشتري ١٣ وحدة من (ب) ٢٤ وحدة من (أ).

ويلاحظ أن الخط س ص يعبر عن ظاهرتي الدخل والأسعار في نفس الوقت، وعلى ذلك يمكـن القول أن هذا الخط هو التعبير البياني للحدود التي يستطيع المستهلك أن يتحرك فيهـا، أو يمثل قيـدا مفروضا على المستهلك لا يمكن أن يتعداه، فنجد في مثالنا هذا أن المستهلك يستطيع أن يشتري الكميات من السلعتين (أ،ب) التي تمثلها جميع النقط التي تقع على الخط أو أدناه، ولكنـه لا يستطيع أن يشـتري كميات تمثلها أي نقطة تقع أعلى هذا الخط، حيث أن شراء مثل هذه الكمياته يتطلب مستوى من الـدخل أعلى من ذلك الذي يمثله الخط (س ص).

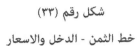

شكل رقم (٣٣)

خط الثمن - الدخل والاسعار

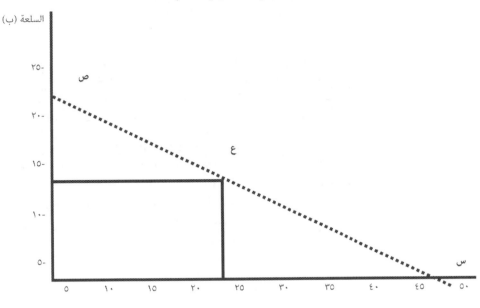

وكما سبق القول فإن الخط (س ص) يعبر عن ظاهرتي الدخل والأسعار في نفس الوقت، فهو يعبر عن الدخل من حيث ارتفاعه، بمعنى أنه لو حدث أن إزداد الدخل النقدي للمستهلك من ٥٠ قرش إلى ٦٠ قرش مثلا، فإن ذلك معناه أن الخط سوف ينتقل من مكانه إلى مكان أعلى يمثله الخط ($س_1$ $ص_1$) كما في الشكل رقم (٣٤) كما أن انخفاض الدخل من ٥٠ قرش إلى ٤٠ قرش معناه أن هذا الخط سوف ينتقل من مكانه إلى مكان أدنى يمثله الخط ($س_2$ $ص_2$).

شكل رقم (٣٤)

خط الثمن وانخفاض الدخل

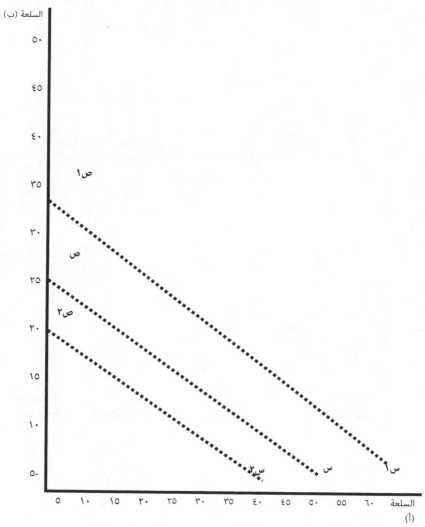

السلعة تساوي ١/٢ وحدة من السلعة (ب) فإذا ما حدث ان زاد سعر السلعة (أ) مثلاً من قرش إلى قرشين مع بقاء سعر السلعة (ب) ثابتاً، ومع ثبات الدخل عند المستوى ٥٠ قرشاً، فإن ذلك معناه أن المستهلك لن يكون في استطاعته أن يشتري من السلعة (أ) سوى ٢٥ وحدة فقط إذا ما أنفق كل دخله عليها. وبالتالي ينتقل الخط مع الوضع (س ص) إلى الوضع (س٢ ص) كما هو مبين في الشكل (٣٥) ويلاحظ أن ميل الخط (س٢ ص) ضعف ميل الخط (س ص) للتعبير عن ارتفاع سعر السلعة (أ) إلى الضعف، كذلك نجد أن انخفاض ثمن السلعة (أ) إلى ١/٢ قرش معناه أن المستهلك يستطيع أن يشتري من هذه السلعة ١٠٠ وحدة إذا ما وجه كل دخله للإنفاق عليها، وبالتالي ينتقل الخط من الوضع س ص إلى الوضع (س١ ص) ذو الميل الأقل للتعبير عن انخفاض ثمن السلعة (أ).

شكل رقم (٣٥)

خط الثمن وانخفاض السعر

منحنى السواء والمعدل الحدي للاحلال

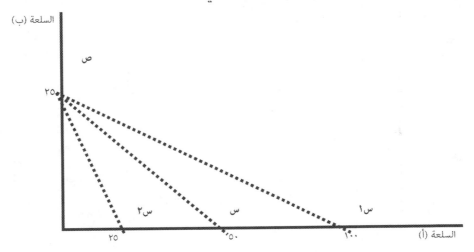

أسئلة الخطأ والصواب

أجب صح أم خطأ :

١- إن الاستهلاك كما نعرف ليس هو الغاية النهائية من الإنتاج.

٢- إن الإنتاج هو خلق المنفعة والشيء النافع في المعنى الاقتصادي هو ذلك الشيء الذي يشبع حاجـة لـدى الإنسان.

٣- المنفعة شعور شخصي ويتضح أن ارتباط المنفعة بطلب المستهلك على السلعة أو الخدمة.

٤- يقر قانون تناقص المنفعة أن المنفعة أو الإشباع التي يحصل عليها المستهلك من أي سلعة تتناقص كلـما زادت الكمية التي يستهلكها من هذه السلعة.

٥- يقصد بتوازن المستهلك تلك الحالة التي تتعادل فيها المنافع الحدية عند أقصى إشباع ممكن.

٦- فائض المستهلك هو الإشباع الإضافي المساوي للفرق بين المنفعة المتحصلة من استهلاك كمية معينـة مـن سلعة ما وبين المنفعة المضحى بها.

٧- تعتبر منحنيات السواء أداة يستخدمها الاقتصاديون لتحليل سلوك المستهلك.

٨- يعرف المعدل الحدي للاستهلاك بأنه عبارة عـن المقـدار الـذي يطلبه المسـتهلك مـن إحـدى السـلعتين مقابل تنازله عن وحدة واحدة من السلعة الأخرى.

أسئلة للمناقشة

السؤال الأول: هناك فرق بين الرغبة والطلب وضّح ذلك.

السؤال الثاني: ما المقصود بمفهوم المنفعة ناقش ذلك بالتفصيل.

السؤال الثالث: اشرح الفرق بين المنفعة الكلية والمنفعة الحدية، أعط بعض الأمثلة.

السؤال الرابع: ماذا يقصد بقانون تناقص المنفعة الحدية، مع إعطاء بعض الأمثلة.

السؤال الخامس: اشرح مع إعطاء الأمثلة، المنفعة الحدية وتوازن المستهلك.

السؤال السادس: ما المقصود بمفهوم منحنيات السواء ومتى بدأ استخدامها في التحليل الاقتصادي.

السؤال السابع: عدد خصائص منحنيات السواء.

السؤال الثامن: اشرح مع الأمثلة العلاقة بين منحنيات السواء والمعدل الحدي للإحلال (الاستهلاك).

السؤال التاسع: ما المقصود بخط الثمن وضّح ذلك بالرسم البياني.

تمارين عملية محلولة
لجداول المنفعة للسلعتين
(س) و (ص)
المستهلك رقم (١)

الكمية المستهلكة	المنفعة الكلية س	المنفعة الحدية س	المنفعة الكلية ص	المنفعة الحدية ص
١	٣٠	٣٠	٤٥	٤٥
٢	٥٨	٢٨	٨٠	٣٥
٣	٨٣	٢٥	١٠٨	٢٨
٤	١٠٣	٢٠	١٢٦	١٨
٥	١١٥	١٢	١٣٢	٦
٦	١٢٣	٨	١٣٤	٢
٧	١٢٨	٥	-	-

جدول المنفعة من السلعتين (س) و (ص)
المستهلك رقم ٢

الكمية المستهلكة	المنفعة الحدية س	المنفعة الحدية السعر	المنفعة الحدية ص	المنفعة الحدية السعر
١	٤٠	٤٠	١٠٧	٣٥
٢	٣٠	٣٠	٩٣	٣١
٣	٢٥	٢٢	٨١	٢٧
٤	٢٣	٢٣	٧٥	٢٥
٥	٢٠	٢٠	٦٩	٢٣
٦	١١	١١	٦٠	٢٠
٧	٩	٩	٤٥	١٥
٨	٥	٥	٣٠	١٠

- افتراض ان دخل المستهلك = ١٥ دينار.
- سعر السلعة (س) = ١ دينار.
- سعر السلعة (ص) = ٣ دنانير.

جدول المنفعة من السلعتين (س) و (ص)

المستهلك رقم ٢

الكمية المستهلكة	المنفعة الحدية س	المنفعة الحدية السعر	المنفعة الحدية ص	المنفعة الحدية السعر
١	٤٠	٤٠	١٠٥	٣٥
٢	٣٠	٣٠	٩٣	٣١
٣	٢٥	٢٥	٨١	٢٧
٤	٢٣	٢٣	٧٥	٢٥
٥	٢٠	٢٠	٦٩	٢٣
٦	١١	١١	٦٠	٢٠
٧	٩	٩	٤٥	١٥
٨	٥	٥	٣٠	١٠

- بالرجوع إلى المثال السابق بافتراض ان سعر السلعة (س) = او سعر السلعة (ص) = ٣

= المنفعة الحدية للسلعة (س) / المنفعة الحدية للسعر (س)

= المنفعة الحدية للسلعة (ص) / المنفعة الحدية للسعر (ص)

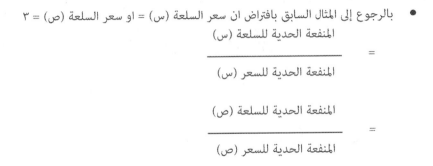

تطبيقات عملية
جداول المنفعة من السلعتين (س) و (ص)

المنفعة الحدية / السعر	المنفعة الحدية ص	المنفعة الحدية/ السعر١	المنفعة الحدية س	الكمية المستهلكة
٥	٢٠	١٠	٢٠	١
٤	١٦	٩	١٨	٢
٣	١٢	٨	١٦	٣
٢	٨	٧	١٤	٤
١	٤	٦	١٢	٥
٠.٥	٢	٤	٨	٦
سعر س = ٢ دينار		٢	٤	٧
سعر ص = ٤ دينار		دخل المستهلك = ٢٠ دينار		

تمارين عملية

مثال (١)

الجدول التالي يوضح المنفعة الكلية والمنفعة الحدية لتناول البرتقال

الكمية المتناولة من البرتقال	المنفعة الكلية	المنفعة الحدية
١	١٠	
٢	١٥	
٣	٢٠	
٤	٢٠	

المطلوب: احتساب المنفعة الحدية مع توضيح شكل منحنى المنفعة الكلية والمنفعة الحدية.

مثال (٢)

الجدول التالي سعر الوحدة وعدد الوحدات المستهلكة والمنفعة الكلية:

سعر الوحدة	عدد الوحدات المستهلكة	المنفعة الكلية				
١٠٠	١	٢٠٠				
١٠٠	٢	٢٧٥				
١٠٠	٣	٣٥٠				

المطلوب: احتساب ما يلي مع شرح خطوات الحل:

١- المنفعة الحدية　　　٢- المنفعة المضحى بها

٣- الفائض الحدي　　　٤- الفائض الكلي

مثال (٣)

الجدول التالي يوضح منحنيات السواء لسلعتين التفاح والبرتقال

المجموعة	عدد حبات التفاح	عدد حبات البرتقال	المعدل الحدي للاحلال
الأول	٧	٧	
الثانية	٦	٨	
الثالثة	٥	١٢	
الرابعة	٤	١٥	
الخامسة	٣	١٨	

المطلوب: احتساب المعدل الحدي للاحلال مع رسم شكل منحنيات السواء للسلعتين.

الفصل السابع
نظرية الإنتاج

الفصل السابع
نظرية الإنتاج
Production Theory

٧-١ مفهوم الإنتاج Concept of Production :

لقد تطورت نظرية الانتاج كغيرها من النظريات الاقتصادية الاخرى تطوراً كبيراً منذ عهد الطبيعيين (الفيزيوقراط). فقد نظر الطبيعيون إلى الانتاج على أنه خلق المادة أي الحصول على مادة جديدة من تلك الموجودة فعلا. ولهذا اعتبروا الزراعة او النشاط الزراعي بصفة عامة هو النشاط المنتج الوحيد، بينما نظره إلى الانشطة الأخرى كالتجارة والصناعة على أنها اعمالا غير منتجة، فالأرض تحقق فائضا عند استغلالها.

أما في العصر الحديث الذي يقوم فيه النظام الاقتصادي المعاصر على مبدأ التخصيص وتقسيم العمل فقد اخذ مفهوم الانتاج معنى أوسع وأكثر شمولا ولم يعد هناك انشطة منتجة وغير منتجة. واعتبر الفكر الحديث ان الانتاج يهدف إلى خلق منفعة معينة أو زيادتها في الموارد الاقتصادية. والإنتاج بالمعنى الاقتصادي لا يقتصر على عملية تحويل مدخلات معينة إلى مخرجات أكثر قدرة على إشباع الرغبات الإنسانية فحسب بل يشمل أيضا توفير السلع والخدمات في الموقع أو المحل المناسب والزمن الملائم. وعليه فخدمات النقل والتخزين والتوزيع هي في صلب العملية الإنتاجية إذ أنها دون شك تزيد من منفعة السلعة المعروضة في السوق. ولا يتوخى المنتج من وراء العملية الإنتاجية في نظام السوق سوى تحقيق مصلحته الشخصية والتي تتمثل في تحقيق زيادة الأرباح إلى أقصى حد ممكن. ولكن هذا الهدف يقود المنتج بفعل قوى السوق وبطريق غير مقصود إلى خدمة جمهور المستهلكين. ولقد أطلق آدم سميث Adam Smith على هذا المبدأ تعبير "اليد الخفية" فجهاز الأثمان يوجه الأعداد الكبيرة من المنتجين والمستهلكين في السوق التوجيه الصحيح ويوفق وينسق بين رغباتهم المتعارضة، وأكد سميث أن المنتج والمستهلك في سوق تتسم بالمنافسة الحرة ينبغي أن يوليا اهتمامهما صوب مصلحتهما الشخصية فحسب إذ أنهما بذلك يحققان مصلحة المجتمع بشكل أعم وأكفأ مما لو استهدفا خدمة المصلحة العامة اصلاً. فالنزعة الأنانية عند المنتج والمستهلك تتحول في سوق المنافسة الحرة وتحت ضغط آلية السوق إلى فضيلة اجتماعية أو بالأحرى الإشباع الأمثل لحاجات ورغبات المجتمع. ويجدر التأكيد هنا على أن حاجات ورغبات المجتمع إنما تتحدد في ضوء التوزيع القائم فعلاً للموارد الاقتصادية بين الأفراد. وعليه فإن كفاءة نظام السوق في إشباع الحاجات والرغبات

الإنسانية ليست كفاءة مطلقة بل نسبية أي أنها تفترض توزيعاً معيناً للموارد الاقتصادية في المجتمع وما يترتب على ذلك من توزيع محدد للدخل.

فالإنتاج عبارة عن نشاط يساهم بطريق مباشر أو غير مباشر في إشباع الحاجات الإنسانية. وأن أي عمل يقوم به الفرد ويؤدي إلى إشباع حاجة سواء أكانت مادية أم معنوية يعد إنتاجا بالمعنى الاقتصادي. ويطلق كلمة الإنتاج عامة على كل نشاط ينتج عنه خلق أو منفعة لسلعة ما أو القيام بخدمات لها منفعة.

ويشكل الإنتاج الطرف المقابل للاستهلاك إذ أن كلاً منهما يعبر عن واحدة من الفعاليات الأساسية التي تشكل النشاط الاقتصادي للمجتمع. فالاستهلاك لا يمكن أن يتم إذا لم يقم المجتمع بإنتاج السلع والخدمات الملائمة لتحقيق الاستهلاك وإشباع الحاجات. ويواجه المنتج في السوق موقفاً مشابهاً لموقف المستهلك تماماً وإن كان يختلف معه من حيث المضمون. ففي حين يسعى المستهلك لتحقيق أعلى درجة ممكنة من المنفعة، نرى أن المنتج أيضا يسعى لتحقيق أعلى درجة ممكنة من الأرباح أي أن منفعة المنتج تعكسها مستويات الربح في حين نجد أن منفعة المستهلك تعكسها درجة الإشباع المتحقق بالاستهلاك.

٧-٢ عناصر الإنتاج Factors of Production

يميز الاقتصاديون عادة عوامل أو عناصر أربعة في العملية الإنتاجية هي: الأرض أو الطبيعة، رأس المال، العمل، والمعلومات والتنظيم أو الإدارة. وتتسلم هذه العوامل الأربعة اجزاء مساهمتها في العملية الإنتاجية عوائد معينة هي حسب التسلسل: الريع، الفائدة، الأجر، والربح. وينظر الاقتصاديون إلى رصيد المجتمع من عوامل الإنتاج باعتباره المحدد الأساس للطاقة الإنتاجية للمجتمع. ومن الممكن عادة إحلال عنصر إنتاجي محل عنصر آخر في إنتاج السلع والخدمات ولكن هذا الإحلال يصاحبه ارتفاع في تكلفة الإنتاج نظراً لتخصص عوامل الإنتاج من جهة ولأن إنتاج السلع المختلفة يتطلب نسباً متباينة من هذه العوامل من جهة أخرى.

هذا ولا تتسم العناصر الإنتاجية في الواقع العملي بالتجانس بل تختلف من حيث النوع اختلافاً بيناً. ويتوقف مردود العملية الإنتاجية على كمية عناصر الإنتاج الموظفة وعلى نوعيتها. فكلما ازدادت الكمية المستخدمة من العوامل الإنتاجية وتحسنت نوعيتها كلما ارتفع حجم الإنتاج والعكس بالعكس. ولأغراض الملائمة يتغاضى التحليل الاقتصادي عن حقيقة تباين نوعية عوامل الإنتاج وذلك في سياق دراسة الخصائص العامة المميزة لهذه العناصر في العملية الإنتاجية.

إلا أن هذا لا يمنع أن يكون لموضوع عدم تجانس العوامل الإنتاجية دور كبير وحساس في التحليل الاقتصادي المفصل والدقيق. فتخطيط القوى العاملة مثلاً لا يقتصر على التنبؤ الكمي بحجم قوة العمل المطلوبة في فترة لاحقة فحسب بل يشمل أيضا تقديرات عن الأعداد التي يلزم توفرها من كل مهنة وعلى صعيد المهارات ومستويات التعليم والتدريب المختلفة.

وفيما يلي نقدم عرضاً مركزاً لعناصر الإنتاج الأربعة كل على انفراد:

٧-٢-١ الأرض: Land

يطلق الاقتصاديون لفظ الأرض على الأراضي الزراعية والأراضي التي تستعمل لأغراض أخرى إضافة الى الموارد الطبيعية بكافة أشكالها وخاصة الثروات المعدنية الموجودة في باطن الأرض. ويعتقد البعض أن الأرض كعنصر من عناصر الإنتاج تتسم بخصائص مميزة منها: ١- أنها محدودة لا يمكن زيادتها. ٢- أنها هبة من هبات الله. ٣- أنها تعطي ريعاً صعوبة زيادة عرضها، تنوع خصوبتها والثروات التي في باطنها، وعدم إمكانية نقلها وما يترتب على ذلك من الأهمية الفائقة لموقعها.

على أن هذه الخصائص ينبغي أن تفهم في إطار نسبي حيث أن عرض الأرض ليس ثابتاً ثباتاً مطلقاً إذ أن ارتفاع ثمن الأرض نتيجة لزيادة الطلب عليها يقود عادة وخاصة في الأجل الطويل إلى استصلاح وتطوير أراضي جديدة.

كما يؤدي ارتفاع أثمان الأراضي إلى تطوير تكنولوجي يسمح باستخدام الأرض بشكل مكثف سواء كانت الأغراض التي تخصص لها زراعية أم سكنية.

فالمزارع يلجأ للزراعة الكثيفة والتي تقتصد في استخدام الأرض عند ارتفاع ثمن الأرض. وكذلك الحال عند استعمال الأرض لأغراض البناء يلجأ المستثمر الى بناء الأدوار المتعددة سعياً وراء استغلال للأرض ذات الموقع المتميز وبالتالي السعر المرتفع.

ومن ناحية أخرى تزداد احتياطيات بعض الخامات والثروات الطبيعية كالنفط مثلاً كلما ارتفعت أسعارها وذلك لأن السعر المرتفع يمكن المنتج من اتباع أساليب تكنولوجية متطورة ومكلفة كحقن الغاز أو الماء في الآبار النفطية بغرض رفع مستوى الضغط فيها مما يسمح باستخراج كمية أكبر من النفط. وعليه فالاحتياطي النفطي الفعال او الاقتصادي ليس مستقلاً عن سعر النفط في السوق. فالارض الزراعية ينبغي المحافظة على خصوبتها والا تدهورت انتاجيتها على مر الزمن.

٧-٢-٢ رأس المال   Capital

يطلق الاقتصاديون اصطلاح رأس المال على الأصول الانتاجية الحقيقية المتاحة للمجتمع في لحظة معينة. وعليه فإن رأس المال يتكون من جميع ضروب الثروة الحقيقية التي يملكها المجتمع في وقت معين. هناك أمور عديدة حول رأس المال نلخصها فيما يلي:

أ- ينبغي التمييز بين رأس المال النقدي ورأس المال العيني أو الحقيقي إذ يمثل الأول النقود والاسهم والسندات بينما يعكس الثاني الأصول الحقيقية كالمصانع والآلات والأدوات وغيرها من وسائل الانتاج. فرأس المال النقدي ما هو الا اثبات للمديونية او الحقوق القانونية لاصحاب النقود والاسهم والسندات قبل الأصول العينة.

ب- إن رأس المال رصيد تقاس كميته معين بخلاف الاستثمار الذي يشكل تياراً أو تدفقاً تقاس قيمته فترة زمنية محددة كالسنة مثلاً. والاستثمار من المنظور الاقتصادي يقتصر ـ على التكوين الرأسمالي أي بزيادة الأصول الإنتاجية للمجتمع وعليه فهو يستبعد من نطاقه تداول الأسهم والسندات القائمة فعلاً في السوق المالية.

جـ- إن مصدر الاستثمار ومن ثم تراكم الأصول الإنتاجية للمجتمع هو الادخار أو الامتناع عن الاستهلاك الآني لمجموع الدخل المتحقق في فترة زمنية معينة عادة سنة.

د- إن رأس المال يستهلك بطريق غير مباشر عند مساهمته في إنتاج السلع الاستهلاكية والإنتاجية. وعليه فإذا لم يخصص المجتمع جزءاً من الإنتاج لتعويض استهلاك أو اندثار رأس المال فإن رصيده من الأصول الإنتاجية سينخفض مع مضي الزمن. أما إذا خصص المجتمع جزءاً من دخله أكبر من حجم استهلاك رأس المال فإن الاستثمار الصافي سيكون موجباً مما يؤدي إلى زيادة رصيد المجتمع من الأصول الإنتاجية.

هـ- إن استخدام رأس المال مع العمل في الإنتاج يرفع من كفاءة العمل. وبعبارة أخرى إن الطرق الانتاجية الرأسمالية هي طرق غير مباشرة تقوم على استخدام وسائل الإنتاج كالآلة مثلاً مع العمل وبذلك تزيد من إنتاجية العامل إلى حد كبير وعليه يعتبر رصيد رأس المال من أهم العوامل التي تحدد الطاقة الإنتاجية للمجتمع.

وختاماً يجدر التوكيد على أن هناك أنواعاً مختلفة من رأس المال فهناك مثلاً رأس المال الثابت ورأس المال العامل أو الدائر. ويشير الأول إلى المصانع والآلات والمعدات ووسائل النقل والمباني والتي تؤدي خدماتها في العملية الإنتاجية على مدى فترة طويلة من الزمن بينما يشمل الثاني على المواد الخام والوقود والسلع نصف المصنعة والتي تدخل في مراحل الإنتاج إضافة إلى المخزون من السلع الجاهزة المملوكة للمنتجين والموزعين. وغني عن القول ان كلا نوعي رأس المال، الثابت والدائر، ضروريان لإتمام عملية الإنتاج والتوزيع.

٧-٢-٣ العمل: Labour

يعتبر العمل من أهم عوامل الإنتاج إذ لن تستقم العملية الإنتاجية دون مجهود بشري عضلياً كان أم ذهنياً. وما يميز العمل عن عوامل الإنتاج الأخرى كونه لصيق بالعامل لا يمكن فصله عنه كما لا يمكن تخزين العمل. وتتوقف مساهمة العمل في الإنتاج على عوامل عديدة متشعبة تختلف من حيث طبيعتها. وسنركز على العاملين التاليين نظراً لما لهما من علاقة مباشرة بحجم الإنتاج وكفاءته:

أ- حجم القوة العاملة ونوعيتها من جهة ودرجة تناسب هذا الحجم مع كمية الموارد الاقتصادية الأخرى المتاحة للدولة من جهة أخرى.

ب- الكفاءة الإنتاجية للعمل.

إن أهم ما يحدد القوى العاملة هو مجموع السكان وتوزيعهم حسب فئات السن أو ما يعرف بالهيكل العمري. ويتأثر عدد السكان بالعوامل الديموغرافية، معدل الوفيات، والهجرة من والى الدولة. فكلما ارتفع معدل المواليد (عدد الأفراد الذين يولدون في السنة لكل ألف من السكان) وانخفض معدل الوفيات كلما ارتفع معدل الزيادة الطبيعية للسكان والعكس بالعكس. ويلعب صافي الهجرة في أغلب الدول دوراً محدوداً وهامشياً في تحديد عدد السكان. إلا أن دوره في دول مثل دول مجلس التعاون الخليجي كما أن بعض بلدان العالم الجديد (كندا، استراليا، الولايات المتحدة) حاسم واستراتيجي. ويتأثر الهيكل العمري للسكان بالدرجة الرئيسية بمعدل المواليد فكلما كان الأخير عالياً كلما ارتفعت نسبة الأطفال في مجموع السكان بالفتوة انخفض حجم القوى العاملة وارتفعت بالتالي نسبة الإعالة. وتشير نسبة الإعالة إلى عدد الأفراد خارج قوة العمل الذين يعولهم فرد واحد داخل هذه القوة. ولنسبة الإعالة أهمية اقتصادية بالغة في الدول النامية بالذات وذلك لتأثيراتها السلبية المتعددة على هيكل الطلب وحجم الادخار.

ويتوقف معدل المواليد على عوامل عديدة أهمها سن الزواج، نسبة النوع أو نسبة الذكور إلى الإناث، وعديد من العوامل الاجتماعية والحضارية التي تحدد حجم الأسرة.

وتحدد حجم القوى العاملة في الدولة عوامل أخرى مهمة كالحد الأدنى والأعلى لسن العامل، دور المرأة ومدى مشاركتها في النشاط الاقتصادي، وسياسة التعليم الإلزامي ومدى تشجيع مواصلة التعليم، وسياسة التجنيد.

وغني عن الإشارة أن الجوانب النوعية للقوة العاملة والمتمثلة في مستويات التعليم والثقافة والتدريب والمهارات والصحة والتوزيع بين مختلف ضروب النشاط الاقتصادي لا تقل أهمية عن الجانب الكمي في تقرير حجم الإنتاج وكفاءته بل ربما تفوق الجانب الكمي خطورة في المجتمعات الحديثة. كما أن تناسب حجم ونوعية القوى العاملة مع الموارد الأخرى المتاحة للدولة يلعب دوراً حاسماً في عملية التنمية الاقتصادية وخاصة في مراحلها الأولى. فإذا تزامن شح الموارد الاقتصادية من أرض ورأس مال مع الوفرة في السكان (القوى العاملة) فإن الدولة ستواجه ظروفاً تنموية عصيبة.

كما أن قلة السكان (القوى العاملة) ووفرة الموارد الاقتصادية الأخرى قد يعيق الاستخدام الأمثل لهذه الموارد. وعليه فالتوازن بين حجم السكان وكمية الموارد الاقتصادية المتاحة للدولة في وقت معين يسمح بزيادة نصيب الفرد من الدخل القومي إلى أقصى حد ممكن. ويشير الاقتصاديون إلى هذه الفكرة بالحجم الأمثل للسكان.

أما من حيث الكفاءة الإنتاجية للعمل فتلعب عوامل عديدة دوراً أساسياً في تحديدها نذكر منها على سبيل المثال لا الحصر النقاط التالية:

* كمية الجهد المبذول في العمل والذي يتوقف على عدد ساعات العمل من جهة ودرجة انتباه العامل من جهة أخرى. ويزداد العامل انتباها في عمله كلما ازدادت الرغبة في العمل وكلما توطدت العلاقة بين الأجر والإنتاجية.

* التعليم والتدريب يساعد التدريب: العامل على التعرف على طبيعة العمل ومتطلباته من خلال المزاولة الفعلية. ويكون العامل أثناء فترة التدريب تحت المراقبة والإرشاد وذلك بقصد تعريفه على أخطائه وعلى المشاكل التي قد تعترض تنفيذ العمل ووسائل تفادي هذه الأخطاء وعلاج تلك المشاكل. والتدريب عملية مستمرة ليس غايتها فقط تأهيل العمال الجدد بل وتطوير قدرات العاملين في المؤسسة بما يتلائم واحتياجاتها المتغيرة التي قد تنشأ عن تحولات في الطلب على منتجاتها أو تطورات تكنولوجية في الصناعة أو كلاهما معاً.

* إلحاق العامل بالعمل الذي يتفق مع ميوله واستعداداته وخبراته وذلك بعد التعرف على هذه الأمور بوساطة اختبارات علمية مصممة لهذا الغرض.

* التنظيم العلمي للعمل والذي يسعى الى تطبيق مجموعة من القواعد والإجراءات المتصلة بدراسة الوقت والحركة، بيئة المصنع، توصيف العمل، نظام سداد الأجور والحوافز، الرقابة على الأداء، وتعب العمال والتي تهدف في مجموعها توفير الوقت وتخفيف الجهد وبالتالي رفع الإنتاجية.

* تقسيم العمل: يعتبر تقسيم العمل من أهم خصائص الإنتاج الحديث ويترتب على هذه الظاهرة نتائج إيجابية عديدة على إنتاجية العمل نوجز أهمها بما يلي:

- يسمح تقسيم العمل باستخدام أفضل لمواهب العامل واستعداده الفطري وذلك بتوجيهه نحو الأعمال التي تتفق مع هذه الميول والمواهب مما يرفع من إنتاجية العمل.

- يقود تقسيم العمل إلى زيادة إنتاجية العامل حتى إذا افترضنا تماثل المواهب والميول الفطرية بين العمال وذلك لاكتساب العامل المتخصص خبرة أكبر عند تكراره للعمل.

- يؤدي تقسيم العمل إلى تجزئة العملية الإنتاجية حيث يتخصص العامل في إنجاز جزء معين أو أجزاء محدودة منها. ويترتب على ذلك اختزال الوقت الذي يحتاجه العامل لاكتساب مهارة معينة وكذلك الوقت الذي يفقده عادة في الانتقال من جزء إلى آخر من العملية الإنتاجية وتبسيطها يحفز على اختراع الآلات وتيسير استخدامها المكثف مما يؤدي إلى تخفيض التكلفة وتطوير الفن الإنتاجي وبالتالي إلى زيادة كبيرة في الإنتاج.

وغني عن الذكر أن تقسيم العمل وما يتطلبه من التخصص وما يترتب عليه من زيادة كبيرة في الإنتاج لا يمكن أن يتم إلا في مجتمع قائم على التبادل. كما أن درجة تقسيم العمل يتوقف على حجم هذا التبادل ونطاقه أو بالأحرى على سعة السوق. فكلما اتسعت السوق ازدادت إمكانية تقسيم العمل وارتفعت الإنتاجية تبعاً لذلك.

بيد أن آثار تقسيم العمل على المجتمع ليست كلها ايجابية فلقد تنبه آدم سميث الذي يعتبر أول من قدم عرضاً مفصلاً ومنتظماً لظاهرة تقسيم العمل ودورها في الاقتصاد الحديث أن لهذه الظاهرة أثاراً اجتماعية ضارة أيضاً.

فتقسيم العمل الدقيق يقلل من وعي الفرد العامل ويسلبه القدرة على التفكير المبدع الخلاق إذ أن إدراك الأفراد محكوم إلى حد كبير بعملهم اليومي وحيث يكون هذا العمل بسيطاً ورتيباً ولا يتطلب جهداً عضلياً أو فكرياً يذكر يصيب جسم العامل الخمول والضمور ويعترى عقله الجهل والغباء وهكذا يتحول العامل إلى كائن أشبه ما يكون بالآلة لا تصلح لشيء سوى الوظيفة المحددة التي صممت من أجلها. وعليه فالمجتمع القائم على التقسيم الدقيق للعمل لا يحقق زيادة كبيرة في الإنتاجية إلا على حساب اغتراب العامل عن إنتاجه والحد من التفاعل الواعي للعامل مع بيئته. وبعبارة أخرى يدفع المجتمع ككل ثمناً باهظاً لتقدمه المادي يتمثل بالتضحية بالأبعاد الفكرية والنفسية والاجتماعية للإنسان. وعليه لم ير سميث مناصاً من تدخل الدولة لتصحيح هذه الآثار السلبية لتقسيم العمل وذلك عن طريق توفير التعليم المجاني العام للطبقات الدنيا بل وجعل حد أدنى من التعليم إلزاميا بالنسبة لكل مواطن.

٤-٢-٧ التنظيم أو الإدارة Management

يقوم المنظم بالتوفيق بين عوامل الإنتاج، الأرض، العمال، رأس المال، مستخدماً المعلومات الفنية أو التكنولوجية المناسبة لإنتاج سلعة معينة أو تقديم خدمة محددة. وليس من الضرورة أن يتفق شخص المنظم والرأسمالي وإن كانت تلك هي الطبيعة الغالبة للنظام الإنتاجي في المراحل الأولى من التطور الرأسمالي. ويلعب الربح في اقتصاديات السوق دور المحفز الأساس في اختيار السلع والخدمات التي يقوم المنظم بإنتاجها. ويتحدد الربح بالفرق بين الإيرادات والتكاليف. وعليه يسعى المنظم إلى توليف العناصر الإنتاجية بحيث تكون تكاليف الإنتاج لكل مستوى من مستوياته أقل ما يمكن. وتختلف التكاليف باختلاف الفترة الزمنية. وعادة يكون متوسط تكلفة الوحدة المنتجة من السلعة في الأجل الطويل أقل من نظيره في الأجل القصير. ولا يرتبط الأجل القصير والطويل بفترة زمنية محددة بل يعتمد على إمكانية توسيع الطاقة الإنتاجية وبالتالي على طبيعة الصناعات قيد البحث. فالأجل الطويل باعتباره الوقت اللازم لزيادة الطاقة الإنتاجية القائمة للمشروع أقصر بكثير في صناعة الألبان مثلاً عن نظيره في صناعة الحديد والصلب.

ولا تقتصر مهمة المنظم على توليف عوامل الإنتاج فحسب بل ينبغي عليه أيضا أن يتنبأ بالعوامل التي تحكم دالة الطلب على السلعة التي يقوم بإنتاجها. وحيث أن العملية الإنتاجية تستغرق وقتاً معيناً قد يطول أحياناً فإن توقعات المنظم لتكاليف الإنتاج وحجم الطلب قد تختلف عما يحدث فعلاً مما يقود إلى تحقيق الأرباح والخسائر.

وبناء على ما تقدم لعل من الأفضل التمييز بين عملية الإدارة وعملية تحمل المخاطر الاقتصادية للمشروع. فالإدارة تأخذ على عاتقها تقدير التكاليف وحجم الطلب المتوقع والإيرادات وتقوم بمهمة تجميع وتنسيق عوامل الإنتاج وإعدادها للعمل. وبعبارة أخرى تتكفل الإدارة بالتنظيم الداخلي والخارجي للمنشأة ومن هنا يمكن اعتبار الإدارة ضرباً من العمل الذي يستوجب مهارة من نوع خاص والذي يمكن تأجيره في السوق. أما تحمل المخاطر الاقتصادية للمشروع فهو من شأن المنظم وحده على أن هذا لا يمنع أن يكون المنظم مديراً في آن واحد. وعموماً نجد في الاقتصاديات المعاصرة وظيفة الإدارة في المنشآت الاقتصادية الكبيرة وخاصة الشركات المساهمة متميزة ومنفصلة عن دور المنظم. فالأرباح والخسائر التي تحققها الإدارة في الشركات المساهمة تؤول إلى حملة الأسهم وحدهم بوصفهم "المنظم" وليس إلى الإدارة. ولا يلعب حملة الأسهم دوراً فعلياً في إدارة الشركة وإنما يقومون باختيار الإدارة العليا في اجتماعات دورية وبذلك يمارسون رقابة غير مباشرة على إدارة الشركة.

ويجدر التوكيد في هذا على السياق أن المخاطر الاقتصادية التي يتحملها المنظم تقتصر على المخاطر الناجمة عن الطبيعة الحركية (الديناميكية) للاقتصاد والتي تضفي على التكاليف والإيرادات المستقبلية للمشروع صفة عدم التأكد وتشمل هذه العوامل الحركية أموراً عدة كتغير أذواق المستهلكين والتطورات التكنولوجية. أما المخاطر التي تخضع للاحتمالات الرياضية كمخاطر الحريق والسرقة فيمكن التأمين ضدها وعليه تعتبر أقساط التأمين المدفوعة لهذا الغرض جزءاً من تكاليف المؤسسة.

٣-٧ دالة الإنتاج: Production Function

إن العملية الانتاجية لانتاج اية كمية من سلعة ما، تتطلب عدة عناصر او مدخلات انتاج وتختلف هذه العناصر من سلعة إلى سعلة أخرى مثل رأس المال، والعمل، والمواد الخام، ومستوى التقنية المطلوبة ومصاريف متنوعة... الخ. فكمية الانتاج او المخرجات من سلعة ما كالملابس او الاحذية تعتمد على كمية ونوعية الموارد الانتاجية او المدخلات اللازمة لانتاجها، وتعرف العلاقة بينهما (وبين المدخلات والمخرجات) باسم دالة الانتاج.

ودالة الإنتاج عبارة عن العلاقة الفنية التي تربط بين المدخلات Input والمخرجات Output حيث أنها تبين مقدار الكمية المتوقع الحصول عليها من سلعة ما فيما إذا استخدم في إنتاجها مقادير معينة من عناصر الإنتاج المتوفرة أو أنها

تشير إلى العلاقة المادية بين كميات الموارد الداخلة في عملية الإنتاج وبين ما ينتج من سلع وخدمات في فترة زمنية معينة، ويمكن توضيح دالة الإنتاج عن طريق المعادلة التالي:

س = د (ل، ر، أ)

حيث أن

س = كمية السلعة المنتجة

ل = عدد وحدات العمل

ر = عدد وحدات رأس المال المستخدمة في إنتاج السلعة س

أ = الأرض

والرمز د = دالة الإنتاج

وتعني هذه الدالة ببساطة أن الكمية المتوقع إنتاجها من السلعة (س) تعتمد على الكميات المستخدمة في إنتاجها من عوامل الإنتاج ل، ر، و أ.

ويمكن زيادة الإنتاج إلى حد معين بزيادة الكمية المستخدمة من عنصر معين من عناصر الإنتاج مع بقاء العوامل الأخرى على حالها، فالأرز مثل يمكن إنتاجه باستخدام كمية معينة من الأسمدة. أي أن الإنتاج يمكن أن يتغير بتغير كمية السماد المستخدمة أي يزداد بزيادته وينقص بنقصانه، بمعنى أن العلاقة بين إنتاج الأرز وبين كمية السماد المستخدمة طردية إلى حد معين.

كمية الانتاج = دالة (مدخلات الانتاج)

٧-٤ قانون الغلة المتناقصة Law of Diminishing Returns

يشير قانون الغلة المتناقصة إلى معدل التغير الذي يطرأ على كمية الإنتاج بإستخدام عنصر ـ أو عنصرين من عناصر الإنتاج. ويتم استخدام العناصر الداخلة في العملية الإنتاجية بنسب متفاوتة بما يتلاءم مع إمكانياته ومصالحه والظروف الفنية للمشروع السلعي أو الخدمي.

مثال: الإنتاج الزراعي يحتاج إلى عنصر هام وهو عنصر الأرض ثم الأيدي العاملة والأدوات الزراعية ورأس المال كما وأن الإنتاج الصناعي يحتاج إلى المواد الخام والأيدي العاملة والآلات ورأس المال.

ويقر هذا القانون ما يلي: إذا ما ازدادت الكمية المستخدمة من أحد عناصر الإنتاج بكميات متساوية في فترة زمنية معينة، مع بقاء الكمية المستخدمة من العناصر الإنتاجية الأخرى ثابتة دون تغير، فإن الناتج الكلي سيزداد، ولكن بعد حد معين فإن الزيادة في الناتج تصبح اقل فأقل، اذا تغيرت نسب مستلزمات عناصر الانتاج أي عدم وجود تكافئ بين نسب عناصر الانتاج سيؤدي إلى تناقص الغلة هذا ما يعرف بقانون الغلة المتناقضة.

٧-٥ قوانين الإنتاج Laws of Production

ينبغي التمييز عند دراسة قوانين الإنتاج بين الأجل القصير والأجل الطويل.

أ- في الأجل القصير:

المؤسسة في الأجل القصير لا تستطيع تغيير أصولها الثابتة كالمباني والآلات والإدارة العليا التي تحكم مجتمعه الطاقة الإنتاجية للمشروع. وعليه فإذا اقتضت الضرورة زيادة الإنتاج في الأجل القصير استجابة لتطورات الطلب على السلعة فإن المنشأة تلجأ إلى الاستخدا المكثف لأصولها الثابتة وذلك بمزجها مع كميات أكبر من المواد الأولية والسلع الوسيطة وخدمات العمل باعتباره عامل الإنتاج المتغير. ومن ثم تتغير النسب التي تمزج بها خدمات عوامل الإنتاج، الثابتة، والمتغيرة، في الأجل القصير كلما تغير حجم الإنتاج فالإنتاج في الأجل القصير تخضع لقانون النسب المتغيرة والذي أشرنا إليه سابقاً ويسمى أيضا قانون تناقص الغلة.

ب- في الأجل الطويل

يمكن للمؤسسة في الأجل الطويل تغيير الأصول الثابتة للمشروع والتحكم في طاقته الإنتاجية إضافة لتغيير مستلزمات الإنتاج كالمواد الأولية والسلع الوسيطة والعمل. وبعبارة أخرى يتمتع المشروع في الأجل الطويل بقدرة واسعة على اختيار حجم الإنتاج الذي يلبي احتياجات السوق ويكفل له في الوقت نفسه أقصى قدر ممكن من الأرباح.

هناك حالات ثلاث يمكن توضيحها التي يخضع لها الإنتاج في الأجل الطويل وهي كما يلي:

أولاً: قانون ثبات غلة التوسع:

ويشير هذا القانون إلى ظاهرة زيادة جميع عناصر الإنتاج بنسبة معينة وارتفاع الناتج الإجمالي نتيجة لذلك بالنسبة نفسها كزراعة محصول زراعي مما

يتطلب من مستلزمات عديدة كمساحة أرض ومياه وسماد والآلات والمعدات والبذور المحسنة والارشاد الزراعي.. الخ .

ثانياً: قانون تزايد غلة التوسع:

يشير هذا القانون إلى ظاهرة زيادة جميع عناصر الإنتاج بنسبة معينة وارتفاع الناتج الإجمالي نتيجة لذلك بنسبة أكبر من النسبة التي زيدت بها عناصر الإنتاج. وتنشأ هذه الظاهرة عادة بسبب ارتفاع كفاءة عناصر الإنتاج ولزيادة فرص تقسيم العمل والحصص في المؤسسة الكبيرة. فالأنبوب الناقل للغاز أو البترول مثلاً يمكن زيادة قدرته على النقل أكثر من الضعف إن ضاعفنا قطره. فتكلفة نقل وحدة البترول أو الغاز بوساطة أنبوب ذي قطر أكبر ستكون أقل بافتراض الاستغلال الكامل لطاقة النقل للأنبوب.

ثالثاً: قانون تناقص غلة التوسع:

ويشير هذا القانن إلى ظاهرة زيادة جميع عناصر الإنتاج بنسبة معينة وارتفاع الناتج الإجمالي نتيجة لذلك بنسبة أقل من النسبة التي زيدت بها عناصر الإنتاج، وتعزى هذه الظاهرة إلى استفادة فرص تقسيم العمل والحصص في المؤسسة عند ازدياد حجمها باضطراد واستعمال البيروقراطية وانخفاض كفاءة الإدارة في تنظيم المشروع وذلك بعد أن يتعدى حجمه حداً معيناً.

إن قانون تناقص الغلة يشير إذا زادت الكمية المستخدمة من أحد عوامل الانتاج (العمل) مع كميات ثابتة من عوامل الانتاج الأخرى، فإنه بعد حدّ معين، يبدأ كلا من الناتج المتوسط والناتج الحدّي بالتناقص.

٦-٧ مراحل الإنتاج Stages of Production

أوضحنا سابقاً قانون تناقص الغلة وسنحاول هنا ربط هذا القانون بمراحل الإنتاج المختلفة. نفترض أن عناصر الإنتاج في هذا المثال التي سوف نوضحه من خلال الجدول رقم (١٦) يقتصر على عنصرين هما الأرض والعمل. فالتساؤل الآن يقضي بمعرفة كيف تتطور العلاقة بين الكمية المستخدمة من عنصر الإنتاج (العمل)، ومستوى الإنتاج بغرض ثبات عنصر الإنتاج الثابت (الأرض). ولا يكفينا معرفة أن العلاقة بينهما طردية بمعنى أن زيادة الكمية المستخدمة من عنصر العمل تؤدي إلى ارتفاع مستوى الإنتاج.

سوف نستعين بجدول رقم (١٦) لتوضيح مراحل الإنتاج الثلاث باستخدام المفاهيم التالية:

- عنصر الأرض ثابت ومتغير.

- عنصر العمل ثابت ومتغير.

- الإنتاج الكلي.

- الإنتاج الحدي.

- الإنتاج المتوسط.

البائع قد يكون:

١- **تاجرا**: يشتري السلعة ويبيعها.

٢- **منتجا**: ينتج السلعة باستخدام عوامل الانتاج اللازمة ويجهزها للبيـع والهـدف في الحـالتين هـو تحقيق أقصى ربح أو أقل خسارة. ويمكن توضيح ثلاث مفاهيم في الانتاج.

١- **الناتج الكلي**: الكمية المنتجة من السلعة التي يحصل عليها المنتج من استخدام كميـات معينـة من عوامل الانتاج المتغيرة والثابتة.

٢- **الناتج المتوسط**: الكمية المنتجة من وحدة واحدة من عوامل الانتاج المستخدمة في الانتاج أو

$$= \frac{\text{الناتج الكلي}}{\text{عدد الوحدات (العمل)}}$$

٣- **الناتج الحدي**: الزيادة في الناتج الكلي الناتجة عـن اسـتخدام وحـدة واحـدة اضـافية مـن أحـد عوامـل الانتاج.

مفاهيم ومراحل الإنتاج

مراحل الإنتاج	الإنتاج المتوسط (٥)	الإنتاج الحدي (٤)	الإنتاج الكلي (٣)	عنصر العمل (٢)	عنصر الأرض (١)
(١)	٣	٣	٣	١	١
مرحلة ثبات أو	٣.٥	٤	٧	٢	١
تزايد الغلة	٤	٥	١٢	٣	١
(٢)	٤	٤	١٦	٤	١
مرحلة تناقص	٣.٨	٣	١٩	٥	١
الغلة	٣.٥	٢	٢١	٦	١
	٣.١٤٣	١	٢٢	٧	١
(٣)	٢.٧٥	صفر	٢٢	٨	١
مرحلة التناقص	٢.٣٣	١-	٢١	٩	١
المطلق للغلة	١.٥	٦-	١٥	١٠	١

ويتضح من الجدول (١٦) ما يلي:

أولاً: يزداد الإنتاج الحدي في البداية بازدياد وحدات العمل المستخدمة حتى يبلغ أقصى قيمة لـه ومـن ثـم يبدأ بالتناقص المضطرب. ويستمر تراجع الإنتاج الحدي ماراً بالصفر ومتخطياً ذلك إلى قيم سالبة. ويطلق على هذه الظاهرة مصطلح قانون تناقص الغلة أو قانون النسب المتغيرة.

ثانياً: يزداد الإنتاج باضطراد طالما كان الإنتاج الحدي موجباً.ويبلغ الإنتاج الكلي أقصاه عندما يكون الإنتاج الحدي عدماً. وبعد ذلك يبدأ الإنتاج الكلي بالتناقص متأثراً بسلوك الإنتاج الحدي السـالب. وعليه فالإنتاج الحدي أو الإنتاج الإضافي يحكم سلوك الإنتاج الكلي.

ثالثاً: يزداد الإنتاج المتوسط في البداية بالغاً ذروته عند تعادله مع الإنتاج الحدي ومن ثم يبدأ في التراجـع ولكنه يبقى دائماً موجباً ولن يصبح كمية سالبة أبدا.

رابعاً: يحكم الإنتاج الحدي كذلك سلوك الإنتاج المتوسط حيث يزداد الإنتاج المتوسط إذا كان الإنتاج الحدي أكبر من الإنتاج المتوسط ويتراجع الإنتاج المتوسط إذا كان الإنتاج الحدي أقل من الإنتاج المتوسط، وعليه فالإنتاج الحدي يعادل الإنتاج المتوسط عندما يبلغ الأخير أقصى حد له.

خامساً: تتميز المرحلة الأولى للإنتاج بازدياد الإنتاج المتوسط. أما المرحلة الثابتة فتتميز بالتراجع المتزامن للإنتاج المتوسط والإنتاج الحدي مع بقاء الأخير موجباً. أما المرحلة الثالثة فتتميز بكون الإنتاج الحدي سالباً.

وفي الجدول رقم (١٧) نقابل مراحل الإنتاج للعنصرين، العمل والأرض مبينين خصائص كل مرحلة. كما هو مبين في الأشكال البيانية (٣٦) و(٣٧).

جدول رقم (١٧)

خصائص مراحل الإنتاج الثلاث

المرحلة	إنتاجية العمل عند ازدياد نسبة العمل/ الأرض	إنتاجية الأرض عند ازدياد نسبة الأرض/ العمل	المرحلة
الأولى	الإنتاج المتوسط للعمل في تزايد	الإنتاج الحدي للأرض سالب	الثالثة
الثانية	الإنتاج المتوسط للعمل في تناقص وكذلك إنتاجه الحدي ولكن الأخير لم يزل موجباً.	الإنتاج المتوسط للأرض في تناقص وكذلك إنتاجه الحدي ولكن الأخير لم يزل موجباً	الثانية
الثالثة	الإنتاج الحدي للعمل سالب	الإنتاج المتوسط للأرض في تزايد	الأولى

شكل رقم (٣٦)
دوال الإنتاج

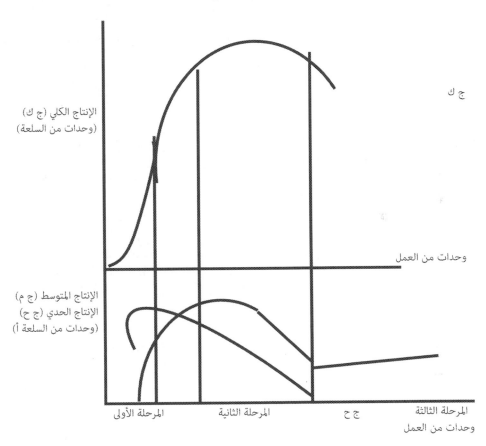

الإنتاج الكلي (ج ك)
(وحدات من السلعة)

ج ك

وحدات من العمل

الإنتاج المتوسط (ج م)
الإنتاج الحدي (ج ح)
(وحدات من السلعة أ)

المرحلة الأولى
المرحلة الثانية
المرحلة الثالثة

ج ح

وحدات من العمل

٧-٧ منحنيات الناتج المتساوي   ISO - Quants Curves

يعرف منحنى الناتج المتساوي بأنه، منحنى كل نقطة عليه تمثل كميات يمكن أن تعرف كالتالي:
هو عبارة عن ذلك الخط المار بمجموعة من النقاط، كل نقطة تمثل كميات مختلفة من عاملين من عوامل
الإنتاج تعطي عند مزجها ناتجاً متساوياً، مختلفة من عـاملين مـن عـوامل الإنتـاج تعطـي ناتجاً متسـاوياً
(العمل، ورأس المال) فإذا ما قمنا بتمثيل هذه الكميات بيانياً بمجموعة من النقاط ووصلت هـذه النقاط،
فإننا نحصل على منحنى الناتج المتساوي كالمبين في الشكل رقم (٣٧) من خلال توضيحه مـن الجـدول رقم
(١٨).

جدول رقم (١٨)

عوامل الإنتاج ومعدل الإحلال الفني لرأس المال

معدل الإحلال الفني لرأس المال	رأس المال	العمل
-	١٠	١٠
١ = ١ :١	١١	٩
$\frac{1}{2}$ = ٢ :١	١٣	٨
$\frac{1}{3}$ = ٣ :١	١٦	٧
$\frac{1}{4}$ = ٤ :١	٢٠	٦
$\frac{1}{5}$ = ٥ :١	٢٥	٥

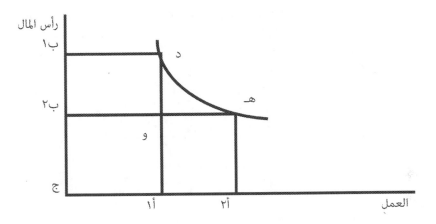

شكل رقم (٣٧)
معدل الإحلال الفني للعمل ورأس المال

أن النقطة د تبين انه يمكن الحصول على قدر ما من الناتج باستخدام المقدار ج (أ$_1$) من العمل والمقدار (ج ب$_1$) من رأس المال. والنقطة (هـ) تبين أنه يمكن الحصول على نفس الناتج باستخدام المقدار الأقل من رأس المال (ج ب$_2$) والمقدار الأكبر من العمل (ج أ$_2$) أي انه يمكن إحلال (أ$_1$ أ$_2$) من العمل محل (ب$_1$ ب$_2$) من رأس المال.

$$\text{إن معدل الإحلال الفني للعمل} = \frac{\text{د و}}{\text{هـ و}} = \frac{\text{الإنتاجية الحدية للعمل}}{\text{الإنتاجية الحدية لرأس المال}}$$

ويلاحظ أن منحنى الناتج المتساوي يكون عادة مقعراً، لأنه يعكس مبدأ تناقص معدل الإحلال الفني، والذي بدوره يعكس مبدأ تناقص الغلة.

وأخيرا لا بد من التوضيح للاختلاف ما بين الطلب على السلعة والطلب على العنصر الانتاجي بما يلي:

١- يتحدد سعر السلعة في السوق نتيجة تفاعل قوى الطلب والعرض على السلعة، بينما يتحدد سعر العنصر الانتاجي في سوق عناصر الانتاج نتيجة تفاعل قوى الطلب والعرض على العنصر الانتاجي في السوق.

٢- الطلب على السلعة يكون من قبل الأفراد ويكون العرض من السلعة مـن المؤسسـات الانتاجيـة بينما الطلب على عناصر الانتاج يكون مـن قبـل المؤسسـات الانتاجيـة في حـين ان عـرض عناصر الانتاج يكون من قبل الأفراد مالكي هذه العناصر.

ولا بد من التوضيح أيضا ما بين الطلب المشتق والطلب العادي:

١- الطلب المشتق هو الطلب على عناصر الانتاج على السلع والخدمات التي تدخل هـذه العناصر في انتاجها، فالمنتج يطلب هذه العناصر لاستخدامها في انتاج السلع للمستهلك.

٢- والطلب العادي هو طلب نهائي، فالمستهلك يطلب السلعة او الخدمة ليحصل منها على منفعـة عند استهلاكها في حد ذاتها.

أمثلة على الطلب المشتق

هناك أمثلة على الطلب المشتق بما يلي:

١- العمال والمهندسون في صناعة السيارات يطلبوا ليقوموا بصناعة السيارات التي تباع للمستهلك.

٢- الأراضي الزراعية تستأجر لتتم زراعتها بالمحاصيل الزراعية لتباع إلى المستهلك.

٣- الآلات في مصنع للملابس تطلب لأنها تستخدم في صناعة الملابس التي يتم بيعها للمستهلك.

أسئلة الخطأ والصواب

أجب صح أم خطأ :

١- الإنتاج عبارة عن كل نشاط يساهم بطريق مباشر أو غير مباشر في إشباع الحاجات الإنسانية.

٢- تتسم العناصر الإنتاجية في الواقع العملي بالتجانس لأنه لا يوجد اختلاف بينهما.

٣- الأرض عنصر من عناصر الإنتاج يصعب زيادة عرضها وعدم إمكانية نقلها.

٤- لا يوجد فرق بين رأس المال النقدي ورأس المال العيني.

٥- إن رأس المال يستهلك بطريق غير مباشر عند مساهمته في إنتاج السلع الاستهلاكية.

٦- إن أهم ما يحدد حجم القوى العاملة هو مجموع السكان وتوزيعهم حسب فئات السن أو ما يعرف بالهيكل العمري.

٧- تقتصر مهمة المنظم فقط على توليف عوامل الإنتاج.

٨- دالة الإنتاج عبارة عن العلاقة الفنية التي تربط بين المدخلات والمخرجات.

٩- أية مؤسسة في الأجل القصير تستطيع تغيير أصولها الثابتة كالمباني والآلات ..الخ.

١٠- يشير قانون تناقص غلة التوسع إلى زيادة جميع عناصر الإنتاج بنسبة معينة وارتفاع الناتج الإجمالي نتيجة لذلك بنسبة أقل من النسبة التي زيدت بها عناصر الإنتاج.

١١- يزداد الإنتاج الحدي بالتناقص في البداية بازدياد وحدات العمل المستخدمة حتى يبلغ أقصى قيمة له ومن ثم يبدأ بالتناقص المضطرد.

أسئلة للمناقشة

السؤال الأول: الأرض عنصر هام من عناصر الإنتاج اشرح بالتفصيل.

السؤال الثاني: يطلق الاقتصاديون اصطلاح رأس المال على الأصول الإنتاجية الحقيقية المتاحة للمجتمع في لحظة معينة. وضح ذلك بالتفصيل.

السؤال الثالث: تتوقف مساهمة العمل في الإنتاج على عوامل عديدة اشرح كل ما تعرفه عن هذه العوامل المتعلقة بعنصر العمل.

السؤال الرابع: تعتبر الإدارة أو التنظيم عاملاً مهماً من العمليات الإنتاجية لأي مشروع، اشرح تلك الأهمية لعنصر الإدارة بالتفصيل.

السؤال الخامس: وضّح ما المقصود بدالة الإنتاج.

السؤال السادس: اشرح كل ما تعرفه عن قانون الغلة المتناقصة.

السؤال السابع: اشرح كل ما تعرفه عن قانون ثبات غلة التوسع.

السؤال الثامن: ما المقصود بمنحنيات الناتج المتساوي وضح ذلك من خلال جدول ورسم بياني.

تمارين عملية

مثال (١)

افترض بعض الأرقام لاحتساب الانتاج الكلي والانتاج الحدي والانتاج المتوسط ووضعهم في جدول.

مثال (٢)

اعطي أمثلة بالأرقام لمراحل الانتاج الثلاث:

- مرحلة ثبات أو غلة التوسع
- مرحلة تناقص الغلة
- مرحلة التناقص المطلق للغلة

مثال (٣)

الناتج الكلي والمتوسط والحدي من الشنط المدرسية

الناتج الحدي	الناتج المتوسط	الناتج الكلي	الانتاج عنصر العمل	الانتاج الأرض
		صفر	صفر	١
		٥٠	١	١
		١٢٠	٢	١
		١٨٠	٣	١
		٢٢٠	٤	١
		٢٥٠	٥	١
		٢٧٠	٦	١
		٢٨٠	٧	١
		٢٨٠	٨	١
		٢٧٠	٩	١
		٢٥٠		١

المطلوب: احتساب الناتج المتوسط والناتج الحدي

الفصل الثامن
نظرية تكاليف الإنتاج

الفصل الثامن
نظرية تكاليف الإنتاج
Production Costs Theory

٨-١ مفهوم التكاليف: Concept of Costs

يتطلب إنتاج السلع والخدمات مدخلات من عوامل الإنتاج بنسب معينة وتزداد الكميات المستخرجة من هذه المدخلات كلما ارتفع حجم الإنتاج المرغوب فيه. فالتكاليف لا تعتمد على الكميات المستخدمة من عوامل الإنتاج فحسب بل وعلى أسعار هذه العوامل أيضا. ومعروف أن عوائد الإنتاج تتباين باختلاف الزمان والمكان. أما التكاليف فهي النفقات التي تدفعها المنشأة في سبيل الحصول على خدمات عوامل الإنتاج.

وبعبارة أخرى أن تكاليف الإنتاج هي مقدار ما تتحمله المؤسسة من مصاريف لإنتاج كمية من سلعة معينة أو خدمة في وقت من الأوقات. وفي هذه الفصل سنحاول التعرف على الأنواع المختلفة لتكاليف الإنتاج.

٨-٢ أنواع التكاليف:

٨-٢-١ التكاليف البديلة أو (تكاليف الفرصة البديلة)

Opportunity or Alternative costs

لما كانت موارد المجتمع محدودة فإن استخدام بعض الموارد في إنتاج سلعة معينة يعني حرمان المجتمع من إنتاج السلعة (أو السلع) الأخرى التي كانت ستستخدم هذه الموارد في إنتاجها لو لم تستخدم في إنتاج السلعة الأولى. فإذا كان لدينا مساحة معينة من الأرض واستخدمنا هذه المساحة في زراعة المحصول (أ) فإن إنتاج المحصول (أ) سوف يحرم المجتمع من استخدام هذه المساحة في زراعة محصول آخر وليكن المحصول (ب) فإن الاقتصاديين يعرفون تكاليف إنتاج سلعة معينة بأنها عبارة عن قيمة السلعة البديلة التي كان يمكن للموارد المستخدمة في إنتاج هذه السلعة التي تنتجها. فتكاليف إنتاج المحصول (أ) إنما هي عبارة عن قيمة المحصول (ب) الذي كان يمكن أن تستخدم مساحة الأرض المذكورة في زراعته بدل من زراعة المحصول (أ) هذا ما يسمى بالتكاليف البديلة أو تكاليف الفرصة البديلة Opportunity cost .

٨-٢-٢ التكاليف الظاهرة أو الصريحة والتكاليف الضمنية:

Explicit and Implicit costs

التكاليف الظاهرة هي التكاليف المدفوعة من المنشأة والتي تم اتفاق بموجبها للحصول على خدمات الإنتاج. فالنفقات الجارية للمواد الأولية وأجور العمال والاستهلاكات هي نفقات مدفوعة وتمثل اتفاقا قامت به المنشأة مع الغير.

أما التكاليف الضمنية فهي تكاليف لا تترتب على عقد اتفاق وإنما هي تكاليف استخدام عوامل الإنتاج المملوكة للمنشأة والتي تترتب على استخدام صاحب المنشأة الفردية مثلاً لشخصه والتي كثيراً ما تهمل عند احتساب التكاليف.

فصاحب المنشأة الفردية التي يملكها والتي يعمل فيها يستحق أجراً عن عمله في المنشأة. وكثيراً ما يعتبر أجر صاحب المنشأة جزء من أرباح المنشأة، ولكن يرى الاقتصاديون أن أجر صاحب المنشأة إنما يعتبر من تكاليف الإنتاج. فلو أن صاحب المنشأة قام بنفس العمل – الذي يقوم به داخل منشأته- في الخارج لاستحق أجراً عن هذا العمل. وطبقاً لفكرة التكاليف البديلة فإن أجر صاحب المنشأة إنما يحدد بالأجر الذي يمكن لصاحب المنشأة أن يحصل عليه لو قام بنفس العمل في الخارج – فهو أجره في الأعمال البديلة.

وكذلك بالنسبة لعائد الاستثمار – فعادة ما يعتبر عائد الاستثمار ربحاً للمشروع ولكن يرى الاقتصاديون اعتباره تكاليف ضمنية. ولإيضاح ذلك نعود إلى المثال المبسط- وهو صاحب المنشأة الفردية الذي استثمر رأسمالاً معيناً في هذه المنشأة. فعائد الاستثمار الذي يساوي مقدار ما كان لصاحب المنشأة أن يحصل عليه لو أنه استثمر رأس ماله في مشروع آخر إنما يعتبر تكاليف ضمنية. فلو أن صاحب المشروع استثمر رأسماله خارج المشروع لكان قد اشترى بعض الموارد لإنتاج سلع أخرى. فمقدار ما يمكن لهذه الموارد أن تحصل عليه من أجر في الاستعمالات البديلة يحدد عائد الاستثمار الذي كان من الممكن لصاحب المنشأة أن يحصل عليه لو أنه استثمر أمواله في هذا العمل. فما يعنيه الاقتصاديون بالتكاليف الضمنية إنما هو أجر المثل لصاحب المشروع أو فائدة المثل للأموال المستخدمة في المشروع والمملوكة لأصحاب المشروع وتكاليف الإنتاج بالنسبة لمشروع، إنما تشمل التكاليف الظاهرة والتكاليف الضمنية معاً. ويهتم رجال الاقتصاد بدراسة التكاليف عند مستويات مختلفة من الإنتاج، وتتوقف التكاليف عند مستوى معين من الإنتاج على عاملين:

١- أسعار عوامل الإنتاج.

٢- الكفاءة التي تستخدم بها هذه العوامل.

٨-٢-٣ التكاليف الحدية: Marginal Costs (M.C.)

تعرف التكاليف الحدية بأنها الزيادة في التكاليف الكلية المترتبة على زيادة الإنتاج بوحدة واحدة. كما يمكن تعريفها (بنفس الدرجة من الدقة) بان الزيادة في التكاليف الكلية المترتبة على زيادة التكاليف الكلية والتكلفة الكلية المتغيرة بنفس المقدار. والتكاليف الحدية يمكن التوصل إليها بحسب الزيادة في التكاليف الكلية المترتبة على زيادة الإنتاج بوحدة واحدة بحساب الزيادة في التكاليف الكلية المتغيرة المترتبة على زيادة الإنتاج بوحدة واحدة.

٨-٢-٤ التكاليف الاجتماعية والتكاليف الخاصة:

تسعى المؤسسات الخاصة دائماً إلى تعظيم أرباحها (Maximization of Profit) حيث أن حافز الربح هو الذي يؤدي بهذه المؤسسات الى الاستمرار والتوسع والنمو. كما هو معروف فإن الربح لكل من هذه المؤسسات يتمثل في الفرق بين دالة الإيراد ودالة التكاليف وفي بعض الأحيان تختلف التكاليف الخاصة لإنتاج سلعة معينة عن التكاليف الاجتماعية.

فالتكاليف الخاصة هي التي تتحملها الصناعة أو المؤسسة والتي تتمثل في مدفوعاتها للحصول على احتياجاتها من عوامل الإنتاج كالأجور والإيجارات وأثمان المواد الخام. أما التكاليف الاجتماعية في بعض الحالات فتتضمن بالإضافة إلى ذلك ما يتحمله المجتمع من آثار جانبية على إنتاج السلعة.

مثال:

في صناعة الحديد والصلب قد تكون التكلفة الخاصة لإنتاج الطن الواحد من الحديد هي (٣٠) ديناراً، إلا أن هذا الرقم لا يمثل التكلفة الحقيقية، حيث أن المجتمع يتحمل بالإضافة إلى ذلك ما يصاحب العملية الإنتاجية من تولد دخان وغازات ومخلفات تضر بالبيئة المحيطة بالمصنع وبالصحة العامة على الإنسان. هذه الآثار الجانبية يتحملها المجتمع من أجل إنتاج هذه السلعة والتي تعتبر تكلفة اجتماعية ليست متضمنة في التكاليف النقدية الخاصة.

لذلك فإن الكثير من الحكومات قبل أن تقرر وتوافق على إنشاء صناعة معينة أو تنفيذ مشروع معين فإنها عادة تأخذ في الاعتبار ليس فقط التكاليف الخاصة لهذا المشروع وإنما أيضا التكاليف الاجتماعية، مما أدى إلى تطوير معايير دولية يجب التقيد بها ومنها إبعاد المشاريع الصناعية عن التجمعات السكانية حماية للصحة العامة والتلوث.

٨-٣ تكاليف الإنتاج وعامل الزمن:

إن الكيفية التي تتغير بها تكاليف الإنتاج، بتغير حجم الإنتاج، تتوقف على عامل الزمن. ولذلك فإن الاقتصاديين عند دراسة التكاليف يفرقون بين ما يعرف بالتكاليف في المدى القصير Short - run والتكاليف في المدى الطويل Long-run ولنوضح ماذا يعني الاقتصاديون بكل من هذين التعبيرين.

٨-٣-١ المدى القصير: Short -run

المدى القصير (ويسمى أحيانا بالأجل أو الأمد القصير) هو زمن يكون من القصر بحيث أن المنشأة لا تستطيع تغير الكمية المستخدمة من بعض عوامل الإنتاج بالسرعة المطلوبة. ونستطيع أن نتصور زمناً يكون من القصر بحيث لا تستطيع المنشأة تغيير أي عامل من عوامل الإنتاج. فإذا ما بدأنا في إطالة هذا الزمن شيئاً فشيئاً فإننا نستطيع أن نغير بعض عوامل الإنتاج إلى أن نصل إلى الزمن الذي يمكن فيه أن نغير جميع عوامل الإنتاج. ويمكن النظر إلى الزمن القصير على أنه الزمن المحصور بين الزمن الذي لا تستطيع فيه المنشأة تغيير الكمية المستخدمة من أي عامل من عوامل الإنتاج وبين الزمن الذي تستطيع فيه المنشأة أن تغير جميع عوامل الإنتاج فيما عدا عامل واحد.

إلا أننا اذا أمعنا النظر نجد أن إمكانية تغيير الكمية المستخدمة من عوامل الإنتاج إنما تتوقف على طبيعة هذه العوامل. فمثلاً إذا نظرنا إلى المباني أو الأراضي، التي عادة ما تؤجر لفترة طويلة نوعاً ما، لوجدنا أن المشروع عادة ما يحتاج إلى بعض الوقت لكي يحصل على كمية أكبر من الكمية المستخدمة من هذه العوامل أو لكي يتخلص من بعضها. وكذلك إذا نظرنا إلى الإدارة العليا Top Management فإن المشروع يحتاج إلى بعض الوقت حتى يمكن أن يحصل على أشخاص لديهم الخبرة اللازمة لتولي أعمال الإدارة العليا. وكذلك تكون الحالة بالنسبة للآلات الضخمة وخاصة تلك التي صممت خصيصاً للمنشأة - فإننا قد نحتاج إلى بعض الوقت لكي تتمكن الحصول على آلات إضافية أو نقل هذه الآلات الى استعمالات أخرى.

أما إذا نظرنا إلى العمال وإلى المواد الأولية فلا شك أن المنشأة تحتاج إلى وقت أقصر لتغيير الكمية المستخدمة منها إذا ما قورن ذلك بالوضع في حالة الأرض والمباني والآلات الثقيلة ورجال الإدارة العليا.

وعليه فإنه يمكن أن ننظر إلى الزمن القصير على أساس أنه ذلك الزمن الذي يكون من القصر بحيث لا يمكن أن يكون لدى المنشأة الوقت الكافي لتغيير

الكمية المستخدمة من الأرض والمباني والآلات ورجال الإدارة العليا. فهذه تعتبر عوامل الإنتاج الثابتة Fixed resources (Factors) في الأجل القصير.

وفي الوقت نفسه فإن هذا الزمن القصير يكون كافياً لتغيير الكمية المستخدمة من المواد الخام والعمال وما أشبه. وتعتبر هذه هي عوامل الإنتاج المتغيرة Variable resources (factors) في الزمن القصير.

ويختلف الطول الزمني للفترة من صناعة إلى أخرى، ويتوقف الطول الزمني للفترة على العوامل الثابتة الموجودة في الصناعة. فالطول الزمني للفترة يختلف في صناعة النسيج عنه في صناعة السيارات أو صناعة الصلب. فالعوامل الثابتة في صناعة النسيج من الممكن تغييرها في وقت أقصر عن العوامل الثابتة في صناعة السيارات أو صناعة الصلب. فتغيير حجم مصنع للنسيج يحتاج إلى وقت أقل من تغيير حجم مصنع للسيارات أو مصنع الصلب.

والكمية المستخدمة من عوامل الإنتاج الثابتة هي التي تحدد حجم المصنع أو طاقته Scale of the plant . وطاقة المصنع هي بدورها التي تحدد الحد الأقصى للكمية التي يمكن أن ينتجها هذا المصنع. ويمكن للمصنع أن يغير حجم الإنتاج إلى هذا الحد المذكور وذلك عن طريق زيادة أو إنقاص عوامل الإنتاج المتغيرة. إلا أنه من غير المستطاع تجاوز هذا الحد أو أن ذلك التجاوز يتطلب تغيير كمية عوامل الإنتاج الثابتة. ولإيضاح ذلك نضرب مثالاً "بالخلاط" الذي يستخدم في خلط الفاكهة. ففي هذا المثال فإن عامل الإنتاج الثابت هو "الخلاط" وعامل الإنتاج المتغير هو الفواكه المراد خلطها. فمهما توافرت الفاكهة المعدة للخلط فهناك حد أقصى لحجم الفاكهة الممكن خلطها في وحدة زمنية معينة. ونستطيع أن نغير حجم الفاكهة المخلوطة وذلك بإنقاص أو زيادة كمية الفاكهة أي عامل الإنتاج المتغير. إلا أننا لا نستطيع تجاوز الحد الأقصى لحجم الفاكهة الممكن خلطها في وحدة زمنية معينة إلا إذا استخدمنا خلاطاً إضافياً.

٨-٣-٢ المدى الطويل: Long – run

والمدى الطويل لا يحتاج إلى إيضاح فهو الزمن الذي يكون من الطول بحيث يمكن أن نغير فيه جميع عوامل الإنتاج المستخدمة في العملية الإنتاجية، ففي الزمن الطويل لن يكون هناك عوامل إنتاج ثابتة وأخرى متغيرة، فجميع العوامل قابلة للتغيير.

٨-٤ منحنيات التكاليف الكلية:

سنحاول هنا توضيح ثلاث حالات لمنحنيات التكاليف هي:

أ- منحنى التكاليف الكلية الثابتة.

ب- منحنى التكاليف الكلية المتغيرة.

جـ- منحنى التكاليف الكلية.

أ- التكاليف الكلية الثابتة: Total Fixed Costs (T.F.C)

وتشمل هذه التكاليف كل التزامات المنشأة في وحدة من الزمن تجاه عوامل الإنتاج التي تستخدمها المنشأة. ولما كان الزمن القصير لا يسمح بتغيير الكمية المستخدمة من عوامل الإنتاج الثابتة لذلك فإن التكاليف الكلية الثابتة ستظل ثابتة لا تتغير بتغير عدد الوحدات من السلعة المنتجة. فإذا كان مصنع يشغل مبناً معيناً، فإن تكاليف تأجير هذا المبنى ستظل ثابتة لا تتغير مهما تغيرت عدد الوحدات التي ينتجها هذا المصنع.

الجدول رقم (٢٠) يوضح لنا أن التكاليف الكلية الثابتة لإنتاج السلعة (أ) هي (١٠٠) دينار في وحدة زمنية معينة. ويلاحظ أن هذه التكاليف لا تتغير بتغير عدد الوحدات المنتجة. كما يلاحظ في الشكل رقم (٣٨) إن التكاليف الكلية الثابتة وضحت في هذا الشكل بخط أفقي مستقيم موازي للمحور الأفقي عند قدر من التكاليف يساوي ١٠٠ دينار.

ب- التكاليف الكلية المتغيرة Total Variable Costs (T. V. C)

التكاليف الكلية المتغيرة تختلف عن التكاليف الكلية الثابتة فالأخيرة ثابتة لا تتغير بتغير عدد الوحدات المنتجة - أما الأولى فتتغير بتغير حجم الإنتاج. فلا بد للتكاليف الكلية المتغيرة أن تزداد بزيادة حجم الإنتاج إذ أن إنتاج كمية أكبر يتطلب كمية أكبر من عوامل الإنتاج المتغيرة وبالتالي تكاليف متغير أكبر. ويوضح الجدول (٢٠) التكاليف الكلية المتغيرة للسلعة (أ) كما يوضح الشكل رقم (٣٨) منحنى التكاليف الكلية المتغيرة. ويلاحظ من كل من الجدول والشكل أن التكاليف الكلية المتغيرة تتزايد بمعدل متناقص حتى يصبح معدل الإنتاج (٨) وحدات من (أ) ثم تأخذ التكاليف المتغيرة في التغير بمعدل متزايد - فبعد ما يصل الإنتاج إلى (٨) وحدات فإن الزيادة المتتالية تصبح أكبر فأكبر.

والسبب في الكيفية التي تتغير بها التكاليف الكلية المتغيرة أو الشكل الذي يتخذه منحنى التكاليف الكلية المتغيرة يرجع إلى تزايد ثم تناقص الغلة لعوامل الإنتاج المتغيرة.

جدول رقم (١٩)

مفاهيم أنواع التكاليف

وحدات السلع ١	التكاليف الكلية الثابتة ٢	التكاليف الكلية المتغيرة ٣	التكاليف الكلية ٤	متوسط التكاليف الثابتة ٥	متوسط التكاليف المتغيرة ٦	متوسط التكاليف ٧	التكاليف الحدية ٨
١	١٠٠	٤٠	١٤٠	١٠٠	٤٠	١٤٠	١٤٠
٢	١٠٠	٧٠	١٧٠	٥٠	٣٥	٨٥	٣٠
٣	١٠٠	٨٥	١٨٥	٣٣.٣٣	٢٨.٣٣	٦١.٦٦	١٥
٤	١٠٠	٩٦	١٩٦	٢٥	٢٤	٤٩	١١
٥	١٠٠	١٠٤	٢٠٤	٢٠	٢٠.٨٠	٤٠.٨٠	٨
٦	١٠٠	١١٠	٢١٠	١٦.٦٧	١٨.٣٣	٣٥	٦
٧	١٠٠	١١٥	٢١٥	١٤.٢٩	١٦.٤٣	٣٠.٧٢	٥
٨	١٠٠	١٢٠	٢٢٠	١٢.٥٠	١٥	٢٧.٥٠	٥
٩	١٠٠	١٢٦	٢٢٦	١١.١١	١٤	٢٥.١١	٦
١٠	١٠٠	١٣٤	٢٣٤	١٠	١٣.٤٠	٢٣.٤٠	٨
١١	١٠٠	١٤٥	٢٤٥	٩.٠٩	١٣.١٨	٢٢.٢٧	١١
١٢	١٠٠	١٦٠	٢٦٠	٨.٣٣	١٣.٣٣	٢١.٦٦	١٥
١٣	١٠٠	١٨٠	٢٨٠	٧.٦٩	١٣.٨٥	٢١.٥٤	٢٠
١٤	١٠٠	٢٠٦	٣٠٦	٧.١٤	١٤.٧٢	٢١.٨٦	٢٦
١٥	١٠٠	٢٣٩	٣٣٩	٦.٦٧	١٥.٩٣	٦٠	٣٣
١٦	١٠٠	٢٨٠	٣٨٠	٦.٢٥	١٧.٥٠	٢٣.٧٥	٤١
١٧	١٠٠	٣٣٠	٣٣٠	٥.٨٨	١٩.٤١	٢٥.٢٩	٥٠
١٨	١٠٠	٣٩٠	٤٩٠	٥.٥٥	٢١.٦٧	٢٧.٢٢	٦٠
١٩	١٠٠	٤٦١	٥٦١	٥.٢٦	٢٤.٢٧	٢٩.٥٣	٧٢
٢٠	١٠٠	٥٤٤	٦٤٤	٥.٠	٢٧.٢٠	٣٢.٢٠	٨٣

١ + ٢ + ٣ = افتراضي

٤ + ٥ + ٦ + ٧ + ٨ = استنتاجي

التكاليف الكلية = التكاليف الكلية الثابتة + التكاليف الكلية المتغيرة

متوسط التكاليف الثابتة = التكاليف الكلية الثابتة / وحدات السلع

$$متوسط\ التكاليف\ المتغيرة = \frac{التكاليف\ الكلية\ المتغيرة}{وحدات\ السلع}$$

متوسط التكاليف = متوسط التكاليف الثابتة + متوسط التكاليف المتغيرة

$$أو = \frac{التكاليف\ الكلية}{وحدات\ السلع}$$

$$أو = \frac{التكاليف\ الكلية\ الثابتة + التكاليف\ الكلية\ المتغيرة}{وحدات\ السلع}$$

شكل رقم (٣٨)
منحنى التكاليف الكلية والثابتة والمتغيرة

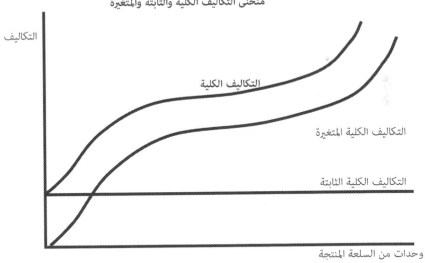

التكاليف

التكاليف الكلية

التكاليف الكلية المتغيرة

التكاليف الكلية الثابتة

وحدات من السلعة المنتجة

على فرض أن لدينا مصنعاً من حجم معين فإن هناك كميات من عوامل الإنتاج المتغيرة تكون من الصغر بحيث إذا استخدمت مع كمية معينة من عوامل الإنتاج الثابتة فإن هذه العوامل الأخيرة لن تكون مستغلة بكامل كفاءتها. فإذا ما زدنا من كمية عوامل الإنتاج المتغيرة التي تعمل مع كمية عوامل الإنتاج الثابتة فإن ذلك يؤدي إلى زيادة كفاءة استخدام هذه العوامل. فالزيادة المتتالية في عوامل الإنتاج المتغيرة يزيد من الإنتاج الحدي المتتالي لهذه العوامل أي يؤدي إلى زيادة متتالية أكبر في الإنتاج لوحدات متساوية من التكاليف. ولهذا السبب فإن منحنى التكاليف المتغيرة، في مدى الإنتاج الذي تتزايد فيه الغلة، يكون مقعر إلى أسفل.

فإذا ما استمرت المنشأة في زيادة عوامل الإنتاج المتغيرة، مع بقاء عوامل الإنتاج الثابتة لا تتغير، فإنه بعد حد معين يبدأ قانون تناقص الغلة في الانطباق. فالإنتاج الحدي لعوامل الإنتاج المتغيرة يبدأ في التناقص. فالزيادات في الإنتاج الناتجة من وحدات متساوية من التكاليف المتغيرة تأخذ في التناقص. ولهذا فإنه في المرحلة التي تتناقص فيها غلة عوامل الإنتاج المتغيرة فإن منحنى التكاليف الكلية المتغيرة يكون محدباً إلى أسفل أي مقعراً إلى أعلى.

فإذا ما استمرت المنشأة في زيادة عوامل الإنتاج المتغيرة مع بقاء عوامل الإنتاج الثابتة لا تتغير فإن المنشأة ستصل إلى الحد الذي يصل فيه استغلال عوامل الإنتاج الثابتة إلى كامل طاقتها. وفي هذه الحالة فإن زيادة عوامل الإنتاج المتغيرة (زيادة التكاليف الكلية المتغيرة) لن تؤدي إلى أي زيادة في الإنتاج. وعند هذا الحد فإن منحنى التكاليف الكلية يتجه رأساً إلى أعلى.

جـ- التكاليف الكلية : Total Costs (T.C.)

التكاليف الكلية لأي مصنع هي عبارة عن التكاليف الكلية الثابتة مضافاً إليها التكاليف الكلية المتغيرة. فالعمود الخاص بالتكاليف الكلية (جدول رقم ٢٠) إنما هو عبارة عن عمود التكاليف الكلية المتغيرة مضافاً إليه العمود الخاص بالتكاليف الكلية الثابتة. وكذلك في الشكل رقم (٣٨) فإن منحنى التكاليف الكلية نحصل عليه بجمع منحنى التكاليف الكلية الثابتة ومنحنى التكاليف الكلية المتغيرة جمعاً رأسياً. ولما كانت التكاليف الكلية الثابتة لا تتغير بتغير عدد الوحدات المنتجة فإن منحنى التكاليف الكلية يتخذ نفس شكل منحنى التكاليف الكلية المتغيرة. فالمنحنى الأول يعلو المنحنى الثاني بمقدار التكاليف الثابتة.

٨-٥ منحنيات التكاليف المتوسطة: Average Costs Curves (A.C.C.)

وتشمل: (أ) منحنى متوسط التكاليف الثابتة (ب) منحنى متوسط التكاليف المتغيرة (جـ) منحنى متوسط التكاليف الكلية. ويوضح هذا النوع من التكاليف نصيب الوحدة المنتجة في التكاليف ثابتة، ومتغيرة، وكلية، وتخدم هذه المنحنيات نفس الأغراض التي تخدمها منحنيات التكاليف الكلية وإن كانت منحنيات التكاليف المتوسطة أكثر استعمالا وستتكلم على كل نوع من أنواع متوسطات التكاليف.

أ- متوسط التكاليف الثابتة: Average Fxed Costs (A.F.C)

متوسط التكاليف الثابتة (أو نصيب الوحدة في التكاليف الثابتة) عند مستويات مختلفة من الإنتاج إنما تحدد بقسمة التكاليف الكلية الثابتة على عدد الوحدات المنتجة. ففي الجدول السابق رقم (٢٠) فإننا نحصل على متوسط التكاليف الثابتة بقسمة التكاليف الثابتة على عدد الوحدات المنتجة.

ويلاحظ كلما زاد الإنتاج كلما انخفض متوسط التكاليف الثابتة - أي كلما نقص نصيب الوحدة في التكاليف الثابتة. وهذا شيء طبيعي إذ أن التكاليف الكلية الثابتة لا تتغير بتغير عدد الوحدات المنتجة، ولذلك فإنه من المتوقع أنه كلما زاد الإنتاج نقص متوسط التكاليف الكلية، إذ أن التكاليف الكلية الثابتة ستوزع على عدد أكبر من الوحدات المنتجة فبذلك ينخفض نصيب الوحدة في التكاليف الثابتة.

ولذلك فإننا نلاحظ في الشكل السابق رقم (٣٨) أن منحنى متوسط التكاليف الثابتة ينحدر إلى أسفل تجاه اليمين في جميع أجزائه. فكلما زاد عدد الوحدات المنتجة كلما قرب منحنى متوسط التكاليف من المحور الأفقي ولكنه لا يتقابل معه. وهذا يوضح لنا السبب في أن الصناعات التي تحتاج إلى تكاليف ثابتة ضخمة تحتاج الى ان يكون حجم الإنتاج كبيراً جداً حتى يكون نصيب الوحدة في التكاليف الثابتة ضيئلاً. ومن أمثلة هذه الصناعات السكك الحديدية والشكل رقم (٣٩) يوضح منحنى متوسط التكاليف الثابتة والمتغيرة والحدية.

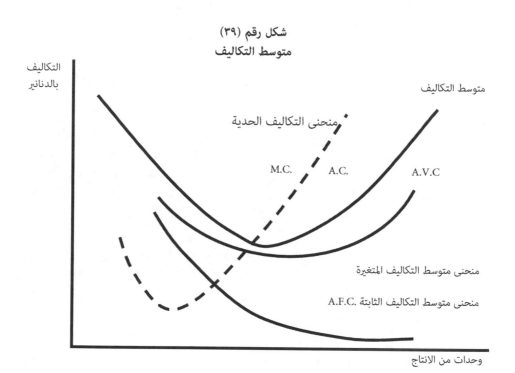

شكل رقم (٣٩)
متوسط التكاليف

التكاليف بالدنانير

متوسط التكاليف

منحنى التكاليف الحدية

M.C.   A.C.   A.V.C

منحنى متوسط التكاليف المتغيرة

منحنى متوسط التكاليف الثابتة .A.F.C

وحدات من الانتاج

ب- متوسط التكاليف المتغيرة: (Average Variable Costs (A.V.C

يمكن الحصول على متوسط التكاليف المتغيرة بقسمة التكاليف الكلية المتغيرة على عدد الوحدات المنتجة. فالعمود الخاص بمتوسط التكاليف المتغيرة موضح في الجدول السابق رقم (١٩)

ومن واقع هذه الأرقام أمكننا رسم منحنى متوسط التكاليف المتغيرة الذي عادة ما يأخذ شكل (U) ويمكن تعليل الشكل الذي يأخذه منحنى متوسط التكاليف المتغيرة على الوجه الآتي: لنفرض أن مصنعاً ما أسس وثبتت به الآلات وكان اتساع المصنع المذكور يتطلب أن يعمل فيه (١٠٠) عامل. فالعمل هو عنصر الإنتاج المتغير. فإذا فرضنا أن المصنع استخدم عاملاً واحداً فقط فإن الإنتاج سيكون صغيراً للغاية. فإذا فرضنا أن المصنع استخدم عاملين فقط فإن العاملين سيقتسمان العمل ويستطيعان أن ينتجا أكثر من ضعف ما كان ينتجه عامل بمفرده. ومعنى ذلك أن متوسط الإنتاج قد زاد باستخدام العامل الثاني. فإذا كانت مضاعفة

تكاليف العمل (عامل الإنتاج المتغير) سوف تؤدي إلى أكثر من مضاعفة الإنتاج- فإن معنى ذلك أن نصيب وحدة الإنتاج من التكاليف المتغيرة (متوسط التكاليف المتغيرة) سوف تنخفض. وسوف تستمر هذه الظاهرة (تزايد الإنتاج المتوسط للعامل أو انخفاض متوسط التكاليف المتغيرة) كلما أضفنا عمالاً جدداً إلى أن يصل عدد العاملين المستخدمين بالمصنع إلى العدد الأمثل من العمال الذين يكون عملهم مع عوامل الإنتاج الثابتة يؤدي إلى الوصول إلى استخدام هذه العوامل بأكبر قدر من الكفاءة. فلكل كمية من عوامل الإنتاج الثابتة هناك كمية مثلى لعوامل الإنتاج المتغيرة التي يجب أن تعمل معها حتى تصل تكلفة الوحدة من الإنتاج إلى أقل ما يمكن. فعند هذا الحد يصل متوسط التكاليف المتغيرة إلى أقل ما يمكن.

جـ- متوسط التكاليف: Average Costs (A.C)

يمكن الحصول على متوسط التكاليف بإحدى طريقتين (١) إما بقسمة التكاليف الكلية على عدد الوحدات المنتجة. (٢) والطريقة الثانية هي بجمع كل من متوسط التكاليف الثابتة ومتوسط التكاليف المتغيرة. ويمكن التحقق من ذلك بمراجعة الجدول السابق رقم (١٩) وبناء على ذلك فإن منحنى متوسط التكاليف هو عبارة عن منحنى يمثل العلاقة بين عمود متوسط التكاليف والإنتاج المقابل. ويمكن الحصول عليه وذلك بجمع كل من منحنى التكاليف الثابتة ومنحنى متوسط التكاليف المتغيرة جمعاً رأسياً.

ويتخذ منحنى متوسط التكاليف شكل U والسبب في ذلك هو أن هذا المنحنى يمثل منحنى متوسط التكاليف المتغيرة (الذي يأخذ نفس الشكل) ومنحنى متوسط التكاليف الثابتة. ولذلك فإن منحنى متوسط التكاليف يأخذ شكل U إلا أنه لا يكون مطابقاً تماماً لمنحنى متوسط التكاليف المتغيرة وذلك بسبب منحنى متوسط التكاليف الثابتة الذي يضاف إلى المنحنى الأول للحصول على منحنى متوسط التكاليف.

ولإيضاح ذلك نرجع إلى الجدول الرئيسي السابق رقم (١٩) فنجد أن متوسط التكاليف الثابتة يتناقص بزيادة عدد الوحدات المنتجة ومعنى ذلك أن كفاءة عوامل الإنتاج الثابتة تتزايد بتزايد الوحدات المنتجة. أما متوسط التكاليف المتغرة فإنها تتناقص إلى أن يصل الإنتاج إلى (١١) وحدة ثم بعد ذلك تبدأ في الزيادة ومعنى ذلك أن عوامل الإنتاج المتغيرة تتزايد كفاءتها إلى أن يصل الإنتاج إلى (١١) وحدة ثم بعد ذلك تبدأ هذه الكفاءة في التناقص. ولما كانت متوسط التكاليف هي عبارة عن حاصل جمع متوسط التكاليف الثابتة ومتوسط التكاليف المتغيرة، فإنه عندما يكون الإنتاج بين (صفر) و (١١) وحدة فإن متوسط التكاليف

تتناقص. والسبب في ذلك واضح إذ أن كل من متوسط التكاليف الثابتة ومتوسط التكاليف المتغيرة تتناقص بين (صفر) و (١١) وحدة من الإنتاج. وعندما يكون الإنتاج بين (١١) وحدة و (١٢) وحدة فإن متوسط التكاليف تتناقص. والسبب في ذلك أنه بالرغم من أن متوسط التكاليف المتغيرة تتزايد إلا أن متوسط التكاليف الثابتة تتناقص. ونظراً لأن تناقص متوسط التكاليف الثابتة يكون بمعدل أكبر من المعدل الذي تتزايد به متوسط التكاليف المتغيرة فتكون النتيجة أن متوسط التكاليف تتناقص. كما نلاحظ أنه عندما يكون معدل تزايد متوسط التكاليف المتغيرة يساوي معدل تناقص متوسط التكاليف الثابتة فإن متوسط التكاليف تثبت ولا تتغير. أما في المدى المحصور بين إنتاج (١٣) وحدة و (٢٠) وحدة فإن المعدل الذي تتزايد به متوسط التكاليف المتغيرة يكون أكبر من المعدل الذي تتناقص به متوسط التكاليف الثابتة ولذلك فإن متوسط التكاليف تتزايد.

٨-٦ معدل التكلفة: Average Cost

معدل التكلفة هي تكلفة الوحدة من الإنتاج ونحصل على معدل التكلفة بقسمة التكلفة الكلية على حجم الإنتاج كما هو موضح بالجدول رقم (٢٠)

١ + ٢ + ٤ = افتراضي

٣ + ٥ + ٦ = استنتاجي

معدل التكلفة الثابتة = التكلفة الثابتة / حجم الانتاج

معدل التكلفة المتغيرة = التكلفة المتغيرة / حجم الانتاج

معدل التكلفة الكلية = معدل التكلفة الثابتة + معدل التكلفة المتغيرة

التكلفة الثابتة + التكلفة المتغيرة
____
حجم الانتاج

جدول رقم (٢٠)

معدل التكلفة الثابتة، المتغيرة والكلية

حجم الانتاج ١	التكلفة الثابتة ٢	معدل التكلفة الثابتة٣	التكلفة المتغيرة ٤	معدل التكلفة المتغيرة٥	معدل التكلفة الكلية٦
١	١٠٠٠	١٠٠٠	٥٠٠	٥٠٠	١٥٠٠
٢	١٠٠٠	٥٠٠	٨٠٠	٤٠٠	٩٠٠
٣	١٠٠٠	٣٣٣.٣	٩٩٠	٣٣٠	٦٦٣.٣
٤	١٠٠٠	٢٥٠	١٢٠٠	٣٠٠	٥٥٠
٥	١٠٠٠	٢٠٠	١٥٠٠	٣٠٠	٥٠٠
٦	١٠٠٠	١٦٦.٦	٢٠٠٠	٣٣٣.٢	٤٩٩.٨
٧	١٠٠٠	١٤٢.٩	٤٠٠٠	٥٧١.٤	٧١٤.٣
٨	١٠٠٠	١٢٥	٥٠٠٠	٦٢٥	٧٥٠

إن معدل التكلفة الكلية هي مجموع معدل التكلفة الثابتة ومعدل التكلفة المتغيرة وعادة فإن معدل التكلفة الثابتة تنخفض تدريجياً بزيادة حجم الإنتاج حيث أن التكلفة ستوزع على حجم إنتاج أكبر فأكبر، وفي البداية يكون الانخفاض ملموساً ثم يصبح محدوداً جداً عندما ينمو حجم الإنتاج نمواً كبيراً. أما معدل التكلفة المتغيرة فإنها في البداية تنخفض تدريجياً بزيادة حجم الإنتاج ثم تكاد تثبت ثم تأخذ في الزيادة عندما يتغير حجم الإنتاج المخطط للمصنع أو المؤسسة عند إنشائها، وباستمرار زيادة حجم الإنتاج عن الحجم المخطط كلما ازدادت حدة زيادة معدل التكلفة المتغيرة. ويعود السبب في ذلك أن مثل هذه الحالة قد تستلزم العمل ساعات إضافية بأجور أعلى من الأجور الاعتيادية لإغراء العمال على العمل لساعات أكثر أو بدلاً من ذلك قد يستدعي الأمر تشغيل عمال ذوي كفاءة منخفضة.

هذا بالإضافة إلى زيادة الطلب على عوامل الإنتاج الأخرى مما قد يترتب عليه زيادة تكلفة الحصول عليها. ويمكن توضيح العلاقات السابقة كالتالي:

$$\text{معدل التكلفة الثابتة} = \frac{\text{التكلفة الثابتة}}{\text{حجم الإنتاج}}$$

$$\text{معدل التكلفة المتغيرة} = \frac{\text{التكلفة المتغيرة}}{\text{حجم الإنتاج}}$$

$$\text{معدل التكلفة الكلية} = \frac{\text{التكلفة الكلية}}{\text{حجم الإنتاج}}$$

أو معدل التكلفة الثابتة + معدل التكلفة المتغيرة

$$\text{ومعدل إنتاجية العمل} = \frac{\text{الإنتاج الكلي}}{\text{عدد وحدات العمل}}$$

من أجل التعرف على كيفية تحديد مستوى التشغيل للعنصر الانتاجي، فلا بد من معرفة شرط التوازن، وشرط التوازن يعني للمؤسسة عند تشغيل عوامل الانتاج وهو تساوي الايراد للعامل مع التكلفة الحدية له.

الايراد الحدي للعامل = التكلفة الحدية للعامل

فإذا كان تشغيل عامل اضافي يزيد من ايراد المنشأة أكثر من الزيادة في التكلفة الناتجة عن تشغيله، تقرر المنشأة تشغيله لأنه يزيد من ارباحها. وأما إذا كان تشغيل عامل إضافي يزيد أكثر على التكاليف أكثر من الزيادة في الإيراد، فإن المنشأة تقرر عدم استخدامه لأنه بالتالي سيقلل من أرباحها.

وذكرنا سابقا أن التكلفة الحدية للعامل هي مقدار الزيادة في التكلفة الكلية عند توظيف عامل إضافي، وتتمثل بالأجر الذي تدفعه المؤسسة للعامل الإضافي. فالتكلفة الحدية للعامل في سوق المنافسة الكاملة تساوي أجر العامل.

وأما بالنسبة لشرط التوازن، فتقوم المؤسسة بتشغيل العدد الذي تتساوى فيه قيمة الناتج الحدي للعامل مع أجره وهذا هو شرط التوازن في سوق عناصر الانتاج في ظل المنافسة الكاملة.

مثال توضيحي:

والجدول التالي يوضح الناتج الكلي وقيمة الناتج الحدي لمؤسسة تنافسية تنتج بنطلونات ويباع البنطلون بالسوق بخمسة دنانير، والمطلوب معرفة عدد العمال الذي يجب ان يستخدم بحيث تصل المؤسسة للتوازن علما بأن أجر العامل الواحد هو ٥٠ دينار.

تطبيقات عملية:

قيمة الناتج الحدي	الناتج الحدي	الناتج الكلي	وحدات العمل المستخدمة
-	-	صفر	صفر
١٥٠	٣٠	٣٠	١
١٠٠	٢٠	٥٠	٢
٩٠	١٨	٦٨	٣
٨٠	١٦	٨٤	٤
٧٠	١٤	٩٨	٥
٦٠	١٢	١١٠	٦
٥٠	١٠	١٢٠	٧
٤٥	٩	١٢٩	٨
٤٠	٨	١٣٧	٩
٢٥	٥	١٤٢	١٠

نستخلص من الجدول ما يلي:

١- نلاحظ من الجدول السابق أن المنشأة ستتمكن من تحقيق التوازن عند توظيف سبعة عمال وذلك لأنها ستحقق بذلك شرط التوازن الذي ذكرناه

سابقا وهو تساوي قيمة الناتج الحدي للعامل مع أجره. وهنا تستطيع المنشأة تحقيق أكبر ربح لها.

٢- إذا افترضنا أن أجر العامل انخفض إلى ٤٠، هنا يتغير وضع التوازن ليصبح تسعة عمال.

٣- أما إذا افترضنا أن أجر العامل ارتفع ليصبح ٨٠، سيتغير وضع التوازن ليصبح أربعة عمال.

٤- نلاحظ أنه بإزدياد أجرة العامل يقل عدد العمال الذي يجب على المؤسسة أن توظفهم، أما إذا انخفض أجر العامل فإن المؤسسة ستطلب المزيد من العمال.

٥- العلاقة العكسية بين عدد العمال وأجر العامل تمثل طلب المنشأة على عنصر العمل في المدى القصير، ويسمى المنحنى الناتج منحنى قيمة الناتج الحدي.

وأما أهم النتائج لجدول التكاليف في الأجل القصير هي كما يلي:

١- يتناقص متوسط التكاليف الثابتة باستمرار مع كل زيادة في حجم الإنتاج.

٢- يتناقص متوسط التكاليف المتغيّرة مع زيادة حجم الإنتاج حتى يصل إلى أدنى مستوى له ثم يبدأ في الإزدياد مع استمرار التوسع في الإنتاج.

٣- يتناقص متوسط التكاليف الكلية مع زيادة حجم الإنتاج حتى يصل إلى أدنى مستوى له ثم يبدأ في الإزدياد مع استمرار التوسع في الإنتاج.

٤- تتساوى التكلفة الحدية مع كل من متوسط التكلفة المتغيّرة ومتوسط التكلفة الكلّية عندما يصل الأخيران إلى أدنى مستوياتهما..

أسئلة الخطأ والصواب

أجب صح أم خطأ :

١- إن التكاليف هي النفقات التي تدفعها المؤسسة في سبيل الحصول على خدمات عوامل الإنتاج.

٢- لا تعتبر التكاليف لأي سلعة أو خدمة دالة طردية للإنتاج بل دالة عكسية.

٣- التكاليف الضمنية هي تكاليف استخدام عوامل الإنتاج المملوكة للمنشاة والتي تترتب على استخدامها صاحب المنشأة الفردية مثلاً لشخصه والتي كثيراً ما تهمل عند احتساب التكاليف.

٤- إن الكيفية التي تتغير بها تكاليف الإنتاج بتغير حجم الإنتاج تتوقف على عامل الزمن.

٥- تشمل التكاليف الكلية الثابتة كل التزامات المنشأة في وحدة من الزمن تجاه عوامل الإنتاج الثابتة التي تستخدمها المنشأة.

٦- التكاليف الكلية المتغيرة تختلف عن التكاليف الكلية الثابتة فالأخيرة ثابتة لا تتغير بتغير عدد الوحدات المنتجة أما الأولى فتتغير بتغير حجم الانتاج.

٧- يمكن الحصول على متوسط التكاليف المتغيرة بقسمة التكاليف الكلية المتغيرة على عدد الوحدات المنتجة.

٨- يمكن الحصول على معدل إنتاجية العمل بقسمة الإنتاج الكلي على عدد وحدات العمل.

أسئلة للمناقشة

السؤال الأول: ناقش مفهوم التكاليف ثم اشرح كل ما تعرفه عن التكاليف البديلة أو ما يسـمى بتكـاليف الفرصة البديلة.

السؤال الثاني: وضّح الفرق بين التكاليف الظاهرة والتكاليف الضمنية.

السؤال الثالث: اشرح تكاليف الإنتاج في ظل الزمن القصير والزمن الطويل.

السؤال الرابع: وضّح بالتفصيل مفاهيم التكاليف الثابتة:

أ- التكاليف الكلية الثابتة.

ب- التكاليف الكلية المتغيرة.

جـ- التكاليف الكلية.

السؤال الخامس: اشرح مع الرسم منحنيات متوسط التكاليف الثابتة، والمتغيرة.

السؤال السادس: ما المقصود بمعدل التكلفة مع إعطاء مثال رياضي من خلال جدول عن معدل التكاليف المتغيرة، معدل التكاليف الثابتة ومعدل التكاليف الكلية.

تمارين عملية

مثال (١)

			التكاليف الكلية المتغيرة		التكاليف الكلية الثابتة	وحدات السلع
			٢٥٠		٢٠٠	١
			٣٠٠		٢٠٠	٢
			٤١٠		٢٠٠	٣
			٥٢٠		٢٠٠	٤
			٦٣٠		٢٠٠	٥

المطلوب: احتساب ما يلي :

١- متوسط التكاليف الثابتة.

٢- متوسط التكاليف المتغيرة.

٣- متوسط التكاليف

٤- التكاليف الحدية

مثال (٢)

وضح الجدول المبين اعلاه من خلال الرسم البياني بعد احتساب المفاهيم المطلوبة في الحل.

الفصل التاسع
نظرية التوزيع

الفصل التاسع
نظرية التوزيع
Distribution Theory

٩-١ مفهوم نظرية التوزيع Concept of Distribution Theory

تعني نظرية التوزيع، في الدراسات الاقتصادية بتقصي أسباب غنى الأفراد وفقر بعض الأفراد الآخرين، وبدراسة الأسس التي تحدد بموجبها توزيع الدخل والثروة بين الناس في المجتمع الواحد.

وبعبارة أخرى فإن هذه النظرية تعني بالآلية التي يتم بموجبها تحديد الأنصبة المطلقة والنسبية التي يستحوذ عليها كل عامل من العوامل الإنتاجية نظير مساهمته، سواء كانت على شكل ممتلكات، أو كانت على شكل جهد بدني أو ذهني، في العملية الإنتاجية، وبالتالي في توليد الدخل.

فمن المنطقي أن يحصل كل من يساهم في توليد الدخل على نصيب من هذا الدخل يكون متناسباً مع طبيعة هذه المساهمة من حيث الكم والكيف.

ومن المعروف أن أنصبة عوامل الإنتاج هي الريع للأرض، والأجور والرواتب للعاملين، والفائدة لرأس المال والربح للمنظمين.

وكانت اهتمامات الاقتصاديين الكلاسيك مثل آدم سميث وريكاردو (Adam Smith & Ricardo) ثم ماركس (Marx) تتجه إلى تحديد أسباب التفاوت في توزيع الدخل القومي فيما بين الطبقات الاجتماعية الكبرى الثلاث وهي: العمال، والرأسماليون، والملاك العقاريون. وهذا يستلزم تحليل مسألتين: تتعلق الأولى بالعوامل التي تحدد الدخل الخاص بكل طبقة بالنسبة إلى الدخل الإجمالي والثانية بتتبع آثار النمو الاقتصادي على نمط توزيع الدخل فيما بين عوامل الإنتاج، كان آدم سميث وريكاردو (Adam Smith & Ricardo) يعتقد أن إعادة توزيع الدخل المصاحبة لعملية النمو ستكون في صالح طبقة ملاك الأراضي أولاً يليهم في ذلك طبقة الرأسماليين. إلا أن التصور الماركسي كان يخالف ذلك حيث اعتقد ماركس بأن عملية النمو الاقتصادي يصاحبها زيادة غنى الطبقة الرأسمالية كما أن توزيع الدخل سيسير في غير صالح الطبقة العاملة. وهكذا نجد أن اهتمامات هؤلاء الاقتصاديين انصبت على ما يسمى بالتوزيع الطبقي للدخل Class Distribution

of Income أي تحديد حجم الدخل الذي تحصل عليه كل طبقة من الطبقات سالفة الذكر.

وفي بداية القرن الحالي حول باريتو (Pareto) الاهتمام إلى ما يسمى بالتوزيع الحجمي للدخل Size Distribution of Income وهو يعني تحديد أسباب التفاوت في توزيع الدخول بين أفراد المجتمع دون الإشارة إلى انتمائهم الى طائفة معينة من أصحاب خدمات عوامل الإنتاج ولكن طبقة لانتمائهم لمستوى دخلي معين.

فالفرد يمكن أن يكتسب دخله من عدة مصادر فيمكنه اكتساب دخل أجري عن طريق بيع خدمات عمله، ويحصل على فائدة عن طريق إقراض مدخراته كما يمكن أن يحصل على ريع عقارات يمتلكها أو أرباح يقتنيها. ثم جاءت المدرسة النيوكلاسيكية على يد مارشال وكلارك Marshall and Clark ومع ظهور التحليل الحدي لإنتاجية عوامل الإنتاج تحول الأمر إلى ما يعرف بالتوزيع الوظيفي للدخل Functional Distribution of Income أي تحديد أسعار خدمات عوامل الإنتاج طبقاً لإنتاجياتها الحدية وعلى تحديد نصيب كل عامل من عوامل الإنتاج من الدخل الإجمالي نظير مساهمته في العملية الإنتاجية. وحجم الدخل الذي يحصل عليه أصحاب خدمات أي عامل من عوامل الانتاج، يعتمد على الكمية المستخدمة من خدمات هذا العامل من ناحية وعلى سعر الوحدة الحدية من ناحية أخرى. وهنا نجد أننا بصدد نظرية لتحديد أسعار خدمات عوامل الإنتاج في الأسواق الخاصة بتلك الخدمات، وهي تعتبر حالة خاصة لنظريات الثمن، ورغم أن سعر الوحدة الخدمية يتحدد في السوق التنافسي- بتفاعل قوى الطلب والعرض لخدمات هذا العنصر الإنتاجي. ويمثل الشكل رقم (٤٠) الظروف السوقية (الطلب والعرض) لخدمات أحد عوامل الإنتاج حيث تقيس كمية خدمات هذا العامل على المحور الأفقي وسعر الوحدة (وحدات نقدية) على المحور الرأسي. وتتحدد الكمية المستخدمة (ك١) سعر الوحدة منها (س١) عند نقطة تقاطع منحنى الطلب (ط١) والعرض (ع).

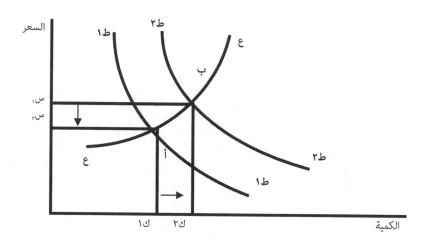

شكل رقم (٤٠)
ظروف الطلب والعرض وعوامل الإنتاج

وتمثل المساحة (وك₁ س₁) إجمالي المتحصلات النقدية (الدخل) التي يحصل عليها هـذا العامـل الإنتـاجي وإذا افترضنا أن الطلب على خدمات هذا العنصر الإنتاجي زاد ومن ثم ينتقـل منحنى الطلـب الى الوضـع (ط₂) مع افتراض ثبات الأشياء الأخرى على حالها (أسعار خدمات عوامل الإنتاج الأخرى، أسعار السلـع المنتجة، الدخل القومي.. الخ) فإن الكمية المستخدمة من خدمات هذا العامل سترتفع إلى (ك₂) والسعر إلى (س₂) وبالتالي ترتفع المتحصلات النقدية (الدخل) إلى القدر الممثل بالمساحة (وك₂ س₂) ونم ثم يرتفع النصيب النسبي الذي يحصل عليه أصحاب خدمات هذا العامل الإنتاجي مـن الـدخل الإجمالي. ومعنـى ذلك أن التقلبات في المتحصلات النقدية لأحد عوامل الإنتاج لابد أن يتبعها تقلبـات في نصيبه النسبـي مـن الدخل الإجمالي لعوامل الإنتاج.

٢٦٣

ونعود إلى تفسير نقطة أخيرة وهي اعتبار نظرية تحديد أسعار خدمات عوامل الإنتاج عن طريق تفاعل قوى الطلب والعرض لهذه الخدمات حالة خاصة من نظرية الثمن والتي تعتمد أيضا على تفاعل قوى الطلب والعرض للسلع والخدمات النهائية. ويرجع السبب الرئيسي في ذلك إلى وجود اختلافات جوهرية بينهما على كل من جانبي الطلب والعرض.

فعلى جانب الطلب، بينما يعكس طلب المستهلك على المنتج النهائي المنفعة المباشرة، المتحصل عليها من السلعة أو الخدمة المنتجة، نجد أن طلب المنتج على خدمات عوامل الإنتاج لا يعكس منفعتها المباشرة، ولكن المنفعة التي تعود عليه من الإنتاج الذي تشارك في إنتاجه خدمات تلك العوامل (يلاحظ أن هذا غير صحيح في حالة الخدمات المباشرة كالأطباء والمدرسين والحلاقين.. الخ) وبالتالي فهو طلب مشتق Derived Demand من الطلب على السلعة النهائية ويعتمد عليه. وبذلك نجد أن الطلب على السلعة النهائية يعكس منفعتها أو أهميتها الحدية، أما الطلب على خدمات عوامل الإنتاج فيعكس إنتاجيتها الحدية.

أما في جانب العرض فبينما يعكس عرض السلعة أو الخدمة النهائية تكاليف انتاجها فإن مدلول عرض خدمات عوامل الإنتاج يعكس حقائق أخرى تختلف من عامل إنتاجي لآخر تتصل بطبيعة كل منها على حدة. ففي حالة عرض العمل نواجه حقيقة استحالة الفصل بين خدمات العمل (وهي السلعة محل التبادل في سوق العمل) والعامل نفسه الذي يقدمها. وهذه الطبيعة الخاصة بسوق العمل وإدخال العنصر البشري يعطي أهمية كبرى لعوامل أخرى غير نقدية عند تحديد عرض خدمات للعمل مثل طبيعة العمل نفسه، عدد ساعات العمل ووقت الفراغ، الامتيازات المعيشية الخاصة بالوظيفة.. الخ هذا بجانب العامل النقدي وهو الأجور.

٩-٢ أنصبة أو عوائد الإنتاج Returns of Factors of Production

٩-٢-١ الأجور Wages

٩-٢-١-١ تعريف الأجر وأهميته Definition of Wages

الأجر هو: السعر الذي يدفع من أجل استخدام العمل في إنتاج سلعة ما، وبعبارة أخرى فالأجر هو ما يحصل عليه العامل مقابل خدمة العمل التي يساهم بها في العملية الإنتاجية.

والعمل هو: كل جهد بشري سواء كان عضلياً أو ذهنياً يهدف إلى إنتاج السلع وتقديم الخدمات الاقتصادية. وللآجر أهمية مزدوجة في الحياة الاقتصادية نظراً لأنه يمثل ثمناً للعمل ودخلاً للعامل في آن واحد.

ويعتبر الأجر جزءاً هاماً من تكلفة الإنتاج يتوقف عليه تحديد ثمن البيع ومعدل الربح وبالتالي تحديد مستوى الإنتاج. كما وأن ثمن البيع يميل دائماً إلى التعادل مع تكلفة الإنتاج الحدية في حالة المنافسة التامة، فإذا ارتفع الأجر ارتفعت تكلفة الإنتاج وارتفع الثمن كقاعدة عامة.

ولا شك في أن ارتفاع الأجر مع ثبات الأمور الأخرى على حالها وخاصة السعر، يؤدي إلى انخفاض معدل الربح هذا إذا لم يستطع المنتج التأثير على الطلب.

كما أن ارتفاع الأجر يؤدي إلى انخفاض معدل الربح في حالة ثبات الأسعار قليل من الطلب على السلعة مما يزيد من تكلفة الإنتاج، وهذا بدوره يؤدي إلى انخفاض مستوى الإنتاج. ولكن من المعروف انه بزيادة الأجور للعاملين بإعطائهم الحوافز المادية والمعنوية تزيد الإنتاجية وهذا يتوقف على موقف المنتج من العاملين عنده وبالتالي يساعد على تنشيط الاستثمار وزيادة الإنتاج.

٩-٢-١-٢ تصنيف الأجور: Classification of Wages

تصنف الأجور عادة إلى:

١- الأجر الزمني: وهو الأجر الذي يدفع على أساس الفترة الزمنية التي يقضيها عنصر العمل في الإنتاج. وقد يدفع الأجر عن الساعة أو عن اليوم أو عن الأسبوع أو الشهر أو السنة.

٢- أجر القطعة: وهو الأجر الذي يدفع على أساس وحدة الإنتاج، كأن يدفع للعامل أجر محدد عن كل متر من القماش يقوم بإنتاجه.

٣- الأجر المقطوع: وهو الأجر الذي يدفع للشخص لقاء القيام بعمل معين، كأن يعطي الفلاح أجراً مقطوعاً لقاء قيامه بحراثة مساحة محددة من الأرض.

٩-٢-١-٢ النظريات المختلفة لتفسير مستويات الأجور Theories of Wages

هناك العديد من النظريات التي سعت لتفسير مستويات الأجور ويمكن إيجازها هذه النظريات فيما يلي:

١- نظرية حد الكفاف.

٢- نظرية مخصص الأجور أو رصيد الأجور.

٣- نظرية البقية الباقية.

٤- نظرية الإنتاجية الحدية.

٥- نظرية الطلب والعرض.

١- نظرية حد الكفاف:

بدأ ظهور هذه النظرية في القرن الثامن عشر، فقد نشأت هذه النظرية في الفكر الفيزوقراطي الفرنسي. وقد سماها الألماني لاسال (Lasal) "القانون الحديدي للأجور" وقد جعلها كارل ماركس (Karl Marx) أساس نظريته في الاستغلال ونمت وترعرعت على يد آدم سميث (Adam Smith) .

وجوهر هذه النظرية هو أن الأجر يجري تحديده على أساس ما يحتاجه العامل لإشباع متطلباته الضرورية هو وأفراد أسرته من مأكل وملبس ومسكن بحيث يعيش عند حد الكفاف. فأي زيادة في الأجر عن هذا الحد سوف تدفع العمال لزيادة عددهم عن طريق زيادة حجم الأسرة، وهذا بدوره يؤدي إلى زيادة عرض العمال من ثم إلى زيادة المنافسة بين العمال للحصول على الوظائف والأعمال المتاحة مما يؤدي إلى انخفاض في مستوى أجور العاملين.

أما إذا انخفض مستوى أجر العامل عن مستوى حد الكفاف ساءت الأوضاع الاجتماعية والصحية بين العمال، مما يؤدي إلى زيادة معدل الوفيات بين الأطفال وانخفاض معدل التناسب وبالتالي ينخفض عرض العمل فترتفع الأجور تدريجياً إلى أن تعود مرة أخرى إلى مستوى حد الكفاف.

وقد ساعات الظروف التي سادت إنجلترا وفرنسا وقت ظهور هذه النظرية على رواجها إلا أنه وبمرور الوقت ظهر ما اثبت خطر هذه النظرية، حيث شهد القرن التاسع عشر زيادات ملحوظة في أجور العاملين رغم زيادة عدد السكان.

أما أهم الانتقادات التي وجهت لهذه النظرية فهي:

أولاً: عجزها عن تفسير التفاوت في الأجور وفقاً لكفاءة ومهارة العاملين.

ثانياً: تركيزها على جانب العرض، وإهمالها جانب الطلب على العمل كمحدد أساسي لمستوى أجور العاملين.

٢- نظرية مخصص الأجور أو رصيد الأجور:

وهي نظرية مكملة لنظرية حد الكفاف وليست بديلاً عنها، وقد ظهرت هذه النظرية في القرن التاسع عشر، وهي تنسب لجون ستيورات ميل (John Stuart Mill) وتتلخص هذه النظرية في أن مستوى الأجور يتحدد وفقاً لأمرين اثنين هما:

١- حجم مخصص الأجور.

٢- عدد العمال الذين يسعون للعمل.

وقد نظر إلى حجم مخصص الأجور من رأس المال في أية لحظة على أنه كم ثابت ومن ثم فإن متوسط الأجر يمكن الحصول عليه عن طريق قسمة رأس المال على حجم قوة العمل. فمستوى الأجر يتحدد بناء على هذه العلاقة السابقة واي محاولة لزيادة مستوى الأجر هي محاولة فاشلة لأن أي زيادة في أجور فئة من العمال سوف يصحبها في نفس الوقت نقص مماثل في أجور فئة أخرى من العمل، وان مكمن الضعف في هذه النظرية واضح فهي تفترض ثبات مخصص الأجور. ويؤخذ على هذه النظرية كسابقتها أنها لا تبين أسباب اختلاف الأجور من صناعة لأخرى وأنها لا تربط بين الأجر وحجم الإنتاج أو بين الأجر والكفاءة الإنتاجية للعامل، بينما الواقع يقول أن الأجور تزداد بزيادة الإنتاجية وبزيادة الأنتاج.

٣- نظرية البقية الباقية:

صاحب هذه النظرية هو الاقتصادي الأمريكي وولكر (Walker) الذي يرى أن الأجور عبارة عما يفيض بعد دفع عوائد سائر عناصر الإنتاج. فهو يعتقد أن الريع والربح والفائدة تتحدد بقوانين أما الأجر فلا توجد ثمة قوانين مشابهة يحدد بموجبها.

وهذه النظرية ترى أنه لابد من زيادة الأجور من أجل تحسين إنتاجية العمل. فكلما زادت الأجور ارتفعت إنتاجية العمال.

أما النقد الموجه لهذه النظرية فإنه يؤخذ عليها إهمالها لتأثير قوانين العرض والطلب على مستوى أجور العاملين.

٤- نظرية الإنتاجية الحدية:

وتقوم هذه النظرية على أساس ربط سعر العمل بقيمة ما يقوم العامل بإنتاجه فأجر العامل يتساوى مع قيمة إنتاجيته الحدية في سوق المنافسة التامة، وتفاوت الإنتاجية الحدية للعمل بين الصناعات المختلفة يؤدي إلى اختلاف الأجور بين هذه الصناعات وبالتالي إلى انتقال العمال من الصناعات ذات الإنتاجية المتدنية إلى الصناعات ذات القيمة الإنتاجية الحدية المرتفعة.

وتفترض هذه النظرية سيادة المنافسة التامة في السوق كما أن العامل سوف يحصل على أجر يعادل قيمة الناتج الحدي الذي يحققه في عملية الإنتاج.

وهي تفترض أيضاً توفر الحرية والمرونة في الدخول والخروج من صناعة لأخرى مع افتراض ثبات أسعار عناصر الإنتاج الأخرى.

إن الكفاءة الإنتاجية تتأثر بالأجور فالأجر المنخفض يؤدي إلى إنتاجية ضعيفة بالإضافة إلى انخفاض مستوى المعيشة وتدني الحالة الصحية للعامل.

وأهم الانتقادات التي وجهت إلى هذه النظرية أنها تركز أساساً على جانب الطلب، مهملة جانب العرض، كما أنها لا تستطيع أن تستوعب الحالات التي تسود سوق العمل ومنها نظام المساومة الجماعية من جانب العمال (نقابات العمال) والتي يمكن لها أن تؤثر في أجر العمل إلى حد كبير.

٥- نظرية العرض والطلب:

ويتحدد الأجر بموجب هذه النظرية نتيجة تفاعل قوى العرض والطلب معا. فالطلب على العمل هو طلب مشتق من الطلب على السلع التي تساهم في إنتاجها. وكلما ازداد طلب المستهلكين على السلع ازداد الطلب على عنصر العمل والعكس بالعكس. وحتى تستطيع الصناعة استقطاب عنصر العمل لابد لها من رفع مستوى الأجور لتحفيز العمال على الانتقال إلى الصناعة المعنية بدلاً من البقاء في الصناعات الأخرى.

ويتأثر زيادة عرض العمالة أو نقصانها بالنسبة للصناعة أو للاقتصاد كله بعدد من الأمور أهمها:

١- البنية العمرية للسكان.

٢- توزيع السكان حسب الجنس (ذكور وإناث)

٣- مستوى الخدمات الصحية والطبية.

٤- توزيع الأسر حسب الحجم والدخل، والرغبة في العمل الموجودة لدى فئات القوة البشرية التي تقع خارج قوة العمل مثل رغبة النساء في العمل وغير ذلك.

فالعوامل التي تحدد عرض العمل يمكن إيجازها بما يلي:

١- حجم السكان العاملين.

٢- عدد سنوات العمل.

٣- الاختيار بين العمل لتحقيق الدخل او التمتع بأوقات الفراغ.

وسوف نحاول فيما يلي أن نوضح باختصار كل عامل من هذه العوامل:

أولاً: حجم السكان العاملين:

يدخل في هذا النطاق حجم السكان القادرين على العمل والراغبين فيه. ويتوقف حجم السكان في أي وقت على:

أ- العوامل الاقتصادية

في ظل الانفتاح أو الانتعاش الاقتصادي يزداد الطلب على القوى العاملة في المشاريع المختلفة أما في حالة الظروف الاقتصادية الأخرى كالركود أو الكساد الاقتصادي تظهر مشكلة البطالة بسبب قلة الطلب على السلع وقلة الدخل بالنسبة للمؤسسات يؤدي إلى إنهاء خدمات العديد من القوى العاملة.

ب- العادات والتقاليد الاجتماعية

في بعض الدول تلعب العادات والتقاليد دوراً في عدم السماح للمرأة في العمل إلا في بعض مجالات العمل أو عدم السماح لها في العمل مما يؤثر على حجم القوى العاملة وخاصة إذا كانت نسبة الإناث أعلى من نسبة الذكور في البنية العمرية للسكان.

جـ- المعتقدات الدينية

الوازع الديني يلعب دوراً في السماح أو عدم السماح لعمل المرأة والاختلاط مع الرجال مما يؤدي إلى انخفاض نسبة العمالة للمرأة وزيادة نسبة العمالة للرجال.

د- سن الزواج

معروف إذا كان سن الزواج مبكراً سوف يؤدي إلى زيادة في الإنجاب مما سوف يزيد في حجم القوى العاملة في المستقبل، أما إذا كان سن الزواج متأخراً فسوف يؤثر على عرض حجم القوى العاملة.

ثانياً: عدد سنوات العمل:

يتوقف طول فترة العمل على:

أ- القوانين التي تحدد سن العمل

لابد من تحديد سن العمل للذكور والإناث في أي دولة من الدول من أجل إتاحة الفرصة للآخرين.

ب- مستوى المعيشة

في حالة الانتعاش الاقتصادي تزيد الحاجة للأيدي العاملة بعكس في حالة الركود الاقتصادي. أما في حالة تدني مستوى المعيشة مما سوف يؤدي إلى تدني الحالة الصحية مما سوف يؤثر على نقصان عرض العمالة في السوق.

ثالثاً: الاختيار بين الدخل والفراغ:

فالعامل يعمل أولاً وقبل كل شيء للحصول على دخل معين وكل ساعة يعملها تعني فقدان ساعة من أوقات الفراغ. ولتحديد عدد الساعات التي يعملها الفرد في اليوم، فإنه يوازن بين الدخل والفراغ.

٩-٢-١-٤ دور نقابات العمال في التأثير على مستوى الأجور:

ينتظم العمال في كثير من الصناعات في تنظيمات نقابية، الغرض منها المطالبة برفع الأجور وتخفيض ساعات العمل وتحسين ظروف العمل. وتوظف النقابات لديها مفاوضين مهرة، مهمتهم الدفاع عن قضية العمال وعرضها عرضاً موضوعياً مقنعاً.

وقد نجحت نقابات العمال نتيجة لذلك، في رفع أجور عمالها، خلافاً لكل نظريات الأجور السابقة التي تؤكد بأن مستوى الأجر يتحدد أما بمستوى الكفاف أو بالإنتاجية، أو بالعرض والطلب. وأدت قوة نقابات العمال إلى تحديد التأثير في مستويات الأجر بالشكل الذي يؤمن للعامل حياة كريمة ومستوى لائقاً من المعيشة.

أن وجود التنظيمات العمالية يستهدف حماية العمال من استغلال أرباب العمل من أجل تحسين أوضاعهم وزيادة أجورهم والحفاظ على حقوق العمال.

٩-٢-١-٥ أسباب تفاوت الأجور بين الحرف المختلفة:

السؤال: ما هي الأسباب التي تجعل دخل الطبيب أو المهندس يزيد كثيراً عن دخل عامل البناء أو عامل النظافة.

نجد أن الإجابة على هذا السؤال تكمن في اختلاف ظروف الطلب وظروف العرض من حرفة إلى أخرى. فكلما زادت شدة حاجة المجتمع إلى خدمات فريق من العمال دون آخر وكلما قلت الكميات المعروضة من تلك الخدمات بسبب فترة التعليم أو التدريب، والتكاليف اللازمة لها كلما زادت أجور هذه الطائفة، والعكس في حالة حاجة المجتمع الى خدمات هذه الطائفة وزيادة الكمية المعروضة من خدماتها.

٩-٢-٢ الفائدة   Rate of Interest

٩-٢-٢-١ تعريف الفائدة وسعر الفائدة:

تعرف الفائدة على أنها المبلغ المستحق على مبلغ معين اقترض لفترة زمنية (هي سنة عادة) وأما سعر الفائدة فهي النسبة المئوية لمقدار الفائدة منسوباً إلى المبلغ الأصلي كأساس.

مثال: فإذا كان مبلغ القرض (١٠٠) دينار أردني وفي نهاية العام الأول أصبح ١٠٣ دينار بإضافة الفائدة فإن سعر الفائدة يكون معادلاً ٣% .

٩-٢-٢-٢ اصل الفائدة:

يتفاوت الأفراد والجماعات في قدراتهم على جمع الثروة وعلى توفير النقود السائلة لإشباع حاجاتهم، ومن ثم فان من يعاني من نقص في السيولة قد يسعى للاقتراض، ويكون مستعداً لدفع فائدة على المبلغ المقترض كثمن لمعالجة حالة الأسعار التي يعاني منها وبالتالي لإشباع حاجاته المبلغ المقترض.

ويمكن تصنيف المقترضين، من دافعي الفوائد إلى ثلاث فئات:

١- الأفراد الذين يريدون شراء سلع استهلاكية قبل أن يقوموا بتدبير الثروة ولذلك فانهم يكونون مستعدين لدفع فائدة في مقابل الإنفاق قبل الحصول على الدخل.

٢- الحكومة: تفترض الحكومة أحياناً لأسباب مختلفة وهي لذلك تكون راغبة في دفع فائدة للحصول على هذه الأموال.

٣- المؤسسات التجارية ترغب بالاقتراض للقيام بالإنتاج.

٩-٢-٢-٣ أسباب التفاوت في أسعار الفائدة:

تختلف أسعار الفائدة التي تطلبها البنوك حسب اختلاف أغراض الاقتراض، ومن أهم أسباب الفروق في اسعار الفائدة ما يلي:

١- يعتبر اختلاف درجات المخاطرة عاملاً مهماً في سياسة الاقراض والاختلاف في سعر الفائدة، فكلما زاد احتمال عدم إمكانية المقترض في دفع مبلغ القرض كلما زاد طلب المقرض على سعر فائدة أعلى والعكس صحيح.

٢- تؤثر مدة القرض في سعر الفائدة أيضا فتكون أسعار الفائدة للقروض الطويلة الأجل أعلى من أسعار الفائدة القصيرة أو المتوسطة الأجل لأن الإقراض للأجل الطويل معناه حرمان المقرض من فرص استثمار أمواله طويلة من الزمن.

٣- كذلك يؤثر مقدار الإقراض في سعر الفائدة فإذا افترضنا تساوي عاملي الزمن والمخاطرة بالنسبة لقرضين فان سعر الفائدة ستكون أعلى بالنسبة للقرض الصغير من سعر الفائدة على القرض الكبير وذلك لأن التكاليف الادارية تكاد تكون واحد بغض النظر عن اختلاف مقدار القرض.

٤- الاختلاف في تركيب الأسواق من حيث درجة المنافسة المقرضة فإذا كان هناك بنك واحد فقط في مدينة فمعنى هذا ان تمركز القوة الاحتكارية للسوق النقدي

سيمكن هذا البنك من فرض سعر فائدة أعلى مما تقرضه بعض البنوك في مدن أخرى.

كذلك تختلف أسعار الفائدة بالنسبة إلى الأفراد والمؤسسات الصناعية، وكذلك فيما بين المؤسسات نفسها من حيث ضخامة المؤسسة وقابليتها المالية بحيث تتمكن مثل هذه المؤسسات من الحصول على القروض بأسعار فائدة اقل مما تحصل عليه المؤسسات الصغيرة.

٩-٢-٢-٤ نظريات الفائدة

وقد حاول الاقتصاديون شرح مفهوم الفائدة فنشأت عن ذلك عدة نظريات أهمها:

١- النظرية الإنتاجية:

إن رأس المال كأي عنصر من عناصر الإنتاج يساهم في خلق الإنتاج، والفائدة وفقاً لهذه النظرية تعرف على أنها: السعر الذي يجب دفعه لقاء استخدام رأس المال في الإنتاج، ويؤخـذ عـلى هـذه النظريـة صعوبة تحديد الزيادة في الإنتاج التي تنشأ عـن استعمال رأس المـال وأخـذها أي جانب في تفسير نشوء الفائدة.

٢- نظرية التضحية والحرمان:

يعتبر سينيور (Senior) أول من قدم نظرية تقوم على تفسير سعر الفائدة عـلى أسـاس العـرض والطلب في القرن التاسع عشر. وقد قال بأن العرض من رأس المال يتوقف على امتناع الأفراد عن الاستهلاك الحاضر حتى يمكن تخصيص جزء من مـوارد الإنتاج للسـلع الرأسـمالية، أمـا الطلب على رأس المـال فهو يتوقف بطبعة الحال على إنتاجيته.

وعندما يقرض شخص ما ماله إلى شخص آخر فهو يضحي ويحرم نفسه من المزايا التي كان يمكنه الحصول عليها من استعمال المال نفسه، فالفائدة هـي السعر الـذي يجب دفعه لتعويض النـاس عـن الحرمان والتضحية اللذين يصيبانهم من جراء الامتناع عن الاستهلاك الحالي لإتاحة الموارد غير المستهلكة للمقترضين.

٣- نظرية التفضيل الزمني:

إن أغلب النـاس يفضلون إشباع رغباتهم الحاضرة عـلى ان يحصلوا عـلى اشباعات أكبر في المستقبل. ويختلف في ذلك وفقاً لما هو متاح لهم من اشباعات فالفائدة وفقاً لهذه النظريـة هـي السعر الذي يدفعه المقترض للحصول على الإشباع الحالي بدلاً من الإشباع في المستقبل.

٩-٢-٢-٥ تحديد سعر الفائدة:

يتحدد سعر الفائدة في سوق المنافسة التامة لرأس المال النقدي عند ذلك المستوى الذي يتساوى عنده الطلب الكلي للأرصدة المتاحة للأقراض مع العرض الكلي للأرصدة، والشكل البياني التالي يوضح تحديد سعر الفائدة. فإذا كان سعر الفائدة أعلى من (و هـ) فإن معنى ذلك أن الكميات المعروضة من الأرصدة المتاحة للإقراض أعلى من الكميات المطلوبة وبالتالي سوف يقوم عارض الأرصدة النقدية بتخفيض سعر الفائدة حتى تتساوى الكميات المطلوبة مع الكميات المعروضة.

أما إذا كان سعر الفائدة أقل من (و هـ) فإن معنى ذلك أن الكميات المطلوبة من الأرصدة النقدية المتاحة للإقراض أعلى من الكميات المعروضة من الأرصدة النقدية المتاحة للإقراض مما يدفع سعر الفائدة إلى الارتفاع حتى يصل إلى المستوى (و هـ) ويتضح ذلك من خلال الشكل رقم (٤١)

شكل رقم (٤١)
تحديد سعر الفائدة

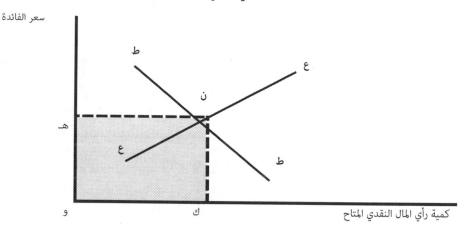

٩-٢-٢-٦ دور الدولة في تحديد سعر الفائدة:

إن أسعار الفائدة المتعامل بها تتحدد من قبل الأجهزة المصرفية في الدولة ضمن حدود معينة حسب طبيعة النظام المصرفي القائم في الدولة وعن طريق زيادة أو تخفيض سعر الحسم وإعادة الحسم، ويؤثر البنك المركزي في كمية العرض وفي سعر الفائدة السائدة في السوق. كما أن السياسات المالية والضريبة المختلفة تؤثر في الطلب على النقود. وتتدخل الدولة في تحديد سعر الفائدة عن طريق البنك المركزي (السلطة النقدية العليا) لأن ذلك يعطيها إدارة اقتصادية فعالة لتطوير الاقتصاد وتوجيه الاستثمارات وزيادة فرص العمالة ومحاربة التضخم ومواجهة الأزمات الاقتصادية.

٩-٢-٣ الريع Rent

٩-٢-٣-١ تعريف الريع: Definition of Rent

الريع هو بدلات الإيجار النقدية أو العينية التي يدفعها المستأجر للمالك لقاء سماح المالك للمستأجر باستغلال أرضه وما يتوفر عليها وفيها من قوى طبيعة كامنة أو ظاهرة. والريع بالمعنى العادي يمثل المدفوعات التي يتلقاها أصحابها نظير تأجيرها للغير كإيجار المنزل مثلاً أي أن إيجار المنزل يمثل ريع الأرض.

٩-٢-٣-٢ نظرية ريكاردو في الريع:

يعتبر ديفيد ريكاردو (David Ricardo) أو باحث اقتصادي قام بتحليل طبيعة الريع وقد عرف ريكاردو (Ricardo) الريع بالأجر الذي يدفع للمالك مقابل استعمال الأرض. فقد ارجع ريكاردو (Ricardo) الريع الى التفاوت في خصوبة الأراضي، فتقدم المجتمع وتزايد عدد أفراده يؤدي إلى زيادة الطلب على المواد الغذائية مما يضطر المجتمع إلى زراعة أراضي أقل خصوبة مما يرفع تكلفة إنتاج المواد الغذائية وبالتالي ينشأ الريع التفاوتي أو ريع الخصوبة فالريع ينشأ إذن من اختلاف خصوبة الأرض بما يتبعه من ارتفاع تكلفة الإنتاج. فقد لاحظ ريكاردو (Ricardo) أن الحروب النابليونية وتزايد السكان أدتا إلى زيادة الطلب على المواد الغذائية وارتفاع أسعارها بالتالي ارتفاعاً كبيراً وترتب على ارتفاع الأسعار ارتفاع الريع الذي يتقاضاه الملاك وبدأت الأنظار كلها تتجه إلى ملاك الأراضي على أنهم يجنون أرباحا ضخمة على حساب الأضرار التي تحيق بالشعب.

وقد ذهب ريكاردو (Ricardo) إلى أن السبب الوحيد الذي من أجله ينشأ الريع هو اختلاف الأرض من حيث الخصوبة والموقع لأن الأراضي التي يمتلكها المجتمع ليست على درجة واحدة من الخصوبة، فهناك أراض خصبة جداً وأراض متوسطة الخصوبة وأراض أقل خصوبة.

أن إنتاجية الأرض متفاوتة، وكما تختلف الأراضي من حيث الخصوبة فإنها تختلف أيضاً من حيث قربها من السوق. وفي هذه الحالة تتساوى الإيرادات الكلية وتختلف التكاليف الكلية. ويؤدي الفرق بين الإيراد الكلي والتكاليف الكلية إلى وجود فائض. فالريع أذن هو الفائض فوق التكاليف الضرورية لإنتاج المحصول.

٩-٢-٣-٣ الاختلافات في الإنتاجية والريع الاقتصادي:

إن الاختلافات في الإنتاجية بين أرض معينة وأخرى سيؤدي بطبيعة الحال إلى تباين وتعزى اختلافات الإنتاجية بين الأراضي إلى عوامل عديدة أهمها:

١- الاختلاف في خصوبة التربة.

٢- الظروف المناخية فيما يتعلق بسقوط الأمطار ودرجات الحرارة.

٣- الاختلاف في الموقع، أي مدى قربها من السوق أو موانئ التصدير.

وقد استخدمت نظرية الريع في التحليل الاقتصادي كأساس لتصنيف الأراضي على أساس حدي إلى:

١- أراض فوق حدية Super Marginal

وهي الأراضي الخصبة أو القريبة من السوق، وهي الأراضي التي تعطي ريعاً.

٢- أراض حدية Marginal land

وهي آخر نوع من الأراضي التي يجري استغلاله، وتكاد تكون عائدات الإنتاج في الأراضي الحديثة كافياً لتغطية تكاليف الإنتاج وبالتالي فإن الأراضي الحدية لا تعطي ريعاً.

٣- أراض تحت حدية: Sub-Marginal land

وهي الأراضي الغير مستغلة، في لحظة ما لأن استغلالها في تلك اللحظة سيؤدي إلى خسارة المنتج.

غير أن هذا التصنيف ليس تصنيفاً ستاتيكياً جامداً، إذ أن تزايد السكان، وتحسن دخولهم وبالتالي زيادة القوة الشرائية لديهم بكل ما يعنيه ذلك من زيادة الطلب وارتفاع الأسعار سوف يغري منتجين جدداً للدخول في ميدان الإنتاج في الأراضي الأقل خصوبة والأكثر بعداً عن السوق مما يجعل الأراضي التي كانت تصنف كأراض حدية لأن تصبح أراض فوق حدية، والأراضي التي كانت تعتبر تحت الحدية تصبح أراضي حدية.. وهكذا.

٩-٢-٣-٤ النقد الموجه إلى نظرية ريكاردو (Ricardo) في الريع:

تقر نظرية ريكاردو (Ricardo) في الريع حقيقة واقعة هي أن الأراضي الأكثر خصوبة تعطي ريعاً أكبر من الأراضي الأقل خصوبة. وهذا أمر بديهي لا سبيل الى توجيه انتقاد إليه. غير أن الانتقاد ينصب على:

أولاً: وصف ريكاردو (Ricardo) لقوى الأرض بأنها قوى أصلية لا تهلك، وهذا وصف غير دقيق حيث أنه من الممكن بسهولة أن نتصور أن يؤدي الإهمال في صيانة الأرض إلى تدمير قدرتها على الإنتاج، كما أن الاكتشافات العلمية ساعدت إلى حد كبير في زيادة القدرة الإنتاجية.

ثانياً: أن الريع التفاوتي التفاضلي لا يقتصر فقط على الأرض وإنما يمتد إلى عوامل الإنتاج الأخرى التي توجد فيما بين وحداتها المختلفة فروق طبيعية في الكفاية الإنتاجية كعنصر العمل مثلاً ويضرب على هذا النوع من الريع ما يسمى بريع المقدرة أي الريع الذي يحصل على الأرض الأكثر خصوبة بالمقارنة مع الأرض الأقل خصوبة.

ثالثاً: أن وجود الفروق بين خصوبة الأراضي الزراعية ليست كافية في حد ذاتها لكي تحصل الأراضي المختلفة على الريع، فإذا ما توافرت الأراضي وأصبحت غير نادرة فإنها لا يمكن أن تحصل على ريع مهما كانت درجة خصوبتها. إذن فليس مجرد اختلاف الخصوبة هو السبب في نشأة الريع إنما الندرة هي في الحقيقة السبب الأول في الحصول على الريع.

٩-٢-٤ الربح: Profit

٩-٢-٤-١ تعريف الربح Definition of Profit

يعرف الربح بأنه عائد (التنظيم) باعتبار التنظيم عاملاً إنتاجيا. والربح عبارة عن الفرق بين تكاليف الإنتاج بما في ذلك تكلفة الأجور والمواد الخام والإيجار وفائدة رأس المال واستهلاك (الأصول) وبين ثمن البيع. وهذه التكاليف قد تكون حقيقية مدفوعة وقد تكون حقيقية مدفوعة وقد تكون ضمنية. أن الفائض المتبقي بعد حساب هذه النفقات يمكن النظر إليه على أنه الربح الصافي أو الربح الاقتصادي الصافي.

والسؤال هنا من هو المنظم؟ ما هي الوظائف التي يقوم بها والتي يستحق في مقابلها الربح، هل هو مدير المشروع؟ أم صاحب رأس المال؟ أم هو شخص يختلف عن هؤلاء جميعاً. وللإجابة على هذا السؤال يذكر أن المنظم عبارة عن الشخص أو الهيئة التي تقوم بالتوفيق بين العناصر المستخدمة في العملية الإنتاجية

فقد أشار ستونير وهيكيو (Steiner & Hague) إلى أن المنظم هو الشخص الـذي يقـوم باتخـاذ القـرارات طبيعية عامة بالنسبة لسياسة المشروع في الإنتاج، وهدفه هو تحقيق أقصى ربح ممكـن في حالـة المشروع (الخاص) وقد تكون له أهداف أخرى في حالة المشروع العام.

أما جوزيف شمبيوتر (J. Schumpeter) فقد أشـار إلى أن المنظم هـو المبتكر (Innovator) وأن الربح يعتبر نتيجة لذلك، عائداً للابتكار. وان المبتكر هو الوحيد الذي يستحق الربح بل هو يخلق الظروف لنشأة الربح. والمنظم هنا هو الشخص الذي يأخذ على عاتقه تحمل المخاطر والابتكار قد يكون في مجـال الإنتاج كالتعرف على فنون إنتاجية جديدة كما قد يكون في إطار السوق أي بكشف أسواق جديدة.

وهكذا نرى أن المبتكر هو المنظم كما يعتبر الربح عائد التنظيم.

٩-٢-٤-٢ الربح ونظرية عدم التأكد:

لقد قدم فرانك نايت (Frank Night) في كتابه المخاطرة وعدم التأكد والربح الصادر عـام ١٩٢١ نظرية جديدة في تفسير الربح مؤداها أن عدم التأكد هـو المصدر الوحيد للربح، وان المنظم هـو ذلـك الشخص الذي يتحمل المخاطر المترتبة على عدم التأكد. والربح طبقا لهذه النظرية يمكن تعريفـه عـلى انـه الفرق بين الإيرادات المتوقعة والإيرادات المتحققة في فترة زمنية محددة.

وقد حاول فرانك (Frank Night) ومن تبنوا هذه النظرية التفرقة بين المخاطر وبين عدم التأكد أو بين المخاطر العادية وبين المخاطر المصاحبة لعدم التأكد. فبعض المخاطر يمكن التنبؤ بهـا وبالتـالي يمكـن التأمين على السرقة والتلف والحريق ما الى ذلك. وهي مخاطر تقوم شركات التأمين بالتأمين عليها.

أما عدم التأكد والمخاطر المصاحبة له فهي تتعلق بتلـك المخاطر التـي لا يمكـن التأكـد منهـا أو التنبؤ بها كالزلازل والبراكين والفيضانات.

وينشأ الربح نتيجة عدم التأكد بهذه الظروف والشخص الـذي يتحمـل نتيجـة عـدم التأكـد هـو المنظم يعتبر الربح عائداً أو دخلاً له.

يلعب الربح دوراً أساسياً في كل من النظامين الرأسمالي والاشتراكي مع وجود فارق بين الاستخدامين. ففي الاقتصاد الرأسمالي يلعب الربح دوراً مادياً وهاماً فالربح يعتبر هو المحرك الأول والمحفز على الإنتاج والاستثمار وهو الذي يدفع رجال الأعمال لتوسيع أعمالهم وتحسين منتجاتهم ومتابعة اختراعاتهم من أجل

تطوير الاقتصاد وزيادة الإنتاجية كما أنه يستخدم لتوزيع الموارد الاقتصادية المتاحة للاستثمار على مختلف المشاريع والفعاليات الإنتاجية.

أما في الاقتصاد الاشتراكي فإن الربح وفقاً للمفاهيم التي جاء بها ليبرمان (Liberman) وزملاؤه من الاقتصاديين السوفيت الذين تجرأوا في عهد خوربتشوف على المطالبة بأخذ آلية السوق بعين الاعتبار بالتخطيط للاقتصاد الاشتراك يستخدم كأداة لتقييم المشاريع وقياس درجة كفاءتها الاقتصادية، كما يستخدم كحافز للإنتاج حيث يوزع وفقاً لقواعد معينة على العمال والعاملين المبرزين مما يشجع على تطوير الإنتاج وتحسينه فالربح إذن أداة مكافأة وتشجيع لمختلف العاملين في المشروع.

أسئلة الخطأ والصواب

أجب صح أم خطأ :

١- تهتم نظرية التوزيع بتحديد الأنصبة المطلقة والنسبية التي يحصل عليها كل عامل مـن عوامـل الإنتـاج نظير مساهمته بخدماته في العملية الإنتاجية.

٢- أن ارتفاع الأجر مع ثبات سعر السلعة يؤدي إلى ارتفاع معدل الربح بالنسبة للمنتج.

٣- ظهرت نظرية حد الكفاف في القرن السادس عشر.

٤- أن زيادة أجور العمال يؤدي إلى تحسين مستوى انتاجيتهم أي زيادة الجهد المبذول من قبلهم.

٥- يعتبر سينيور (Senior) أول من قدم نظرية تقوم على تفسير سلعة الفائدة على أساس العرض والطلـب في القرن التاسع عشر.

٦- يعتبر ديفيد ريكاردو (David Ricardo) أول باحث اقتصادي انكليزي قام بتحليل طبيعة الريع.

٧- وصفت الأرض بأنها قوة طبيعية غير قابلة للنفاذ أصلية لا تهلك.

٨- الربح هو الفرق بين الايرادات والمصروفات.

٩- يختلف الربح تبعاً للنظام الاقتصادي والسياسي.

أسئلة للمناقشة

السؤال الأول: عرف الاجر ثم اشرح النظريات المختلفة لتفسير مستويات الأجور.

السؤال الثاني: وضح مفهوم مبلغ وسعر الفائدة مع الأمثلة ثم اشرح اسباب التفاوت في اسعار الفائدة.

السؤال الثالث: اشرح نظريات الفائدة

السؤال الرابع: ما المقصود بالريع ثم وضع نظرية ريكاردو في الريع واهم الانتقادات التي وجهت الى نظرية ريكاردو في الريع

السؤال الخامس: اشرح كل ما تعرفه عن الربح.

الفصل العاشر
نظرية الأسواق

الفصل العاشر
نظرية الأسواق
Theory of Markets

Concept of Market   **١-١٠ مفهوم السوق:**

ليس السوق بالضرورة، كما يظن عامة الناس، مكاناً محدداً شارعاً معيناً أو مجموعة من المتاجر، وإنما هو ترتيب أو تنظيم يتفاعل، في اطاره، الباعة والمشترين، فيقررون من خلال هذا التفاعل مستوى أسعار وكميات السلع والموارد والخدمات التي يجري تداولها بيعاً وشراءاً من خلال السوق.

صحيح أن أسواق بعض السلع، مثل الخضار والفواكه والماشية يمكن أن تقوم في بقعة مكانية محددة، وقد كانت غالبية الأسواق فيما مضى كذلك، غير أن الثورة العلمية والتكنولوجية وما أفرزته من وسائط نقل وتواصل وسعت من نطاق السوق بحيث أصبحت أسواق العديد من السلع والخدمات أسواقاً عالمية بحق، فحيثما كان طرفا السوق (البائع والمشتري) على اتصال وثيق فيما بينهما وسواء كان هذا الاتصال اتصالاً مباشراً، أي وجهاً لوجه، أو غير مباشر اي من خلال التلكس أو الهاتف أو الفاكس أو عبر شبكة الإنترنت.. يكون السوق، وتكون إمكانية عقد الصفقات في كافة المجالات.

ان السوق يعتبر نظاما أو هيكلا يسهل عمليات التبادل بين مختلف الوحدات الاقتصادية وينسق بين اختيارات المستهلكين (المشترين) والبائعين (المنتجين) ويوجه تصرفاتهم.

قديما كان السوق يعتبر مكان جغرافي معيّن يلتقي فيه البائعون والمشترون لتبادل السلع والخدمات واما حديثا فهو إطار تلتقي فيه قرارات البائعين والمشترين لتبادل السلع والخدمات. وهناك أركان للسوق هي:

أ-   المشترون.

ب- البائعون

ج- السلعة.

د- سعر السلعة.

إن طبيعة السلعة ومواصفاتها ونوعية الراغبين في اقتنائها تقرر إلى حد بعيد نطاق سوقها، ومن زاوية الرؤية هذه نستطيع ان نميز بين ثلاثة أنواع من الأسواق هي:

١-الأسواق المحلية:

إن نطاق السوق أن جميع البائعين والمشترين متواجدون في محل معيّن: قرية أو مدينة او بلد.

وهي الأسواق التي تتعامل بأنواع معينة من السلع التي تكون أما:

أ- سلعاً سريعة العطب لا تحتمل الشحن إلى أماكن تبعد كثيراً عن أماكن الإنتاج، مثل بعض المحاصيل الزراعية الحساسة كالخضار والفواكه وبعض منتجات الماشية كالزبدة والبيض والحليب واللحوم، مع أن تطور تكنولوجيا الحفظ وتحسين وسائط النقل مكن بعض هذه السلع من الخروج من شرنقة الأسواق المحلية إلى الأسواق المحلية إلى الأسواق الإقليمية والعالمية.

ب- أو سلعاً ذات أحجام وأوزان كبيرة وغالباً ما تفوق تكلفة نقلها تكلفة إنتاجها بحيث يصبح من غير المجدي اقتصادياً شحنها من إقليم لإقليم، أو من بلد إلى بلد آخر ومثل ذلك بعض أنواع من مواد البناء كالرمل والحجارة والحصى والحصمة والطوب.

جـ- أو سلعاً لا يطلبها سوى سكان منطقة معينة أو بلد معين بحكم العرف أو العادات والتقاليد ومثال ذلك المأكولات والأزياء الشعبية.

د- أو خدمات اقتضت طبيعتها أن تقوم على أساس الاكتفاء الذاتي مثل خدمات الماء والكهرباء والخدمات الصحية وخدمات المجالس البلدية.

ومن الجدير ذكره في هذا السياق أنه جنباً إلى جنب مع التطورات التي أدت إلى توسيع نطاق السوق، تعمل بعض العوامل الأخرى على تضييق نطاق السوق، ومن بين هذه العوامل الحواجز الجمركية الكمية والنوعية كالرسوم وحصص الاستيراد وما إلى ذلك.

٢- السوق الإقليمي:

إن نطاق السوق الأقليمي أن جميع البائعين والمشترين منتشرون في إقليم معين أو عدة بلدان متجاورة.

أما السوق الإقليمي فهو يضم عدة دول لها عادات وتقاليد واحدة وتقوم باستهلاك سلع تتفق مع هذه العادات والتقاليد كالأزياء الشعبية في دول الخليج العربي.

٣- السوق العالمي أو الدولي:

وأن نطاق السوق العالمي ان جميع البائعون والمشترون منتشرون في مختلف أرجاء العالم.

وبالنسبة للسوق العالمي أو الدولي فغالباً ما يتم الاتصال بين المنتجين والمشترين لسلعة معينة يتم تسويقها عالمياً في جميع أنحاء العالم كالقمح أو القطن، السكر، أو البترول أو النقود.. الخ.

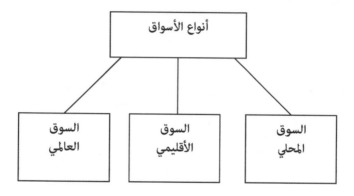

٢-١٠ العوامل التي تحدد نطاق السوق:

هناك عدة عوامل تحدد نطاق السوق فتجعلها إما محلية أو إقليمية أو عالمية وأهم هذه العوامل هي:

١- سهولة الاتصال والمواصلات:

وقد أمكن بفضل تطور جميع أنواع الاتصالات السلكية واللاسلكية وأنواع المواصلات جواً / براً/ بحراً ساعد على اتساع نطاق السوق لكثير من السلع والخدمات، لأنه أمكن بفضل وسائل الاتصال الحديثة ربط العالم كله بشبكة من المواصلات بحيث أصبح لبعض السلع أسواق عالمية كالقطن والقمح والشاي والفحم والحديد والماس والذهب.. الخ.

٢- العرف والعادات والتقاليد:

لكل بلد تقاليد وأعراف وعادات معينة، وقد جعلت هذه العادات والأعراف والتقاليد لبعض السلع أسواقا محلية لا تتعداها والمثال على ذلك الأزياء الشعبية.

٣- طبيعة السلعة:

هناك سلع سريعة التلف أو ذات وزن وحجم كبير، ومثل هذه السلع تميل أسواقها لأن تكون محلية. وكذلك فإن قابلية السلع للعطب أو التلف بسرعة تجعل سوق هذه السلعة محلية، وإن كانت أسواق مثل هذه السلع بدأت في الاتساع نتيجة وجود بواخر كبيرة مزودة بالثلاجات وأجهزة التبريد إلا أن اتساعها يكون محدودا. ومن السلع التي تتميز أسواقها بأنها لا بد وأن تكون محلية خدمات المياه والكهرباء. فلا يمكن مد مواسير المياه لأبعاد محدودة، كما أن شبكة الكهرباء ليس من السهل نقلها لمسافات بعيدة إلا بتكاليف عالية.

٣- العوائق الجمركية:

فالرسوم الجمركية المفروضة على انتقال بعض السلع وتحديد حصص معينة على استيراد سلع أخرى يؤدي إلى تضييق نطاق السوق. وعلى العكس فإن إلغاء الرسوم الجمركية من شأنه أن يوسع الأسواق في وجه السلع والخدمات كالسوق الأوروبية المشتركة فإلغاء الرسوم الجمركية يخلق أسواقا مشتركة.

١٠-٣ وظائف السوق Functions of Market

هناك خمس وظائف هامة للسوق، وتختلف هذه الوظائف كما تختلف الكيفية التي يقوم السوق بأدائها تبعاً للنظام الاقتصادي السائد ويمكن إيجاز الوظائف التي يؤديها السوق فيما يلي:

١- السوق هو الذي يقوم بتحديد قيم السلع والخدمات، وفي السوق فإن الأسعار هي مقياس القيمة. وهذه الأسعار هي الموجه للإنتاج. كما أن طلب المستهلكين هو دالة السعر.

٢- إن السوق هو المنظم للإنتاج، ويتحقق ذلك عن طريق التكاليف فالمنظم إنما يسعى إلى تحقيق أكبر إنتاج بتكاليف معينة أو بعبارة أخرى إنتاج قدر معين بأقل تكلفة ممكنة. ويتم ذلك عن طريق توزيع الموارد، التوزيع الأمثل واستخدام الموارد في إنتاج السلع الأكثر ملاءمة لهذه الموارد.

٣- يقوم السوق بتوزيع السلع، فهؤلاء الذين ينتجون سلعاً كثيرة يحصلون على عوائد أكبر إذا توافرت شروط الطلب الكلي كالسعر المعقول والجودة والسلعة تكون حسب أذواق ورغبات وميول المستهلكين. فوفقاً لنظرية الأسعار فان الأفراد إنما يحصلون على عوائدهم وفقاً لما ينتجونه. وعليه فإن أكثر الأفراد إنتاجية - أولئك الذين يملكون أكثر الموارد إنتاجية- يستطيعون السيطرة على أغلب السلع والخدمات.

٤- وكذلك فإن السوق إنما يقوم بتحديد الأنصبة بمعنى أن لكل سلعة نصيب حصة في السوق، وتوقف زيادة الحصة أو نقصانها على الطلب الكلي للسلعة حسب ما ذكر سابقاً.

٥- ومن أهم وظائف السوق أيضا يتمثل بتكفل المستقبل، فالادخار والاستثمار يتمان نتيجة لظروف السوق، وبعبارة أخرى أنه كلما انتجت السلعة حسب حاجة السوق يؤدي إلى زيادة في حجم الاستثمار مما سوف ينتج عنه زيادة في الادخار إذا تم تحقيق الربح من خلال زيادة في الطلب الكلي على السلعة أو الخدمة.

٤-١٠ قيود الدخول إلى السوق:

تعيق بعض العوامل المؤسسات من خلال الدخول إلى السوق، وهو ما يؤدي إلى الحد من عدد المنتجين في السوق، ومن بين هذه العوامل ما يلي:

١- تركز عرض المواد الأولية:

عندما يكون عرض المواد الأولية اللازمة لصناعة ما محدوداً في منطقة معينة تمتلكها مؤسسة معينة، فإن بعض المؤسسات الجديدة قد تجد صعوبة في الدخول إلى السوق، وبالتالي يحد ندرة هذه الموارد الأولية من عدد المنتجين في السوق بل يكون محصوراً في أيدي عدد محدود من المنتجين ربما كان منتجاً واحداً أو اثنين في بعض الحالات.

٢- توافر رأس المال اللازم للقيام بالمشاريع الصناعية الكبيرة

إن حصول رجل الأعمال على رأس المال اللازم له من البنوك أو المؤسسات المالية الأخرى، يتطلب توفر الثقة لدى البنك أو المؤسسة المالية المعنية برجل الأعمال المعني، ومما لا شك فيه أن فقدان هذه الثقة يشكل عائقاً في طريق توفير التمويل اللازم وهو الأمر الذي يؤدي بدوره الى الحيلولة دون أقدام عدد كبير من رجال الأعمال على إنشاء مشاريع جديدة وبحجوم كبيرة نسبياً.

٣- القيود القانونية (الإدارية):

وهي القيود التي تفرضها الحكومة لمنتج محلي معين مثل اشتراط الحصول على ترخيص أو فرض رسوم جمركية على المنتجات الأجنبية المنافسة لمنتجات الصناعة المحلية.

٤- الشهرة (الترويج):

إن ترويج منتجات أية مؤسسة من المؤسسات تقتضي تحمل المؤسسة المعنية لتكاليف الدعاية لمنتجاتها والإعلان عن مزايا هذه المنتجات. ومن البديهي أنه ليس بوسع جميع المؤسسات تحمل مثل هذه التكاليف الإضافية التي تكون باهظة الثمن أحيانا.

٥- الظروف الفنية للقيام بالإنتاج والترويج للسلعة أو الخدمة:

حتى تستطيع المؤسسة تخفيض تكلفة الإنتاج، فلابد أن يكون حجم إنتاجها كبيراً، وهذا ليس بالعملية السهلة بالنسبة لمشروع جديد خصوصاً عندما يكون الأمر متعلقاً بتسويق هذا الإنتاج الكبير.

١٠-٥ أشكال السوق:

هناك أشكال مختلفة ومتعددة للأسواق، ويتوقف شكل السوق على مدى تأثير كل من البائع والمشتري على السعر السائد في السوق، ويتحدد شكل السوق تبعاً للعوامل الرئيسية التالية:

١- درجة تجانس السلعة أو الخدمة المنتجة.

٢- عدد البائعين والمشترين في السوق.

٣- السعر السائد في السوق.

٤- درجة التعاون أو الاستقلال بين البائعين والمشترين.

٥- مدى توفر العقلانية والشفافية فيم يتعلق بأسعار وشروط البيع والشراء.

ويمكن تقسيم الأشكال المختلفة للسوق إلى مجموعتين رئيسيتين هما:

الأولى: وتشمل الأسواق التي لا يكون للبائع أو للمشتري أي تحكم في الأسعار التي يتقاضاها أو يدفعها، ويطلق على هذه المجموعة اسم أسواق المنافسة التامة.

الثانية: وتشمل الأسواق الأخرى، والتي يكون فيها للبائع أو للمشتري أو لكليهما تأثير على الأسعار التي يتعاملان بها، وتعرف هذه المجموعة بأسواق المنافسة غير التامة. وتحتوي المنافسة غير التامة مجموعة غير متجانسة من أشكال السوق تختلف فيما بينها اختلافاً بيناً. وتقسم المجموعة الى ثلاثة أقسام، يقوم التمييز بينها على أساس نوع العلاقة السائدة بين البائعين والمشترين في كل منها وتضم:

- سوق المنافسة الاحتكارية.

- سوق القلة.

- سوق الاحتكار التام.

وفيما يلي شرح موجز لكل من الأسواق المذكورة آنفاً:

١٠-٥-١ سوق المنافسة التامة:

تتميز سوق المنافسة التامة بعدم تحكم أي من البائعين أو المشترين في سعر السلعة أو الخدمة التي يتعاملون فيها، بمعنى أن يقرر كل بائع أو منتج الكمية المنتجة أو المعروضة للبيع. وبالمثل يقرر كل مشتر الكميات التي يكون راغباً وقادراً على شرائها دون أن يأخذ في اعتباره التأثير الذي يتركه فعل الشراء. أو فعل منافسيه على سعر السوق فمثلاً يعلم منتج أنه يستطيع بيع كل ما يمكن إنتاجه دون أن يؤثر في السعر الذي يتقاضاه. ومن أمثلة هذا الشكل من السوق سوق الأوراق المالية وسوق الخضار (القومسيون بالجملة)

وتتميز هذه السوق بالخصائص التالية:

١- وجود عدد كبير من البائعين والمشترين المستقلين في سوق منظمة جدا. ويشترط أن يكون الكمية التي يتعامل فيها كل منهم صغيرة لدرجة أن أي تغيير في الكميات المباعة أو المشتراة لأي منهم لن يؤثر على السعر السائد في السوق.

٢- السلع والخدمات المنتجة متجانسة تماماً أي ان لكل منشأة تنتج منتجاً متماثلاً أو متجانساً مع منتج كافة المنشآت الاخرى التي تعمل في السوق.

٣- عدم وجود قيود من أي نوع على ظروف الطلب أو العرض أو على أسعار السلع أو على أسعار الموارد الإنتاجية.

إذ لابد من أن تترك للأسعار حرية التذبذب نتيجة لتغير ظروف العرض والطلب فقد وبعبارة أخرى عدم السماح لأي تدخل حكومي لتحديد الأسعار أو تثبيتها. كما يتطلب ذلك أيضا عدم وجود هيئات خاصة مثل اتحادات العمال أو

المنتجين أو غيرها من المؤسسات التي تسعى للتأثير في أسعار السلع أو أسعار الموارد الإنتاجية.

٤- توفر حرية الدخول للمنشآت في الصناعة أو الانسحاب منها إذا ما رغبت في ذلك، وكذلك توفر حرية انتقال السلع والخدمات، وكذلك الموارد الإنتاجية بين مختلف الصناعات وقطاعات الاقتصاد.

٥- انعدام تكلفة النقل حيث إن وجود تكلفة النقل تعني تفاوت هذه التكلفة من منتج لآخر، مما يؤدي إلى اختلاف في أسعار السلعة الواحدة في السوق الواحد.

٦- العلم التام بظروف العرض والطلب من قبل البائعين والمشترين فيما يتعلق بالأسعار وشروط البيع والشراء والكميات المعروضة والمشتراة.

إلا أنه من الناحية العملية لا توجد ثمة اسواق المنافسة التامة في الوقت الحاضر إلا في بعض أسواق المحاصيل الزراعية وسوق البورصات.

٩-٥-٢ أسواق المنافسة غير التامة:

ويمكن تقسيم هذه الأسواق بصفة عامة إلى ثلاثة أقسام هي:

١٠-٥-٢-١ الاحتكار التام Pure Monopoly :

أولاً: معنى الاحتكار

المقصود بالاحتكار التام وجود مؤسسة واحدة تنفرد بإنتاج سلعة (أو سلع) لا يوجد لها بدائل جيدة. ونعني بعدم وجود بدائل جيدة بأنه ليس بإمكان مؤسسات جديدة الدخول إلى هذه الصناعة وإنتاج سلع مماثلة أو منافسة أي انه في الاحتكار التام يكون هناك:

١- مؤسسة واحدة تقوم بالإنتاج.

٢- تقوم المؤسسة بإنتاج سلع لا مثيل لها في السوق.

٣- ليس في الإمكان دخول مؤسسات جديدة إلى هذه الصناعة المحتكرة.

أي أن هذه المؤسسة المحتكرة وهي تمثل الصناعة كلها تقوم بإنتاج سلع لا بديل لها إطلاقا في السوق. ويعتبر البائع الذي لديه سلعة مميزة محتكراً لها عندما تكون بعض خصائص هذه السلعة على الأقل مختلفة عن خصائص أي سلعة بديلة لها، بحيث أن بعض المشترين يعتبرونها مختلفة بعض الشيء عن السلع الأخرى، فأي مؤسسة أو منشأة تنتج لها تصميماً خاصاً أو غلافاً خاصاً أو علامة مميزة يمكن اعتبارها محتكرة لهذه السلعة إلى درجة معينة.

ثانياً: أنواع الاحتكار التام: Types of Pure Monopoly

ويقسم هذا النوع من الاحتكار إلى قسمين:

أ- الاحتكار العام ويتولى بيع السلعة أو الخدمة مؤسسة عامة مثل الدولة والهيئات العامة المحلية، أي أن المنافع العامة تكون تحت إشراف الحكومة كالمياه والإنارة والبريد والبرق والهاتف.. الخ

ب- الاحتكار الخاص ويتولى بيع السلعة أو الخدمة شخص خاص أو مؤسسة خاصة وليس مؤسسات عامة أو هيئة عامة محلية.

ثالثاً: الأسباب التي تؤدي إلى ظهور الاحتكار التام:

ويمكن إيجاز الأسباب التي تؤدي إلى ظهور الاحتكار التام بالآتي:

١- طبيعة الإنتاج: حيث أن طبيعة بعض المشاريع مثل مشاريع البرق والبريد والمياه والكهرباء تكون ملكاً للقطاع العام أي للدولة أي لا تحتمل قيام مشاريع أخرى بجانبها وهذا ما يطلق عليه الاحتكار الطبيعي.

٢- الاحتكار الذي ينشأ عن القانون مثل حق الاختراع أو الامتياز أو التأليف الذي لا يسمح بموجب القانون لمنتج آخر بإنتاج السلعة أو الخدمة، وهذا ما يطلق عليه الاحتكار القانوني.

٣- ضخامة تكاليف الإنتاج: عندما تكون تكاليف الإنتاج باهظة فإن هذه السلع والخدمات تبقى حكراً في أيدي أصحاب رؤوس الأموال الضخمة ولا يستطيع منتجون آخرون دخول الميدان لانتاجها، وهذا ما يطلق عليه الاحتكار الفعلي.

رابعاً: المزايا التي يتمتع بها البائع المحتكر:

يمكن إلى حد كبير، تفسير عدم وجود منافسين في السوق بأنه ما يميل حالة الاحتكار التام لصعوبات الدخول إلى الصناعة ومشاركة المنتج المحتكر في الأرباح. ويمكن أن نلخص أهم المزايا التي يتمتع بها البائع المحتكر والتي تمكنه من منع المنتجين الآخرين من الدخول إلى الصناعة كما يلي:

١- إحدى هذه المزايا هي وفورات الحجم أو الإنتاج الكبير فقد نجد أن منشأة واحدة كبيرة تستطيع أن تنتج كل الكمية التي يحتاجها السوق بتكاليف أقل من التكاليف المتوقعة في حالة وجود منشأتين أو أكثر. أو بعبارة أخرى فانه يكون مربحاً للمنشآت الموجودة في الصناعة أن تندمج في منشأة كبيرة واحدة.

لقد أصبحت ضخامة المشروع في بعض الصناعات من الناحيتين المطلقة والنسبية من الشروط الأساسية للاستفادة من مزايا التكنولوجيا والابتكار في الإنتاج

وتحقيق الكفاءة الإنتاجية، والأمثلة على ذلك صناعات السيارات والألمنيوم والحديد فإذا كانت هناك ثلاث مؤسسات في صناعة معينة كل منها تسيطر على ثلث السوق تقريباً فمن الصعوبة لمنتجين صغار دخول السوق والاستفادة من مزايا الحجم الكبير.

٢- السيطرة أو امتلاك جميع موارد المادة الأولية المستخدمة في الصناعة. في هذه الحالة تتمكن المنشأة الوحيدة المسيطرة من إخراج المنشآت المنافسة الأخرى في السوق.

٣- المحتكر يستطيع أن يبقى محتكراً ويحدد السعر الذي يناسبه بحيث يحصل على أرباح احتكارية ولكن السعر يجب أن يكون معقولاً بدرجة كافية لاستبعاد إمكانية دخول السلع المنافسة إلى سوقه أو منطقته الجغرافية.

٤- حقوق الاختراع والعلامات أو الأسماء التجارية: القانون هنا يحمي المحتكر من التلاعب، فعندما تمتلك منشأة حق اختراع معين فإن هذه المنشأة تتمتع باستخدام حق الاختراع ولا يشاركها فيه أحد لفترة معينة. فالقانون يمنع استخدام هذا الاختراع بواسطة منشأة أخرى وبذلك فان دخول المنشآت الأخرى يصبح ممنوعاً قانوناً، كذلك فإن العلامات التجارية أو العلامات المميزة تحظى بالحماية القانونية فلا يجوز تقليدها من قبل المنافسين الآخرين.

خامساً: توازن المنتج المحتكر:

يخضع شرط التوازن بالنسبة للمنتج المحتكر للقواعد العامة للتوازن، ألا وهي تعادل التكاليف الحدية مع الإيراد الحدي.

ويختلف الإيراد الحدي للمحتكر عن الإيراد الحدي للمنتج في حالة المنافسة التامة، حيث أن وجود منتج واحد في السوق يجعل منحنى الطلب ينحدر من أعلى إلى أسفل، وبالتالي ينحدر منحنى الإيراد الحدي.

ومن هنا فان الثمن "الإيراد المتوسط" لا يساوي الإيراد الحدي كما أن الثمن لا يكون ثابتاً وإنما ينخفض بزيادة الكمية المنتجة.

الجدول رقم (٢١) يبين أحجام الإنتاج والتكاليف الكلية الثابتة والكلية المتغيرة وثمن المنتج ونستنتج منه ما يلي:

١- أن التكاليف الثابتة لا تتغير بتغير أحجام الإنتاج.

٢- أن التكاليف المتغيرة الكلية تتزايد بتزايد أحجام الإنتاج.

٣- أن التكاليف الكلية هي حاصل جمع التكاليف الثابتة والتكاليف الكلية المتغيرة.

٤- أن الثمن يتناقص بزيادة الكمية المنتجة.

٥- أن التكاليف الحدية تتناقص إلى أن تصل إلى أدنى قيمة ثم تأخذ في الارتفاع.

٦- أن التكاليف الحدية تتعادل مع الإيراد الحدي بعد أن تأخذ في التصاعد.

٧- يتم توازن المنتج المحتكر عند نقطة التعادل وهي عند إنتاج ٥ وحدات.

٨- إن فائض المنتج وهو الفرق بين التكاليف الكلية والإيراد الكلي يصل إلى أقصى قيمة له عند حجم التوازن.

وحجم التوازن هو الحجم الذي يكون عنده الربح الحدي صفراً وهو موضح في الجدول رقم (٢١) يكون عند إنتاج ٥ وحدات.

جدول رقم (٢١)

توازن المنتج المحتكر

حجم الإنتاج	التكاليف الكلية الثابتة	التكاليف الكلية المتغيرة	التكاليف الكلية	التكاليف الحدية	ثمن الوحدة	الايراد الكلي بالدينار	الإيراد الحدي	فائض المنتج	الربح الحدي
٠	٢٠	-	٢٠	-	-	صفر	٢٠	٢٠-	٢٠-
١	٢٠	٨٠	١٠٠	٨٠	٢٢٠	٢٢٠	١٠٠	١٢٠	١٤٠
٢	٢٠	١٣٠	١٥٠	٥٠	١٥٠	٣٠٠	٨٠	١٥٠	٣٠
٣	٢٠	١٦٠	١٨٠	٣٠	١٢٣ ١/٣	٣٧٠	٧٠	١٩٠	٤٠
٤	٢٠	١٨٠	٢٠٠	٢٠	١٠٢.٥	٤١٠	٤٠	٢١٠	٢٠
٥	٢٠	٢٠٥	٢٢٥	(٢٥)	(٨٧)	٤٣٥	(٢٥)	(٢١٠)	صفر
٦	٢٠	٢٤٥	٢٦٥	٤٠	٧٥ ٥/٦	٤٥٥	٢٠	١٩٠	٢٠-
٧	٢٠	٣٠٥	٣٢٥	٦٠	٦٧ ١/٧	٤٧٠	١٥	١٤٥	٤٥-
٨	٢٠	٣٧٥	٣٩٥	٧٠	٦٠	٤٨٠	١٠	٨٥	٦٠-
٩	٢٠	٤٤٠	٤٦٠	٧٥	٥٣ ٨/٩	٤٨٥	٥	١٥	٧٠-
١٠	٢٠	٥٢٠	٥٤٠	٨٠	٤٨.٨	٤٨٨	٣	٦٢-	٧٧-

سادساً: العوامل التي تحد من قوة المحتكر:

هناك عدة عوامل تحد من قوة المحتكر ويمكن إيجازها بما يلي:

١- هبوط الطلب نظراً لارتفاع الأسعار، أو عدم توافق السلعة مع أذواق ورغبات المستهلكين، ومن المعروف أيضاً أن تدني الجودة يؤدي إلى تقليل الطلب على السلعة.

٢- ارتفاع تكاليف الإنتاج لأي عنصر من عناصر الإنتاج يقلل من قوة المحتكر بعرض السلعة في السوق.

٣- النقد من الرأي العام يؤدي إلى انعدام الثقة بالمحتكر والتي تحول هذا النقد إلى نوع من السخط نتيجة لاستغلال المحتكر للمستهلكين، إلى حد قد يدعو الحكومة الى التدخل لحماية المستهلك من خلال تحديد الأثمان أو حدوث مقاطعة جماعية للسلعة المعنية بعدم شرائها لارتفاع سعرها ولهذا لا بد للمحتكر من التضحية ببعض الأرباح من أجل ضمان الاستمرار في الإنتاج وكسب ثقة جمهور المستهلكين.

٤- قد يخفض المحتكر من أرباحه عمداً كتكتيك، الغرض منه إحباط الحصول على الأرباح غير الاعتيادية مما يؤدي إلى إغراء المؤسسات المنافسة إلى مضاعفة جهودها، للتغلب على الصعوبات والدخول إلى الصناعة بعد فترة من الزمن، أي بعبارة أخرى أن استغلال المحتكر لمركزه الاحتكاري في السوق إلى أقصى حد في الأجل القصير قد يفقده هذه المكانة في الأجل الطويل.

سابعاً: الآثار الاقتصادية للاحتكار من وجهة نظر المجتمع:

لعل أبرز جوانب تقويم الاحتكار التام من وجهة نظر المجتمع هي ما يسببه من آثار على:

أ- مستوى الثمن وتخصيص الموارد الاقتصادية.

ب- توزيع الدخل.

جـ- والتقدم التكنولوجي.

وهو ما سنوضحه فيما يلي:

(أ) مستوى الثمن وتخصيص الموارد الاقتصادية:

معلوم أن حالة المنافسة التامة تؤدي في الأجل الطويل إلى تحقيق الكفاءة الإنتاجية أو التخصيص (المثالي) للموارد الاقتصادية حيث تفرض المنافسة على المؤسسات تحقيق أقصى حد ممكن من الكفاءة وزيادة الإنتاج إلى الحد الذي يحقق

اقل التكاليف الممكنة، وبالتالي تحديد ثمن السلعة عند الحد الأدنى لمتوسط التكاليف الكلية.

إن حالة الاحتكار التام ستؤدي غالباً الى نتائج أقل فائدة بالنسبة للمجتمع حيث يحدد المحتكر إنتاجه. فقد يجد المحتكر من مصلحته أن ينتج كمية أقل وفرض ثمن أعلى مما كان يمكن أن يكون لو كانت المؤسسة في حالة المنافسة التامة.

أي بعبارة أخرى أن المحتكر بتحديده للإنتاج لغرض تحقيق أقصى الأرباح الممكنة قد أساء إلى رغبات المجتمع، وذلك بعدم تخصيص الموارد الاقتصادية الكافية للإنتاج بشكل يخدم هذه الرغبات.

(ب) توزيع الدخل:

من المحتمل أن يؤدي الاحتكار إلى عدم المساواة في توزيع الدخول في المجتمع، وذلك بحكم سيطرة المحتكر على السوق وتمكنه من فرض أثمان أعلى من تلك التي يمكن أن تسود في حالة المنافسة التامة، رغم تساوي تكاليف الإنتاج، وبالتالي تمكين المحتكر من تحقيق الأرباح غير الاعتيادية على حساب جمهور المستهلكين، هذا بالإضافة إلى أن هذه الأرباح لا توزع على نطاق واسع بسبب تركز ملكية الأسهم بأيدي أفراد قلائل من ذوي الدخل العالي.

(ج) التقدم التكنولوجي:

معلوم أن مصير المؤسسات في حالة المنافسة التامة يتوقف على مدى استخدامها للأساليب التكنولوجية الحديثة من أجل زيادة الإنتاجية وتقليل التكاليف. إلا أن المنافسة التامة تميل إلى منع المؤسسات من تحقيق الأرباح غير الاعتيادية التي تعتبر بمثابة المحفز الرئيسي- والوسيلة المهمة في تطوير سلع جديدة وتحسين أساليب التكنولوجية الحديثة، فالمحتكر الذي يتمتع بتحقيق الأرباح غير الاعتيادية بصورة دائمة سيتمكن من تخصيص الموارد المالية اللازمة للقيام بالأبحاث العلمية بشكل أكبر في معظم الأحيان مما لا تقدر عليه المؤسسات المتنافسة في السوق.

ثامناً: هل المنافسة افضل أم الاحتكار؟

للإجابة على هذا السؤال نذكر ما يلي من الحقائق:

١- شرط التوازن في الحالتين واحد وهو تعادل التكاليف الحدية مع الإيراد الحدي.

٢- الثمن في حالة المنافسة اقل وكمية الإنتاج أكبر لوجود عدد كبير من المنتجين في السوق.

٣- المنتج في حالة المنافسة لا يحدد الثمن وإنما يقبل الثمن السائد في السوق لذلك يجب عليه أن يعمل على تخفيض التكاليف المتوسطة أما في حالة الاحتكار فإن المحتكر يحدد أعلى سعر.

٤- المنافسة تعمل على حسن استغلال الموارد في حين يؤدي الإحتكار إلى الإسراف في استخدام هذه الموارد حيث يكون الهدف دائماً تحقيق أعلى ربح في أقصر وقت.

٥- لانفراده بالسوق فليس لدى الاحتكار ما يدفعه لتحسين نوعية السلعة التي ينتجها أو الخدمة التي يقدمها، حيث لا خيارات ولا بدائل أمام المستهلكين، بينما تحفز المنافسة منتجي السلع ومقدمي الخدمات على تحسين نوعية منتجاتهم بصورة مستمرة لكسب ثقة المستهلكين وولائهم لما ينتجون في سوق تكثر فيه البدائل والخيارات.

٦- وبالمثل ليس لدى الاحتكار ما يدفعه على نقل التكنولوجيا والاستثمار في البحث والتطوير والاستفادة من المنجزات العلمية الحديثة، بينما الصراع من أجل البقاء يجبر المنتج في ظل المنافسة أن يأخذ ما يناسبه من المنجزات التكنولوجية الحديثة لمجاراة منافسين أو ليكون متقدماً عليهم دائماً ولو بخطوة واحدة.

إن النقاط السابقة تبرهن بما لا يدعو مجالاً للشك على مزايا المنافسة وتفوقها بالمقارنة مع الاحتكار.

١٠-٥-٢-٢ المنافسة الاحتكارية   Monopolistic Competition

أولاً: معنى المنافسة الاحتكارية:

يقصد بالمنافسة الاحتكارية ذاك الشكل من الأسواق الـذي يجمـع بـين بعـض خصائص سـوق المنافسة التامة وبعض خصائص سوق الاحتكار التام، حيث تميز سوق المنافسة الاحتكارية بوجود عدد كبير نسبياً من المؤسسات صغيرة الحجم العاملة في نفس المجال والمنتجة لسلع متشابهة ولكنها ليست متماثلة تماماً، ومع ذلك تعتبر بدائل جيدة لبعضها البعض. إن المنافسة الاحتكارية تشترك مع المنافسة التامة في تعدد المؤسسات المنتجة لنفس السلعة وسهولة الدخول إلى الأسواق والخروج منها كما تشترك مع الاحتكار التام في عدم تماثل منتجات وإن كان عدم التماثل هذا وبالتالي، الاختلاف هـو في غالبية الأحيان اختلاف ظاهري وليس جوهرياً.

ومهما يكن الأمر، فان تعدد المؤسسات في ظل المنافسة الاحتكارية تترتب عليه النتائج التالية:

١- أن لكل مؤسسة نسبة صغيرة من حجم السوق الكلي، وبذلك يكون تأثير المؤسسة على ثمن السوق محدوداً.

٢- إن وجود عدد كبير نسبياً من المؤسسات يحول دون اندماج أو إتفاق بعض المؤسسات فيما بينها لغرض تحديد الإنتاج والتأثير في ثمن السلعة.

٣- إن وجود عدد كبير من المؤسسات في الصناعة يحول دون اعتماد المؤسسات بعضها على بعض، أي بعبارة أخرى، أن كل مؤسسة تقرر سياستها دون الأخذ بنظر الاعتبار ردود الفعل المحتملة للمؤسسات المنافسة، وذلك لأن تأثير أية سياسة قد تتخذها مؤسسة معينة كتخفيض الثمن بنسبة معينة لغرض زيادة المبيعات سيكون طفيفاً جداً، وقد لا تشعر به بقية المؤسسات المنافسة بحكم تعددها، وبالتالي لا تدعو الحاجة إلى تبني سياسة المعاملة بالمثل. والخاصية الأخرى التي تتميز بها المنافسة الاحتكارية على المنافسة التامة هي التميز أو التنوع في الإنتاج، فالمنافسة التامة تتميز بوجود سلعة ذات نوعية واحدة متماثلة تماماً. أما في حالة المنافسة الاحتكارية فيتركز الاهتمام على إحداث تغييرات عديدة على السلعة الواحدة لتمييز إنتاج مؤسسة الإنماء من هذه السلعة عن إنتاج المؤسسات الأخرى من السلعة نفسها.

مثال: هناك عدد كبير من المؤسسات التي تنتج معاجين الأسنان، ومع أنها جميعها تؤدي نفس الغرض، إلا أن إنتاج كل مؤسسة يختلف عن إنتاج الأخرى من حيث النوعية، أو طريقة العرض أو التغليف أو من حيث اللون أو المذاق أو التعبئة أو الشكل. إن المؤسسات التي تعمل في ظل المنافسة الاحتكارية تستغل هذه الفروقات لاجتذاب الزبائن، وربما كان هذا النوع من المنافسة التي تطلق عليها اسم المنافسة غير السعرية Non-Price Compeition افضل من المنافسة السعرية Price Competition في ترويج السلعة واستمالة المستثمرين إليها، خصوصاً إذا ما تزامنت هذه المنافسة غير السعرية بملحقاتها الأخرى كالدعاية والإعلان وخدمة ما بعد البيع، التسهيلات في الدفع، والتواجد في مواقع مميزة من خلال الفروع.

إن المهم هنا أن يستخدم المنافس الاحتكاري كل هذه الاسلحة، إذا جاز التعبير، لإقناع المستهلكين بتميز السلعة التي تنتجها عن السلع المشابهة التي ينتجها الآخرون وبغض النظر عما إذا كان هذا التمييز حقيقياً أم شكلياً، فعلياً أم وهمياً، وفي هذه الحالة سيكون المستهلكون على استعداد حتى لدفع سعر أعلى لهذه السلعة مما يكونون على استعداد لدفع ثمناً للسلع المشابهة الأخرى.

ومن الأمثلة على الصناعات التي تكثر في أسواق المنافسة الاحتكارية: الصناعات الزراعية مثل تعليب الخضار والفواكه والمنتجات الحيوانية كالحليب واللبن والشوكولاته، والصابون، والسجاير، وخدمات الحلاقة والتنظيف والكي وما إليها.

إن الدخول إلى الصناعة ومنافسة المؤسسات في حالة المنافسة الاحتكارية يبدو سهلاً نسبياً، إلا أن حقيقة كون المؤسسات صغيرة الحجم من الناحيتين المطلقة والنسبية قد جعلت مزايا الإنتاج ومتطلبات رأس المال متواضعة نسبياً.

ثانياً: أهم مزايا المنافسة الاحتكارية:

إن تنويع السلع وتحسين مواصفاتها من أهم مزايا المنافسة الاحتكارية التي تساهم في التعويض، كلياً أو جزئياً، عن مشكلة الهدر في بعض الموارد الاقتصادية، وفي هذا السياق ثمة ناحيتان يجب أخذهما بنظر الاعتبار وهما:

أ- التنويع في السلع في فترة زمنية معينة.

ب- تحسين السلع خلال فترة زمنية معينة.

(أ) تنويع السلع:

ومعنى هذا أن يتمكن المستهلك في أي وقت من الحصول على أنواع عديدة من السلع سواء من حيث الجودة، النماذج، العلامات التجارية..الخ. وهذه الخاصية لسوق المنافسة الاحتكارية تخدم رغبات المستهلكين وأذواقهم المختلفة والتي لا تتوفر في سوق المنافسة التامة.

(ب) تطوير السلع:

تعتبر المنافسة الوسيلة المهمة في تحقيق الإبداعات التكنولوجية وتحسين نوعية السلع خلال فترة زمنية معينة. إن الأرباح التي تحققها بعض المؤسسات نتيجة لتحسين نوعية إنتاجها وزيادة يمكن أن تستعمل في تمويل تحسينات وإبداعات أخرى.

١٠-٥-٢-٣ منافسة القلة **Oligopolistic Competition**

أولاً: معنى منافسة القلة:

أشرنا بخصوص المنافسة الاحتكارية أن عدد المؤسسات يكون كبيراً إلى حد ما في الصناعة، ولكن كثيراً ما يحدث إفلاس بين هذه المؤسسات ويقل عدد المؤسسات العاملة في السوق. فإذا أصبحت الصناعة تضم عدداً قليلاً من المنتجين يقال حينئذ أن الصناعة تعمل تحت نظام منافسة القلة.

وتعني منافسة القلة وجود عدد قليل من المؤسسات تسيطر على سوق سلعة معينة، وأن سياسة كل مؤسسة تعتمد على مدى تنبؤها بردود الفعل لدى منافسيها.

والفرق بين المنافسة الاحتكارية ومنافسة القلة هو أنه في الحالة الأولى كان كل منتج يتصرف تصرفا مستقلاً عن المنتجين الآخرين، ولكن عندما يكون عدد المنتجين قليلاً فإن كل منتج عندما يقرر سياسة بيعية معينة فإنه يضع في الاعتبار ردود الأفعال التي ستصدر من جانب المنتجين الآخرين.

في هذا السوق حسب ما ذكرنا سابقاً يكون عدد المنتجين أو البائعين قليلاً، ولكن توجد بينهم علاقة تبادلية أي كل منتج يأخذ في الاعتبار رد فعل المنتجين الآخرين، وإذا اصبح عدد المنتجين في السوق اثنين فانه يطلق عليه الاحتكار الثنائي، وإذا كان عددهم ثلاثة فإنه يطلق عليه الاحتكار الثلاثي، والأثمان في هذا السوق مختلفة، أما المنتجات فإنها متجانسة أو متميزة، ولدينا نوعان من احتكار القلة:

١- احتكار القلة التام وفي هذا النوع من احتكار القلة تكون السلع أو الخدمات متماثلة، كالاسمنت والحديد والصلب والألمنيوم على سبيل المثال.

٢- احتكار القلة المتنوع وفيه تنتج المشروعات القليلة في الصناعة أنواعاً متباينة من السلع: ومن أهم الأمثلة البارزة لمنافسة القلة هي صناعة السيارات، وصناعة السجائر في الولايات المتحدة الأمريكية، أيضاً ومن أهم السلع المتجانسة هي الصلب، الخارصين، النحارس، الألمنيوم، الرصاص، والاسمنت. أما السلع المتنوعة فتشمل عادة كثيرا من السلع الاستهلاكية كالسيارات الخاصة والإطارات والآلات الطابعة. السلع البترولية، الصابون، السجائر، الأجهزة الكهربائية.

ففي ظل المنافسة الاحتكارية يعمل المنتج الى إيجاد كمية التوازن التي يحقق عندها اكبر ربح ممكن والثمن الذي يتعين عليه أن يبيع به على أساس متغيرين هما:

١- الطلب على السلعة الذي يواجهه أي بدون طلب كلي لا يمكن إنتاج السلع والخدمات فزيادة الطلب أو نقصانه يتوقف على مجموعة محددات منها السعر، والجودة، وعدد المستهلكين، والأذواق والرغبات والميول بالإضافة إلى الدخل.

٢- سلوك التكاليف في مؤسسته أي أن المنتج يرغب في تغطية التكاليف إنتاج صناعته وتحقيق بعض الأرباح.

أما في حالة منافسة القلة هناك ثلاث متغيرات:

١- حالة الطلب على السلعة الذي يواجهه أي نفس حالة المنافسة الاحتكارية.

٢- سلوك التكاليف في مؤسسته أي نفس حالة المنافسة الاحتكارية.

٣- السياسات البيعية للآخرين، أي ما الذي سيتخذه المنتجون الآخرون بالنسبة لسياسته البيعية من حيث السعر، الجودة.. الخ.

ومعنى ذلك أنه لابد من إدخال عنصر جديد هو عنصر الحدس والتخمين بما سيفعله الآخرون لكل خطوة سيقوم باتخاذها وإلا سينخفض الطلب الكلي على السلعة.

ثانياً: الدوافع إلى التنويع في المنتجات:

إن كثير من المؤسسات تنتج تشكيلة منوعة من السلع في وقت واحد فمؤسسة جنرال موتورز مثلاً بالرغم من أنها تنتج حوالي نصف إنتاج سيارات الركاب في الولايات المتحدة تقوم في الوقت نفسه بإنتاج أكثر من عشرين سلعة أخرى بينها محركات الديزل، والتراكتورات، والباصات، والقاطرات، ومحركات الطائرات، وبعض المعدات الحربية، والثلاجات ومكيفات الهواء، والدراجات.

ولعل من أهم الدوافع أو الأسباب التي تدفع إلى تنويع منتجاتهم هي:

١- قد يكون من الضروري على المؤسسة في بعض الحالات إنتاج عدة سلع مختلفة، فبعض المنتجات قد تكون متصلة كما هي الحالة في إنتاج زيت الغاز (الكيروسين) والبنزين وهما من مستخدمات البترول، أو إنتاج فحم الكوك والغاز من تقطير الفحم الحجري.

٢- يقلل التنويع في المنتجات من مخاطر التقلبات في الطلب فمثلاً قد تنتج مؤسسة معينة المدافئ النفطية ومبردات الماء لفصل الشتاء والصيف على التوالي لضمان استمرار العمل على مدار السنة.

٣- إن دوافع الحصول على الأرباح في الأجل الطويل قد يحث المؤسسات على تنويع إنتاجها. أي أن كل مؤسسة تحاول تطوير إنتاجها وذلك حسب رغبات وأذواق المستهلكين، وكذلك إنتاج سلع جديدة كوسيلة لضمان تحقيق الأرباح بعد دراسة حاجة السوق لهذه السلع.

٤- يعتبر تنويع الإنتاج أيضا وسيلة تمكن المؤسسة من استغلال طاقتها الإنتاجية استغلالاً كاملاً. فيمكن للمؤسسة أن توجه ذلك الجزء من طاقتها غير المستغلة في إنتاج سلعة أخرى أقرب إلى السلعة الإصلية من حيث تكييف طاقتها الإنتاجية، فمثلاً يمكن للمؤسسة التي تنتج أجهزة تلفزيون بدلاً من استغلال كل طاقتها الإنتاجية في إنتاج هذه السلعة والتسبب في تخفيض الثمن نتيجة لزيادة الإنتاج وبالتالي بدء حرب الأثمان في هذه الصناعة أن تستغل القسم المتبقي

من طاقتها الإنتاجية في إنتاج أجهزة المذياع، المعدات الكهربائية وبعض أجزاء معدات الرادار.

١٠-٦ السعر والايراد الحدي

هناك ثلاثة مفاهيم يجب توضيحها للتعرف على العلاقة بين السعر والإيراد الحدي وهي كالآتي:

١- الإيراد الكلي: وهو مجموع ما تحصل عليه المؤسسة من بيع إنتاجها ويستخرج عن طريق ضرب الكميات المباعة من السلعة في سعر الوحدة المنتجة.

٢- الإيراد المتوسط: وهو عبارة عن حاصل قسمة الإيراد الكلي على عدد الوحدات المباعة.

٣- الإيراد الحدي: وهو عبارة عن مقدار التغير في الإيراد الكلي نتيجة لبيع وحدة إضافة من الإنتاج أي أن:

$$\text{الإيراد الحدي} = \frac{\text{التغير في الإيراد الكلي}}{\text{التغير في الكمية المباعة}}$$

إن الجدول (٢٢) يلقي مزيداً من الضوء على هذه المفاهيم

جدول رقم (٢٢)

الإيراد الكلي ، الإيراد الحدي والمتوسط

الكمية المباعة	سعر الوحدة	الإيراد الكلي	الإيراد الحدي	الإيراد المتوسط
١	١٠	١٠	١٠	١٠
٢	١٠	١٠	١٠	١٠
٣	١٠	٣٠	١٠	١٠
٤	١٠	٤٠	١٠	١٠
٥	١٠	٥٠	١٠	١٠

ذكرنا سابقا أن الإيراد الحدي هو عبارة عن مقدار التغير في الإيراد الكلي نتيجة لبيع وحدة إضافية. هذا ويظهر الفرق بين المنافسة التامة والاحتكار عند دراسة السعر والإيراد الحدي، ففي سوق المنافسة التامة فإن المنتج يبيع أي كمية يرغب في بيع كمية أكبر يجب عليه أن يخفض من سعر سلعته، ولذلك فإن الإيراد الحدي عند مستويات مختلفة من البيع يكون أقل من سعر السلعة عند هذه المستويات والجدول رقم (٢٣) يوضح ذلك:

جدول رقم (٢٣)

السعر والإيراد الكلي

الإيراد الحدي	الإيراد الكلي	الكمية المباعة	السعر
١٠	١٠	١	١٠
٨	١٨	٢	٩
٦	٢٤	٣	٨
٤	٢٨	٤	٧
٢	٣٠	٥	٦
صفر	٣٠	٦	٥
٢-	٢٨	٧	٤
٤-	٢٤	٨	٣
٦-	١٨	٩	٢
٨-	١٠	١٠	١

٧-١٠ الإعلان Advertising فوائده ومضاره

إن الهدف الأساسي من الإعلان هو التأثير في أذواق المستهلكين نحو السلعة المعلن عنها. وبعبارة أخرى التأثير في الطلب. إن تعدد أساليب الإعلان وفنونه جعلت من الصعوبة في بعض الحالات التمييز فيما إذا كانت طريقة التغليف الجديدة واستعمال الأوراق الملونة الزاهية بمثابة التغيير في السلع نفسها أو أنها من وسائل الإعلان لغرض زيادة المبيعات. سوف نتعرف فيما يلي على فوائد الإعلان وبعض مضاره أيضاً.

أولاً: فوائد الإعلان:

١- الإعلان يزود المستهلكين بالمعلومات التي تمكنهم من الاختيار بين السلع، هذا بالإضافة إلى أهمية الإعلان في الأجل الطويل، حيث أن تطور الاقتصاد ونموه يتطلب تعريف المستهلكين بالمؤسسات الجديدة والتحسينات التي تطرأ على السلع القديمة، ولا يتم تحقيق ذلك الا عن طريق وسائل الإعلان المختلفة المرئية منها والمقروءة والمسموعة.

٢- تعتبر وسائل الإعلان من المصادر الأساسية للإيراد بالنسبة لبعض المؤسسات كالإذاعة، التلفزيون، المجلات والصحف.

٣- يعتبر الإعلان بمثابة المحفز لتطوير السلع، فيعتمد الإعلان الناجح على الخصائص المفيدة للسلعة المعلن عنها، لذلك ينبغي على المؤسسة أن تدخل بعض التحسينات فعلاً على إنتاجها لأجل التأثير في طلب المستهلك لصالحها.

٤- تستطيع المؤسسة عن طريق الإعلان الناجح أن توسع من حجم إنتاجها وبالتالي الاستفادة من مزايا الإنتاج الكبير هذا يتوقف على محددات الطلب الكلي للسلعة.

ثانياً: مضار الإعلان:

لابد هنا بعد أن أوضحنا فوائد الإعلان أن نبين أيضا بعض مضاره، ويمكن إيجاز بعض مضار الإعلان بما يلي:

١- أن الهدف الأساسي من الإعلان هو ترغيب وليس تعريف المستهلكين بالسلع، كما يقترن الإعلان بالادعاءات المضللة والمبالغات التي تربك المستهلك في معظم الأحيان.

٢- إن نفقات الإعلان استثمارات غير منتجة من وجهة النظر الاجتماعية، حيث تؤدي في بعض الحالات الى سوء تخصيص الموارد الاقتصادية نحو مجالات غير ضرورية بالإضافة إلى الإنتاج المفرط في السلع الخاصة بالمقارنة مع السلع الاجتماعية، أي أن هناك تبذيراً واضحاً في الوقت والأموال للدعاية لبعض السلع ذات الاستهلاك المحدود كالأدوات الكهربائية المستخدمة في فتح العلب والسكاكين الكهربائية، وفرش تنظيف الأسنان الكهربائية، ومكائن قص الحشائش الأتوماتيكية.. الخ في حين لا تبذل جهود كبيرة لإبراز مزايا بعض السلع والخدمات الاجتماعية كحث الأفراد على أهمية التعليم والثقافة في بناء المجتمع، الدعوة إلى تحسين الشوارع والمواصلات والتشجيع على زيادة الإنفاق في مجالات البحوث العلمية.

٣- تشير الدلائل في بعض الصناعات كصناعة السجائر والمشروبات المختلفة في الولايات المتحدة الأمريكية إلى أن نفقات الدعاية والإعلان قد أصبحت تشكل نسبة كبيرة من تكاليف الإنتاج وعائقاً مالياً مهماً يواجه المؤسسات الجديدة التي تنوي دخول الصناعة ولا تستطيع تحمل تكاليف الدعاية الباهظة.

٤- إن من غير المحتمل أن يكون الإعلان مهماً في تحديد مستويات الإنتاج والاستخدام وذلك لأن تأثير وسائل الدعاية ينعكس بصورة أكبر على تركيب، وليس حجم الإنفاق، كما يعتقد البعض من الاقتصاديين. إن نفقات الإعلان تتذبذب مع الإنفاق الكلي، فتزيد من مشكلة البطالة خلال فترات الركود الاقتصادي وتساهم بصورة كبيرة في التضخم خلال فترات الرواج الاقتصادي.

٥- يعتقد البعض أن المصالح المادية الناتجة عن عمليات الدعاية والإعلان تؤدي أحياناً إلى التضحية بمصلحة المجتمع أو ما يعرف بالتكاليف الاجتماعية، فمثلاً قد تتردد صحيفة معينة في اطلاع الرأي العام بشكل غير متحيز على حقيقة الخلاف بين نقابة العمال وإدارة مؤسسة تمول هذه الصحيفة بالإعلانات التجارية، ومعنى ذلك أن المجتمع هو الذي يتحمل كلفة هذه المصالح المادية بعدم اطلاع الجمهور على حقيقة الموقف الذي يعتبر من صميم مهام الصحافة النزيهة والشريفة لكن وسائل الإعلان المختلفة في كثير من الدول أصبح همهم النواحي التجارية.

ملخـص

أشكال السوق

شكل السوق	المنافسة التامة	المنافسة الاحتكارية	احتكار القلّة	الإحتكار التام
عدد البائعين	كبير جدا	كبير	قليل	واحد
مدى تجانس السلعة	متجانسة	غير متجانسة	غير متجانسة	متجانسة
حرية الدخول والخروج من السوق	متوفرة	صعبة	صعبة جدا	غير ممكنة
مدى توافر المعلومات	متوفرة	الدعاية والاعلان	الدعاية والاعلان	متوفرة
مدى التعاون بين البائعين	لا يوجد	لا يوجد	يوجد	لا ينطبق

أسئلة الخطأ والصواب

أجب صح أم خطأ :

١- إن أكثر الأفراد إنتاجية أولئك الذين يملكون أكثر الموارد إنتاجية ومن ثم فهم يستطيعون السيطرة على أغلب السلع والخدمات.

٢- هناك سلع سريعة التلف أو ذات وزن ثقيل وحجم كبير ومثل هذه السلع تكون ملائمة لان يكون لها سوق إقليمي وليس سوقاً محلياً.

٣- إن إلغاء الرسوم الجمركية من شأنه أن يوسع الأسواق في وجه السلع والخدمات.

٤- حتى تستطيع المؤسسة تخفيض تكلفة الإنتاج فلابد أن يكون حجم إنتاجها كبيراً.

٥- يتميز سوق المنافسة التامة بتحكم البائعين والمشترين في سعر السلعة أو الخدمة.

٦- يتميز سوق المنافسة التامة بوجود عدد قليل من البائعين والمشترين في السوق.

٧- في حالة الاحتكار العام يتولى القطاع الخاص بيع السلعة أو الخدمة للمستهلكين.

٨- يخضع شرط التوازن بالنسبة للمنتج عندما تتعادل التكاليف الحدية مع الايراد الحدي.

٩- المنافسة الاحتكارية تعمل على حسن استغلال الموارد في حين قد يؤدي الاحتكار إلى الإسراف في استخدام الموارد.

١٠- تعتبر المنافسة الاحتكارية الوسيلة المهمة في تحقيق الإبداعات التكنولوجية وتحسين نوعية السلع خلال فترة زمنية معينة.

أسئلة للمناقشة

السؤال الأول: ما المقصود بمفهوم السوق ثم اشرح وظائف السوق.

السؤال الثاني: اشرح العوامل التي تحدد نطاق السوق.

السؤال الثالث: هناك بعض العوامل تواجه بعض المؤسسات من الدخول الى السوق مما يحد من عدد المنتجين في السوق، ناقش بالتفصيل هذه القيود.

السؤال الرابع: يحدد شكل السوق تبعاً لعوامل عديدة وضح هذه العوامل.

السؤال الخامس: وضّح بالتفصيل سمات سوق المنافسة التامة مع اعطاء بعض الأمثلة من الواقع.

السؤال السادس: ما المقصود بالاحتكار ثم ما هي أنواع الاحتكار مع إعطاء بعض الأمثلة.

السؤال السابع: اشرح الأسباب التي تؤدي إلى ظهور الاحتكار التام.

السؤال الثامن: عدد المزايا التي يتمتع بها البائع المحتكر مع الشرح.

السؤال التاسع: هناك عدة عوامل تحد من قوة المحتكر، ما هي هذه العوامل مع الشرح بالتفصيل.

السؤال العاشر: هل المنافسة افضل أم الاحتكار، وضح ذلك بالتفصيل.

السؤال الحادي عشر: ما المقصود بالمنافسة الاحتكارية ثم وضح خصائص هذا الشكل من أشكال المنافسة غير التامة.

السؤال الثاني عشر: عدد بالتفصيل أهم مزايا المنافسة الاحتكارية مع الشرح وإعطاء بعض الأمثلة.

السؤال الثالث عشر: ما معنى منافسة القلة وما هي أهم سمات هذا الشكل.

السؤال الرابع عشر: اشرح الدوافع التي تؤدي إلى التنويع في المنتجات.

السؤال الخامس عشر: وضح العلاقة بين السعر والإيراد الحدي مع إعطاء مثال واقعي.

السؤال السادس عشر: عرّف الإعلان ثم وضح فوائد ومضار الإعلان.

تمارين عملية

مثال (١)

الكمية المباعة	سعر الوحدة			
١	١٠			
٢	١١			
٣	١٢			
٤	١٣			
٥	١٤			

المطلوب احتساب ما يلي:

١- الايراد الكلي

٢- الايراد المتوسط

٣- الايراد الحدي

مثال (٢)

وضح الجدول المبين اعلاه من خلال الرسم البياني بعد احتساب المفاهيم المطلوبة في الجدول.

الفصل الحادي عشر
توازن المنتج في حالات الأسواق المختلفة

١١-١ توازن المنتج في حالة المنافسة التامة

١١-٢ توازن المنتج في حالة الاحتكار

١١-٢-١ توازن المنتج المحتكر

١١-٣ توازن المنتج في حالة المنافسة الاحتكارية

الفصل الحادي عشر
توازن المنتج في حالات الأسواق المختلفة
Producer's Equilibrium in Different Markets

١-١١ توازن المنتج في حالة المنافسة التامة:

إن توازن المنتج هي تلك الحالة التي يكون فيها وضع تنعدم فيـه الرغبـة في التغيـير، أو بمعنـى آخر وضع ينتج فيه من السلعة تلك الكمية التي تحقق للمنتج أقصى ربح ممكن أو اقل خسـارة ممكنـة، وتسمى هذه الكمية بالكمية التوازنية.

وأن المنتج في تحديده لهذه الكمية إنما يقارن بين ما يتحمله من تكاليف لإنتـاج وحدة إضافية من السلعة، وبين ما تحققه له هذه الوحدة الاضافية من إيرادات، وهو يتوسع دائمـاً في الإنتـاج مـا دامت الوحدة الإضافية التي ينتجها تعطي إيراداً أعلى مما يتحمله من تكاليف، ويتوقف المنتج عن التوسـع عند النقطة التي تتساوى فيها التكلفة الحدية مع الإيراد الحدي.

من ذلك نرى أن الكمية التوازنية لأي منتج من المنتجين- في ظل أي نوع من أنواع الأسواق- إنمـا تتحدد عند نقطة تقاطع منحني التكلفة الحدية والإيراد الحدي. ولئن كان هذا الشرط لازمـاً تحقيقـه حتى يكون المنتج في حالة توازن، إلا أن شكل منحنى الإيراد الحدي يختلف مـن منتج إلى آخر حسـب نـوع السوق التي يعمل في ظلها، وبالتالي فإن مقدار ما يحققه من أرباح أو ما يتحمله من خسـائر إنمـا يتوقـف على نوع السوق.

هذا وسوف نقوم هنا، بدراسـة توازن المنتج في ظل المنافسـة التامـة في كـل مـن الأجل القصـير والأجل الطويل بعد أن نتناول بالتفصيل السعر في حالة المنافسة التامة.

١-١-١١ السعر في حالة المنافسة التامة:

يتحدد السعر في سوق المنافسة التامة عن طريق قوى العرض والطلـب، عـرض جميـع المنتجـين، وطلب جميع المشترين، فإذا كان الطلب الكلي للسلعة يمثله الخط (ط ط) كمـا في الشـكل (٤٢)، وكـان العرض الكلي لها يمثله الخط (ع ع) فإن سعر السلعة في السوق سوف يتحـدد عنـد المسـتوى (س)، وهذا السعر (س) لن يتأثر بدخول أو خروج أي من المشترين حيث أننا سبق أن افترضنا أن الطلب الفـردي لأي مشتر يشكل أو يمثل نسبة صغيرة جداً من الطلب الكلي للسلعة. كما أن هذا

السعر لن يتأثر بخروج أو دخول أي من المنتجين نتيجة لافتراضنا أن العرض الفردي لأي منتج لا يمثل سوى نسبة صغيرة جداً من العرض الكلي للسلعة.

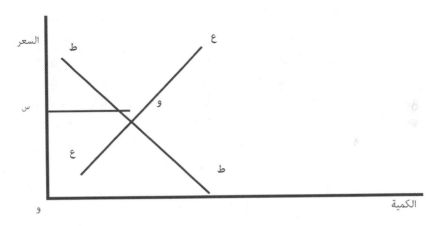

شكل رقم (٤٢)

السعر في سوق المنافسة التامة

من ذلك نرى أن السعر الذي يتحدد في السوق يكون مفروضاً على كل منتج فيه، وعليه أن يتقبله كما هو أن يتوقف عن الإنتاج، إذ ليس في استطاعته أي منتج بمفرد أن يغير من السعر السوق بالزيادة أو النقصان.

وهذا يعني أن منحنى الطلب على منتجات أي منتج يأخذ شكل خط أفقي يقطع محور الأسعار عند السعر الذي يتحدد في السوق. كالخط (و س) في الشكل رقم (٤٢) وعند هذا السعر يستطيع المنتج أن يبيع أي كمية ينتجها.

وحيث أن ما يحققه أي منتج من إيرادات، إنما يتوقف أساساً على السعر الذي يبيع به سلعته، وعلى الكمية التي ينتجها، لذلك فإن الأمر يتطلب منا هنا أن نتطرق إلى موضوع الإيرادات.

وسوف نقوم هنا بالتفرقة بين ثلاث صور للإيرادات وهي:

١- الإيراد الكلي، ويتمثل فيما يحصل عليه أي منتج من بيع كمية معينة من السلعة. ويساوي حاصل ضرب السعر في الكمية.

٢- الإيراد المتوسط، ويتمثل فيما يحصل عليه أي منتج من إيراد بالنسبة لكل وحدة في المتوسط

وبما أن الإيراد الكلي = السعر × الكمية

$$\text{إذن الإيراد المتوسط} = \frac{\text{السعر} \times \text{الكمية}}{\text{الكمية}}$$

٣- الإيراد الحدي، ويتمثل فيما يحصل عليه المنتج من إيراد من الوحدة الأخيرة، أو بمعنى آخر يمثل الزيادة في الإيراد الكلي نتيجة لزيادة الإنتاج بمقدار وحدة واحدة، وبذلك يكون:

الإيراد الحدي للكمية (ك)= الإيراد الكلي للكمية (ك) – الإيراد الكلي للكمية (ك-١)

$$\text{الإيراد الحدي للكمية (ك)} = \frac{\text{الإيراد الكلي للكمية (ك)} - \text{الإيراد الكلي للكمية (ك-١)}}{\text{ك} - \text{ك-١}}$$

من ذلك نرى أنه إذا ما قمنا بدراسة لإيراد المنتج الذي يعمل في ظل المنافسة التامة، والذي يتميز بأن الطلب على منتجه كامل المرونة، أي يكون السعر الذي يبيع به ثابتاً، بغض النظر عن حجم إنتاجه، لوجدنا أن الإيراد الكلي الذي يحصل عليه هذا المنتج = السعر × الكمية. وبما أن السعر ثابت فإننا نستنتج من ذلك أن الإيراد الكلي يتناسب مع الكمية المنتجة.

أما عن الإيراد فهو كما سبق أن أوضحنا يساوي السعر، وحيث أن السعر ثابت، فإننا نستنتج من ذلك أن الإيراد المتوسط يكون ثابتاً ويمثله بيانياً خط أفقي يقطع المحور الرأسي عند السعر السائد في السوق. وبالرجوع إلى شكل (٤٢) فإننا نجد أن الخط الأفقي (وس)، يمثل في نفس الوقت خط الإيراد المتوسط.

أما عن الإيراد الحدي، فإننا نجد أنه نتيجة لثبات السعر، فإن أي وحدة جديدة ينتجها المنتج سوف يبيعها عند السعر السائد في السوق (س)، بمعنى أن إيراده الكلي سوف يزداد بمقدار هذا السعر، وهذا يدل أيضا على أن إيراده الحدي سيكون ثابتاً، ومساوياً للسعر ويمثله بيانياً الخط (و س) في الشكل نفسه رقم (٤٢).

نستنتج من ذلك الشرح أنه في ظل المنافسة التامة يتساوى الإيراد المتوسط والإيراد الحدي ويمثلها منحنى الطلب على المنتج الذي يأخذ شكل خطاً أفقياً.

٢-١-١١ توازن المنتج في حالة المنافسة التامة في الأجل القصير:

حتى يمكننا أن نتعرف على الشروط التي تحقق التوازن للمنتج الذي يعمل في ظل المنافسة التامة في الأجل القصير، وحتى نستطيع أن نتعرف على الكمية التوازنية ومقدار ما يحققه المنتج من أرباح أو ما يتحمله من خسائر، علينا أن نقوم بعمل مقارنة بين تكاليفه، سواء المتوسطة أو الحدية، وبين إيراداته، سواء المتوسطة أو الحدية. وهذه المتغيرات يمكن تمثيلها بيانياً بخطوط كالمبينة في الشكل رقم (٤٣)

شكل رقم (٤٣)

توازن المنتج في حالة المنافسة التامة في الأجل القصير

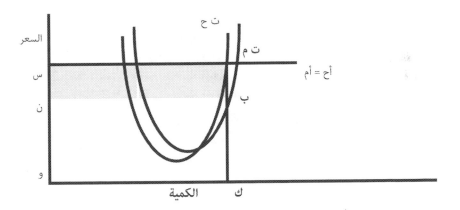

وفي هذا الشكل رقم (٤٣) نجد أن التكلفة الحدية يمثلها (ت ح) والتكلفة المتوسطة يمثلها منحنى (ت م)، في حين أن (أ ح) يشير إلى الإيراد الحدي، (أم) يشير إلى الإيراد المتوسط وكما سبق أن بينا، فإن وضع التوازن بالنسبة لأي منتج، بغض النظر عن السوق التي يعمل في ظلها، يتحدد عندما تتساوى تكلفته الحدية مع إيراده الحدي.

ويلاحظ من الشكل (٤٢) أن منحنى التكلفة الحدية يقطع منحنى الإيراد الحدي عند النقطة (أ) ومن ثم فإنه إذا ما أسقطنا من هذه النقطة عموداً على الكميات، لتحددت الكمية التوازنية التي يجب على المنتج أن ينتجها وهي الكمية (ك).

ولمعرفة ما يحققه المنتج من أرباح، إذا ما أنتج هذه الكمية، فإن الأمر يقتضي منا أن نقوم بحساب كل من الإيراد الكلي والتكلفة الكلية، والفرق بينهما إنما يمثل إجمالي الربح.

فإذا ما علمنا – من واقع الشكل رقم (٤٣) أن المنتج ينتج الكمية (و ك)، ويبيعها بالسعر (وس)، فإن الإيراد الكلي في هذه الحالة يتمثل في حاصل ضرب (وك) في (وس)، ويمثله هنا مساحة المستطيل (أ ك وس).

وإذا ما علمنا أيضاً أن تكلفة الوحدة في المتوسط لهذه الكمية هي (ون) فإن تكلفة الإنتاج الإجمالية تكون هي حاصل ضرب الكمية المنتجة (وك) في التكلفة المتوسطة (ون)، ويمثلها هنا مساحة المستطيل (ب ك ون).

فإذا ما عرفنا الربح الكلي بأنه يساوى = الإيراد الكلي - التكلفة الكلية لاتضح لنا أن الربح الكلي الذي يحققه المنتج في مثالنا هذا، هو الفرق بين المستطيلين (أك وس)، (ب ك ون) ما يمثله المستطيل المحصور بينهما (أ ب ن س).

أما إذا ما افترضنا أن السعر في السوق كان قد تحدد عند مستوى اقل من المستوى (س)، أو أن تكلفة إنتاج أحد المنتجين كانت أعلى مما تعبر عنه منحنيات التكلفة في الشكل (٤٣) فإن وضع التوازن بالنسبة لهذا المنتج سيكون مختلفاً.

فإذا ما تصورنا مثلاً أن منتجا يعمل في ظل ظروف مثل تلك المبينة في الشكل (٤٤) فإننا نلاحظ أن الكمية التوازنية (ك)، سوف تتحدد أيضا كما في الشكل السابق (٤٣) عند نقطة تقاطع الإيراد الحدي مع التكلفة الحدية، ولكن يلاحظ هنا أن التكلفة المتوسطة (و ن) تكون أعلى من الإيراد المتوسط أو السعر و س، وبذلك فإن المنتج يكون متحملاً خسائر قدرها (س ن) بالنسبة لكل وحدة منتجة، أي خسائر إجمالية يمثلها في الشكل هنا مساحة المستطيل (ب أ س ن).

وفي مثل هذه الحالة، على المنتج أن يتخذ قراراً، إما بالاستمرار في الإنتاج أو وقف نشاطه الإنتاجي إلى حين تحسن ظروف السوق، وحتى يستطيع المنتج أن يتخذ القرار المناسب فإنه عادة ما يفرق بين تكاليف الإنتاج الثابتة وتكاليف الانتاج المتغيرة، ويتوقف قراره على المقارنة بين جملة إيراداته وتكلفة الإنتاج المتغيرة أو على المقارنة بين ما يتحمله من خسائر وبين تكلفة الإنتاج الثابتة. فإذا كانت إيراداته تغطي تكاليف إنتاجه المتغيرة أو بمعنى آخر إذا كانت خسائره اقل من تكاليف إنتاجه الثابتة، فإنه من الأفضل له أن يستمر في الإنتاج في الأجل القصير، وذلك لأن استمراره في الإنتاج سوف يحمله خسائر اقل من تلك التي يتحملها لو أنه توقف عن الإنتاج، والتي تتمثل فيما يجب عليه أن يتحمله من تكاليف ثابتة.

شكل رقم (٤٤)
التكلفة المتوسطة والتكلفة الحدية

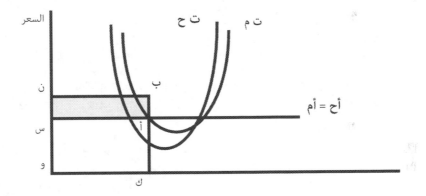

ولتوضيح هذه النقطة نسوق المثال التالي:

مثال:

إذا افترضنا أن تكلفة إنتاج الكمية التوازنية بالنسبة لمنتج معين هي ١٠٠٠ دينار، مقسمة إلى ٨٠٠ دينار تكاليف متغيرة ٢٠٠ دينار تكاليف ثابتة، وإذا

افترضنا أن إيراده الكلي من هذه الكمية هو ٩٠٠ دينار، في هذه الحالة، نجد أن إيراده الكلي (٩٠٠) يغطي تكاليفه المتغيرة (٨٠٠)، أو بمعنى آخر تكون خسائره (١٠٠) أي اقل من تكاليف الثابتة (٢٠٠). إذن من مصلحته أن يستمر في الإنتاج في الأجل القصير متحملاً هذه الخسارة (١٠٠) دينار، إذا أن توقفه عن الإنتاج سوف يحمله خسائر قدرها ٢٠٠ دينار، (وهي التكاليف الثابتة التي يجب عليه أن يتحملها سواء أنتج أم لم ينتج).

أما في الأجل الطويل حيث يكون في استطاعته أن يغير عن عوامل الإنتاج الثابتة، فعليه أن يخرج من الصناعة إذا ما استمرت هذه الخسائر.

أما إذا كانت إيراداته الكلية هي ٧٥٠ دينار فقط بمعنى أنها لا تغطي تكلفة إنتاجه المتغيرة، أو أن خسائره تفوق تكلفة إنتاجه الثابتة، فإن من مصلحة المنتج في هذه الحالة أن يتوقف عن الإنتاج، حتى في الأجل القصير، حيث أن استمراره سوف يحمله خسائر قدرها ٢٥٠ دينار، في حين أن توقفه لن يحمله سوى قيمة التكاليف الثابتة وهي ٢٠٠ دينار.

من كل ما سبق نخرج بأن المنتج الفرد، في حالة المنافسة التامة، يكون في حالة توازن في الأجل القصير عند النقطة التي يتساوى فيها الإيراد الحدي مع التكلفة الحدية، بشرط ألا يقل الإيراد الكلي عن التكلفة المتغيرة، أو بمعنى آخر أن يكون السعر من الارتفاع بحيث يغطي التكلفة المتغيرة المتوسطة.

١١-١-٣ توازن المنتج في حالة المنافسة التامة في الأجل الطويل:

أوضحنا سابقاً توازن المنتج الفرد، الذي يعمل في ظل سوق المنافسة التامة، وذلك في الأجل القصير، ووجدنا أن المنتج يكون في حالة توازن إذا ما تساوى الإيراد الحدي مع التكلفة الحدية، وقد قمنا باستعراض حالتين لهذا التوازن: الأولى وهي التي يكون فيها الإيراد المتوسط أو السعر أعلى من التكلفة المتوسطة، وفي مثل هذه الحالة يحقق المنتج أرباحاً إجمالية كما في الشكل (٤٣) والحالة الثانية وهي التي يكون فيها الإيراد المتوسط أقل من التكلفة المتوسطة الكلية وأعلى من التكلفة المتوسطة المتغيرة، وفي مثل هذه الحالة يتحمل المنتج خسائر كما في شكل رقم (٤٤)

أما في الأجل الطويل، حيث يكون هناك من الوقت ما يكفي لدخول منتجين جدد للاستفادة من الأرباح، إذا ما تحققت مثل هذه الأرباح، أو خروج منتجين قدامى هرباً من الخسائر، إذ كان لابد من تحملهم مثل هذه الخسائر في الأجل القصير، ويؤدي دخول أو خروج المنتجين إلى إحداث تغيرات في العرض الكلي للسلعة بالزيادة أو النقصان، بحيث يؤثر ذلك على السعر السائد في السوق انخفاضاً

أو ارتفاعاً، وبالتالي يؤدي إلى التأثير على الأرباح أو الخسائر بحيث تتلاشى في الأجل الطويل، وبذلك يحصل كل منتج على أرباحه العادية فقط، ومن ثم ينعدم الدافع لدخول منتجين جدد او خروج منتجين قدامى، وهنا تصبح الصناعة كلها في حالة توازن.

فإذا ما عدنا إلى حالة المنتج الممثلة في الشكل رقم (٤٣)، حيث حصل على ربح قدره (س ن) عن كل وحدة من الوحدات المنتجة، ولو افترضنا (نتيجة لتوفر المعرفة التامة بأحوال السوق) أن كل المنتجين يحصلون على أرباح غير عادية، فإن هذه الأرباح سوف تغري منتجين جدد للدخول في هذه الصناعة للاستفادة من معدل الربح المرتفع، وبالرغم من افتراضنا السابق في أن دخول منتج واحد لن يؤثر على العرض الكلي للسلعة في السوق، إلا أن دخول أعداد كبيرة من المنتجين من شأنه أن يزيد هذا العرض للدرجة التي تخفض من السعر إلى مستوى اقل من المستوى (س) ومن شأن هذا الانخفاض في السعر (مع بقاء منحنيات التكلفة على ما هي عليه) أن يؤدي إلى انخفاض معدل الربح. وهكذا نجد أن دخول أي عدد من المنتجين، يؤدي إلى انخفاض أح = أم إلى المستوى الذي يمس فيه منحنى التكلفة المتوسطة عند أدنى نقطة له، وهي النقطة أ في الشكل رقم (٤٥). وعند هذه النقطة يكون الإيراد المتوسط (وس) مساوياً للتكلفة المتوسطة، ومن ثم تتلاشى الأرباح التي كان يحصل عليها المنتجون، وينعدم الدافع لدخول منتجين جدد وتصبح الصناعة كلها في حالة توازن.

أما إذا ما عدنا إلى حالة المنتج الممثلة في الشكل (٤٤) والتي كان يتحمل فيها خسائر قدرها (ن س) عن كل وحدة منتجة، فانه وإن كان يتحمل هذه الخسائر في الأجل القصير إذا كانت اقل من تكلفته الثابتة، إلا أنه في الأجل الطويل سوف يخرج هو ومن في مثل وضعه من مجال الصناعة، مما يؤدي إلى نقص العرض الكلي للسلة في السوق، وبالتالي يرتفع السعر إلى مستوى أعلى من المستوى (س) ويتمثل ذلك بيانياً في ارتفاع الخط أح = أم ويستمر هذا الخط في الارتفاع، مع خروج أي مجموعة من المنتجين، الى الحد الذي يمس فيه منحنى التكلفة المتوسطة، كما هو الحال في الشكل (٤٥) وهنا تتساوى التكلفة المتوسطة مع الإيراد المتوسط، وتتلاشى الخسائر التي يتحملها المنتجون، وينعدم الدافع لخروج المنتجين من هذه الصناعة، وهنا تصبح الصناعة كلها في حالة توازن.

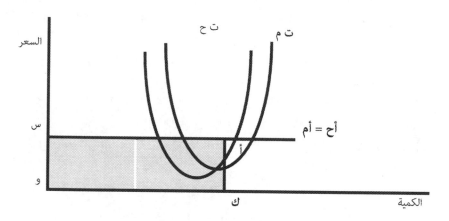

شكل رقم (٤٥)
التكلفة المتوسطة والإيراد المتوسط

من ذلك نرى أن شروط التوازن بالنسبة للمنتج وبالنسبة للصناعة في الأجل الطويل هي أن

يكون:

الإيراد الحدي = التكلفة الحدية

الإيراد المتوسط = التكلفة المتوسطة

٢-١١ توازن المنتج في حالة الاحتكار

Producer's Equilibrium in Monopolistic Market

يتميز هذا النوع من الأسواق بوجود منتج واحد يقوم بإنتاج السلعة، لا يشاركه في إنتاجها أحـد، ومن ثم فإن العرض الفردي لهذا المنتج يكون هو العرض الكلي للسلعة في السوق.

وليس معنى وجود منتج محتكر أن يكون في استطاعته التـحكم التـام في أحـوال السـوق، إذ أن طلب المستهلكين، بالإضافة الى عرض المنتجين، يمثل

٣١٩

عنصراً فعالاً في تحديد السعر، فلا يستطيع المحتكر مثلاً أن ينتج أي كمية يشاء ويبيعها بأي سعر يريد، ولكنه يستطيع فقط أن يتحكم إما في السعر الذي يبيع به وإما في الكمية التي يعرضها للبيع، فإذا ما حدد المنتج سعراً محدداً يبيع به سلعة، فإن المستهلكين هم الذين يحددون الكمية التي يطلبونها عند هذا السعر واذا ما حدد المنتج الكمية التي يبيعها، فإن المستهلكين هم الذين يحددون السعر الذي يشترون به هذه الكمية.

من ذلك نرى أنه إذا أراد المنتج المحتكر أن يبيع كميات إضافية من السلعة التي ينتجها، فإنه لا يستطيع ذلك إلا اذا قام بتخفيض السعر للحد الذي يغري المستهلكين بشراء هذه الكمية، وهذا يعني أن الزيادة في الكمية المنتجة لابد وأن تكون مصحوبة بانخفاض في السعر، وبذلك نستنتج أن منحنى الطلب على المنتج المحتكر إنما يأخذ الشكل المألوف لمنحنى الطلب ذي الميل السالب.

والجدول رقم (٢٤) يعطي مثالاً لجدول الطلب والإيراد الحدي لأحد المنتجين الذين يعملون في ظل سوق احتكار البيع

جدول رقم (٢٤)
كمية الطلب والإيراد الحدي

الإيراد الحدي	الإيراد الكلي	السعر	الكمية
٢٠	٢٠	٢٠	١
١٨	٣٨	١٩	٢
١٦	٥٤	١٨	٣
١٤	٦٨	١٧	٤
١٢	٨٠	١٦	٥
١٠	٩٠	١٥	٦
٨	٩٨	١٤	٧
٦	١٠٤	١٣	٨
٤	١٠٨	١٢	٩
٢	١١٠	١١	١٠

وهناك ملحوظتان على هذا الجدول رقم (٢٤) تجدر الإشارة إليهما:

١- على خلاف الحال بالنسبة للمنتج في ظل المنافسة التامة، نجد أن الإيراد الحدي الذي يواجه المنتج المحتكر يختلف عن الإيراد المتوسط.

٢- كذلك يلاحظ أن معدل الانخفاض في الإيراد الحدي، يكون أكبر من معدل الانخفاض في الإيراد المتوسط بل أنه يمكننا القول على وجه التحديد، أنه اذا كان الإيراد المتوسط أي الطلب، يأخذ شكل خط مستقيم فإن الإيراد الحدي يأخذ أيضا شكل خط مستقيم يقع إلى اليسار - أدنى- خط الطلب، ويكون معدل تغيره ضعف معدل تغير خط الطلب، بحيث أن خفض السعر بمقدار قرش واحد، يؤدي إلى خفض الإيراد بمقدار قرشين. والشكل رقم (٤٦) يمثل العلاقة بين هذين المتغيرين بالنسبة بالنسبة للمنتج المحتكر. حيث نجد أن الخط (أم) يمثل الإيراد المتوسط أو خط الطلب.

الخط (أح) يمثل خط الإيراد الحدي

شكل رقم (٤٦)

خط الطلب وخط الإيراد الحدي

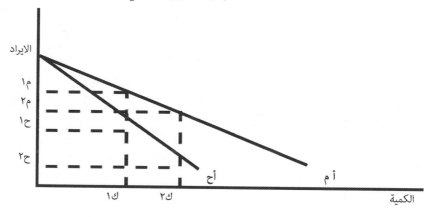

ومن هذا الشكل نرى أن المنتج إذا ما قام بإنتاج الكمية (ك$_1$) فانه سيبيع هذه الكمية بالسعر (م$_1$) للوحدة، وسوف يحصل على إيراد حدي قدره (ح$_1$) من الوحدة الأخيرة، فإذا ما زادت الكمية المنتجة من (ك$_1$) إلى (ك$_2$) بمقدار (ك$_1$ك$_2$)

فان ذلك سوف يؤدي إلى انخفاض السعر من (م١) إلى (م٢) أي بمقدار المسافة (م١م٢) وسوف يؤدي ذلك أيضا إلى انخفاض الإيراد الحدي من (ح١) الى (ح٢) أي بمقدار المسافة (ح١ ح٢) ونلاحظ من الشكل أم المسافة (ح١ح٢) ضعف المسافة (م١م٢)

١١-٢-١ توازن المنتج المحتكر

يكون المنتج المحتكر في حالة توازن، إذا ما انتج تلك الكمية التي تعطي أكبر ربح ممكن، وبالتالي فإن المنتج يستمر في التوسع في الإنتاج، ما دامت كل وحدة جديدة يقوم بإنتاجها، تحقق له ربحاً صافياً يضاف إلى جميع الأرباح التي سبق تحقيقها من الكميات السابقة، وهذا معناه أنه على الرغ من أن أي وحدة جديدة ينتجها، ستؤدي إلى خفض الإيراد الحدي الذي يحصل عليه، كما تؤدي ايضا إلى زيادة التكلفة الحدية، إلا أنه في المراحل الأولى يكون مستوى الإيراد الحدي الذي يحصل عليه، كما تؤدي ايضا إلى زيادة التكلفة الحدية، إلا أنه في المراحل الأولى يكون مستوى الإيراد الحدي أعلى من مستوى التكلفة الحدية بحيث تحقق ربحاً موجباً. ويتوقف المنتج عن التوسع في الإنتاج عند النقطة التي تتساوى فيها التكلفة الحدية (المتزايدة) مع الإيراد الحدي (المتناقص) إذ أن إنتاج وحدة إضافية بعد هذه النقطة من شأنه أن يجعل الإيراد الحدي لها اقل من تكلفتها الحدية، وبالتالي تحقق له ربحاً حدياً سالباً (خسارة) يخفض من جملة الأرباح التي يحققها من جميع الوحدات السابقة. والجدول (٢٥) يمثل تكلفة الإنتاج والإيراد الحدي لأحد المنتجين.

جدول رقم (٢٥)

تكلفة الإنتاج الحدية والإيراد الحدي

الكمية	الايراد الحدي	التكلفة الحدية	الربح الحدي	الربح الاجمالي
١	٢٠	٥	١٥	١٥
٢	١٨	٦	١٢	٢٧
٣	١٦	٧	٩	٣٦
٤	١٤	٨	٦	٤٢
٥	١٢	٩	٣	٤٥
٦	١٠	١٠	-	٤٥
٧	٨	١١	٣-	٤٢
٨	٦	١٢	٦-	٣٦

ويلاحظ من الجدول رقم (٢٥) أنه على الرغم من أن الإيراد الحدي يتناقص مع زيادة الإنتاج، ومن أن التكلفة الحدية تتزايد، إلا أن مستوى التكلفة الحدية يكون اقل من مستوى الإيراد الحدي في المراحل الأولى مع الإنتاج، بحيث يؤدي التوسع في الإنتاج في هذه المرحلة إلى تزايد الأرباح الإجمالية، فالوحدة الأولى مثلاً تكلف المنتج ٥ وتعطي إيراداً قدره ٢٠، وبذلك تحقق ربحاً قدره ١٥ والوحدة الثانية تكلف المنتج تكلفة ٦ ، أي أكثر من الوحدة الأولى، وإيراد قدره ١٨، أي اقل من الوحدة الأولى وبذلك تحقق له ربحاً قدره ١٢ فقط، يضاف إلى الربح الناشئ عن الوحدة الأولى، وبذلك تحقق له ربحاً حدياً قدره ١٢ فقط، يضاف إلى الربح الناشئ عن الوحدة الأولى، ليصبح الربح الإجمالي للوحدتين ٢٧. وهكذا الحال بالنسبة للوحدات التالية حيث نجد أن كل وحدة إضافية تكلف المنتج تكلفة أعلى من الوحدة السابقة. في حين تعطي له إيرادا اقل، وبذلك تحقق له ربحاً حدياً اقل يضاف إلى الربح الإجمالي المتحقق على الوحدات السابقة، حتى اذا ما وصلنا إذا الوحدة السادسة، فإننا نجد أن الإيراد الحدي يتساوى مع التكلفة الحدية، وبذلك يكون الربح الحدي صفراً، ويبلغ الربح الإجمالي أقصى قيمة له وهي ٤٥، وهنا يكون المنتج في حالة توازن، وذلك لأن أي زيادة في الإنتاج بعد ذلك ستحقق له ربحاً حدياً سالباً (أي خسائر) تخفض من أرباحه الإجمالية التي يحققها من الوحدات السابقة، فمثلاً نجد أن الوحدة السابعة تكلف المنتج ١١، وتعطي له إيرادا قدره ٨، وبذلك تحقق له خسائر قدرها ٣، تخصم من الربح السابق ليصبح ٤٢.

ومرة أخرى، إذا عدنا للتمثيل البياني، فإننا نجد أن الشكل رقم (٤٧) يمثل توازن المنتج في حالة الاحتكار حيث:

الخط (أم) يمثل خط الطلب (الإيراد المتوسط)

الخط (أح) يمثل خط الإيراد الحدي.

المنحنى (ت ح) يمثل التكلفة الحدية.

المنحنى (ت م) يمثل التكلفة المتوسطة.

وفي هذا الشكل رقم (٤٧) يتحدد توازن المنتج عند النقطة التي يقطع فيها خط الإيراد الحدي منحنى التكلفة الحدية، وهي النقطة (ج) فإذا ما أسقطنا من هذه النقطة عموداً على محور الكميات، لتحددت الكمية التوازنية (و ك).

ولمعرفة السعر الذي يبيع به المنتج الكمية نقيم عموداً من (ك) حتى يتقاطع مع منحنى الطلب (أم) عند النقطة (أ) وبذلك يكون السعر هو (و س).

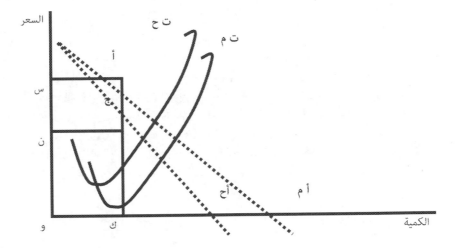

شكل رقم (٤٧)
توازن المنتج في حالة الاحتكار

وتتحدد التكلفة المتوسطة لهذه الكمية، عند النقطة التي يقطع فيها العمود المقام من (ك) منحنى التكلفة المتوسطة عند النقطة (ب) وبذلك تكون التكلفة المتوسطة هي (ون)، وبذلك يحقق المنتج إيرادات إجمالية مساوية لحاصل ضرب الكمية (وك) في السعر (وس) ويمثله هنا مساحة المستطيل (أك وس)، كما يتحمل منتج تكلفة إجمالية مساوية لحاصل ضرب الكمية (وك) في الكمية المتوسطة (ون)، ويمثلها المستطيل (ب ك ون)، والفرق بينهما إنما يمثل ما يحققه المنتج من أرباح إجمالية.

أما الحالة التي يتحمل فيها المنتج المحتكر خسائر، التي يمثلها الشكل رقم (٤٨) في هذه الحالة، فإن المنتج المحتكر، عليه أن يستمر في الإنتاج في الأجل القصير، ما دام إيراده يغطي تكلفته المتغيرة، أو بمعنى آخر ما دام ما يحققه من خسائر أقل مما يتحمله من تكاليف ثابتة.

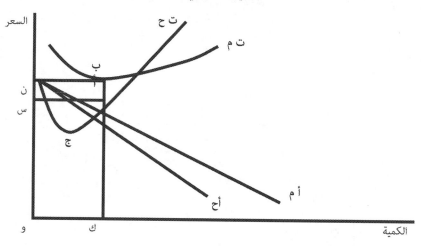

الشكل رقم (٤٨)
المنتج المحتكر في الأجل القصير

أما إذا كانت إيراداته لا تغطي تكاليفه المتغيرة، ففي هذه الحالة يكون من مصلحة المحتكر أن يتوقف عن الإنتاج، متحملاً تكاليفه الثابتة، التي تكون اقل من الخسائر التي يمكن أن يتحملها إذا استمر في الإنتاج، ولكن يلاحظ في غالبية الأحيان، أن المنتج حتى في مثل هذه الظروف، لا يتوقف عن الإنتاج، إما محافظة على سمعته في السوق، وإما خوفاً من دخول منتجين آخرين يشاركونه الاحتكار، وإما بسبب التزام قانوني قبل الحكومة بأن يستمر في الإنتاج، لذلك فإننا نجد أن المنتج المحتكر عادة ما يستمر في الأجل القصير، على أمل أن تتغير ظروف السوق عن طريق زيادة في طلب المستهلكين أو انخفاض في تكلفة الإنتاج وذلك عن طريق تغيير حجم مشروعه بما يتناسب مع الطلب على منتجه.

١١-٢-٢ توازن المحتكر في الأجل الطويل:

إذا ما حقق المنتج المحتكر أرباحا غير عادية في الأجل القصير، فإنه سيحتفظ بهذه الأرباح في الأجل الطويل حيث أنه لا يوجد ما يحول دون احتفاظه بهذه الأرباح إلا إذا حدث تغير في طلب المستهلكين أو في تكاليف الإنتاج، وهذا طبعاً على افتراض أن المنتج سوف يتمكن من إغلاق السوق على نفسه، ويمنع منتجين آخرين من الدخول للاستفادة من الأرباح ا العالية.

أما إذا كان المنتج يتحمل خسائر في الأجل القصير واستمرت هذه الخسائر في الأجل الطويل، فإنه لا بد أن يتوقف عن الإنتاج نهائياً أو يغير من حجم مشروعه، أي التكاليف الثابتة والمتغيرة، حتى تتلاشى هذه الخسائر، ويكون المنتج في حالة توازن، عند النقطة التي يمس فيها خط الإيراد المتوسط منحنى التكلفة المتوسطة كما هو مبين في الشكل رقم (٤٩)

شكل رقم (٤٩)

توازن المحتكر في الأجل الطويل

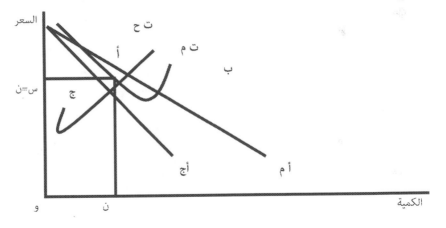

وفي هذا الشكل نرى أن المنتج ينتج الكمية (وك)، ويبيعها عند السعر (وس) وتكوين تكلفته المتوسطة هي (ون) = (وس)، أي أن التكلفة المتوسطة= الإيراد المتوسط وبذلك لا يحقق المنتج أي أرباح غير عادية كما لا يتحمل أي خسائر.

١١-٣ توازن المنتج في حالة المنافسة الاحتكارية:

Producer's Equilibrium in Monopolistic Competition Market

سبق أن عرفنا سوق المنافسة التامة بأنها السوق التي يكون فيها عدد كبير من البائعين والمشترين، يتعاملون في سلعة متجانسة الوحدات، وتتوفر لهم المعرفة التامة بأحوال السوق، ومن ثم فإن السعر الذي يتم به التعامل يكون واحداً بالنسبة لجميع المتعاملين، واي منتج يحاول أن يرفع سعره، ولو بمقدار صغير عن سعر السوق فسيكون من نتيجة ذلك أن يتحول جميع المستهلكين عنه، أي أن الطلب على المنتج الفرد يكون طلباً كامل المرونة.

ولكن إذا افترضنا عدم توافر المعرفة التامة بأحوال السوق من جانب المستهلكين، للدرجة التي يستطيع فيها أي منتج أن يميز السلعة التي يقوم بإنتاجها عن تلك التي ينتجها بقية المنتجين، فإنه بذلك يتمكن من ربط جزء من المشترين بسلعته، بحيث يجعلهم يفضلونها على غيرها، لما تتسم به من مزايا، أو لما يعتقدون (سواء عن صواب أو خطأ) أنها تتسم به من مزايا، وبالتالي يتمكن المنتج من رفع سعره عن السعر الذي يبيع به بقية المنتجين في السوق، دون أن يؤدي ذلك الى تحول جميع المشترين عنه، حقيقة ان جزء من طلب على سلعته سوف يتحول إلى المنتجين الآخرين، وسوف يتوقف هذا الجزء على عنصرين أساسيين هما:

١- قدرة المنتج على تمييز سلعته عن غيرها من السلع، بحيث كلما زاد هذا التمييز ازداد ارتباط المستهلكين بها، وبالتالي يكون الجزء الذي يتحول عنه صغيراً.

٢- مقدار الارتفاع في السعر عن أسعار بقية المنتجين.

ولتوضيح ذلك نسوق المثال التالي:

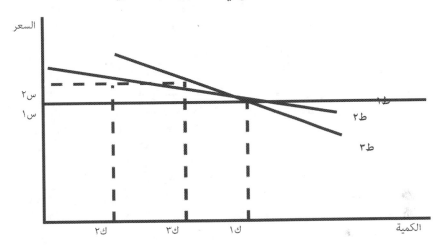

شكل رقم (٥٠)
توازن المنتج في حالة المنافسة الاحتكارية

إذا افترضنا أن منحنى الطلب على المنتج، في حالة تجانس جميع وحدات السلعة في السوق، يمثل الخط الكامل المرونة (ط₁) في الشكل رقم (٥٠) وأن المنتج يقوم بإنتاج الكمية (ك₁)

فإننا نلاحظ أنه إذا قام بتميز سلعته، بحيث يشعر بعض المستهلكين أن ما ينتجه يختلف عما ينتجه الآخرون، فسوف يكون تأثير ذلك أن منحنى الطلب سوف يأخذ شكلاً مختلفاً، بحيث يصبح أكثر ميلاً، أي اقل مرونة، كما هو الحال بالنسبة للخط (ط₂) وفي ظل هذا الخط نجد أن رفع السعر من (س₁) الى (س₂) لن يؤدي إلى تحرك الطلب كلياً عنه، ولكن سوف يتحول ذلك الجزء الذي تمثله الكمية (ك₁ ك₂) فقط، وهكذا نجد أنه كلما رفع المنتج السعر كلما أدى ذلك الى تحول جزء أكبر من الطلب عنه.

٣٢٨

وإذا ما قام المنتج بزيادة في تمييز السلعة، بحيث يزداد الفرق في نوعيتها عن غيرها من السلع، فإن ذلك سوف يؤدي مرة أخرى إلى تغيير منحنى الطلب ليأخذ الشكل الأقل مرونة (ط$_{٣}$) وبالتالي تصبح السوق التي يعمل في ظلها هذا المنتج، أكثر انفصالاً عن أسواق المنتجين الآخرين، ويصبح المنتج أكثر حرية في تغيير السعر الذي يبيع به بحيث نجد أن رفع السعر من س$_{١}$) الى (س$_{٢}$) لن يؤدي الى نقص الكمية المطلوبة الا بالمقدار الأقل (ك$_{١}$ك$_{٢}$)

من ذلك نرى أنه في ظل المنافسة الاحتكارية، لا تقوم المنافسة بين المنتجين على أساس تخفيض الأسعار، ولكن على أساس محاولة كل منتج أن يفصل السوق التي يعمل بها عن غيرها من الأسواق، ويحاول أن يزيد من ارتباط المستهلكين بما ينتجه، بحيث يجعلهم اقل رغبة في التحول عنه نتيجة لرفع السعر.

فإذا ما نجح المنتج في ذلك، فإنه يكون موقف شبيه بموقف المحتكر، وبالتالي يسلك سلوكاً قريباً من سلوك المنتج أو المحتكر، ولكن مع الأخذ في الاعتبار أن الطلب عليه يكون أكثر مرونة من مرونة الطلب على المنتج المحتكر، وبالتالي فإن قدرته على التصرف في السوق تكون محدودة.

من ذلك نرى أنه اذا كان الخط (ط$_{١}$) يعبر عن الطلب على المنتج الذي يقوم بإنتاج جزء بسيط جداً من العرض الكلي لسلعة متجانسة، وإذا كان الخط (ط$_{٣}$) يمثل منحنى الطلب إذا كان المنتج هو المحتكر الوحيد لهذه السلعة، فإنه في حالة المنافسة الاحتكارية، أو بتعبير أدق في حالة المنافسة غير التامة، يكون منحنى الطلب أكثر ميلاً من الخط (ط$_{١}$) وأقل ميلاً من الخط (ط$_{٣}$)، واقترابه أو ابتعاده عن الخط (ط$_{٣}$) يتوقف أساسا على قدرته على تمييز سلعته عن غيرها من السلع.

ولكن قد يثار سؤال عن نوعية المنافسة التي يمكن أن تنشأ إذا كانت السلعة التي يتم التعامل عليها في السوق سلعة متجانسة، في حين أن المنتجين لها ليسوا من الكبر بحيث تتسم السوق بحالة المنافسة الكاملة، في مثل هذه الحالة يمكن القول أن كل منتج من المنتجين سوف يحاول أن يجتذب نحو أكبر عدد ممكن من المستهلكين، وذلك بتعريفهم بنفسه وبالسلعة التي ينتجها عن طريق الإعلانات بحيث يجعل الكمية التي يبيعها تقترب من الكمية التي تحقق التوازن. أي الكمية التي يكون عندها الإيراد الحدي مساوي للتكلفة الحدية.

ذكرنا في فصل نظرية الأسواق أن من أهم خصائص سوق المنافسة التامة ما يلي:

١- عدد كبير جدا من البائعين والمشترين.

٢- تجانس وحدات السلعة.

٣-	حرية الدخول إلى السوق والخروج منه.

٤-	توافر المعلومات عن السلعة.

٥-	عدم وجود تعاون بين البائعين.

والجدول التالي يوضح الإيرادات في سوق المنافسة التامة إذا افترضنا ان سعر السلعة هو ٦٠ دينار.

تطبيقات عملية:

سعر السلعة
٦٠

جدول الايرادات

سوق المنافسة التامة

الكمية المباعة	الإيرادات الكلية	الإيراد المتوسط	الإيراد الحدّي
١	٦٠	٦٠	٦٠
٢	١٢٠	٦٠	٦٠
٣	١٨٠	٦٠	٦٠
٤	٢٤٠	٦٠	٦٠
٥	٣٠٠	٦٠	٦٠
٦	٣٦٠	٦٠	٦٠
٧	٤٢٠	٦٠	٦٠
٨	٤٨٠	٦٠	٦٠

سعر السلعة

=

الإيراد المتوسط

=

الإيراد الحدّي

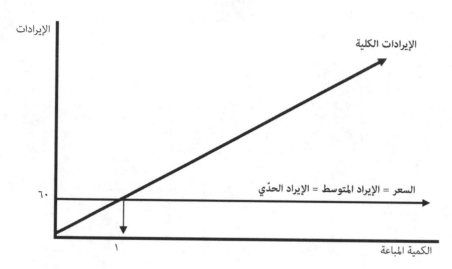

منحنيات الإيرادات

سوق المنافسة التامة

الإيرادات

الإيرادات الكلية

السعر = الإيراد المتوسط = الإيراد الحدّي

٦٠

الكمية المباعة

١

وأما سوق الاحتكار المطلق له عدد من الخصائص وهي:

١- بائع واحد.

٢- تجانس وحدات السلعة.

٣- استحالة الدخول إلى السوق.

٤- توافر المعلومات عن السلعة من البائع.

ويمكن توضيح ذلك من خلال جدول الايرادات في سوق الاحتكار المطلق.

تطبيقات عملية:

جداول الإيرادات

سوق الاحتكار المطلق

الكمية المباعة	سعر السلعة	الإيرادات الكلية	الإيراد المتوسط	الإيراد الحدّي
١	٦٠	٦٠	٦٠	٦٠
٢	٥٥	١١٠	٥٥	٥٠
٣	٥٠	١٥٠	٥٠	٤٠
٤	٤٥	١٨٥	٤٥	٣٠
٥	٤٠	٢٠٠	٤٠	٢٠
٦	٣٥	٢١٠	٣٥	١٠
٧	٣٠	٢١٠	٣٠	صفر
٨	٢٥	٢٠٠	٢٥	١٠-

أسئلة الخطأ والصواب

أجب صح أم خطأ :

١- إن توازن المنتج هي تلك الحالة التي تحقق للمنتج أقصى ربح ممكن أو أقل خسارة ممكنة.

٢- الكمية التوازنية لأي منتج من المنتجين في ظل أي نوع من أنواع الأسواق انما تتحدد عند نقطة تقاطع منحنيا التكلفة الحدية والإيراد الحدي.

٣- لا يتحدد السعر في سوق المنافسة التامة عن طريق قوى العرض والطلب.

٤- الإيراد الكلي يساوي حاصل ضرب السعر في الكمية

٥- الإيراد المتوسط = $\frac{\text{السعر} \times \text{الكمية}}{\text{الكمية}}$

٦- الربح يمثل الفرق بين الإيراد الحدي والتكلفة الكلية.

٧- يتميز سوق الاحتكار بوجود عدد لا بأس به من المنتجين في السوق.

٨- يتميز سوق المنافسة التامة بأنها السوق التي يكون فيها عدد كبير من البائعين والمشترين.

أسئلة للمناقشة

السؤال الأول: وضّح مع الرسم البياني توازن المنتج في حالة المنافسة التامة في الأجل الطويل.

السؤال الثاني: ناقش توازن المنتج في حالة المنافسة في الأجل القصير.

السؤال الثالث: يتحدد السعر في سوق المنافسة التامة عن طريق قوى العرض والطلب وضح ذلك بالتفصيل.

السؤال الرابع: اشرح توازن المنتج في حالة الاحتكار في الأجل الطويل.

السؤال الخامس: اشرح توازن المنتج في حالة المنافسة الاحتكارية.

أسئلة الاختيارات المتعددة وتمارين عملية

ضع دائرة (O) حول رمز الإجابة الصحيحة مما يلي:

١- إذا كان منحنى الطلب على سلعة ما منحدراً من أعلى إلى أسفل ومن اليسار إلى اليمين:

أ. ستزيد الكمية المطلوبة من السلعة بزيادة الدخل.

ب. سيزيد الطلب على السلعة عندما ينخفض سعر سلعة بديلة.

ج. ستزيد الكمية المطلوبة من السلعة عندما ينخفض سعرها.

د. تتغير الكمية المطلوبة طردياً مع سعرها.

هـ لا شيء مما سبق.

٢- في حالة زيادة الطلب:

أ. ينتقل منحنى الطلب بأكمله إلى يمين المنحنى الأصلي.

ب. ينتقل المستهلك من نقطة إلى أخرى على نفس المنحنى الأصلي.

ج. ينتقل منحنى الطلب بأكمله إلى يسار المنحنى الأصلي.

د. يبقى المنحنى في مكانه والذي يتغير هو السعر فقط.

٣- إذا كانت هناك سلعتان بديلتان (متنافستان) وارتفع سعر الأولى وبقي سعر الثانية ثابتاً فإن ذلك يؤدي إلى:

أ. انخفاض الطلب على السلعة الأولى

ب. زيادة الطلب على السلعة الثانية

ج. ارتفاع الطلب على السلعة الأولى

د. انخفاض الطلب على السلعة الثابتة

هـ (أ) و (ب)

و. (ج) و (د)

٤- تقاس مرونة الطلب بقسمة:

أ. التغير في الكمية المطلوبة على التغير في السعر

ب. الكمية المطلوبة على التغير في السعر

ج. التغير النسبي في الكمية على التغير في السعر.

د. ليس أيا من الإجابات السابقة.

٥- إذا كان الطلب على السلعة بالنسبة للدخل غير مرن فإن هذا يعني:

أ. إن التغير في الدخل يؤدي إلى تغير الكمية المطلوبة بنسبة أكبر.

ب. إن نسبة التغير في الكميات المطلوبة من السلعة يكون أقل من نسبة التغير في الدخل.

ج. يكون معامل مرونة الطلب الدخلية أكبر من واحد صحيح

د. يكون معامل مرونة الطلب الدخلية أقل من واحد صحيح

هـ. (أ) و (جـ)

و. (ب) و (د)

٦- كلما توفر للسلعة بديل ويستطيع هذا البديل إشباع نفس الرغبة التي تشبعها السلعة الأصلية كان الطلب على السلعة الأصلية:

أ. اقل مرونة

ب. أكثر مرونة

ج. متكافئ المرونة

د. عديم المرونة

٧- التكاليف المحاسبية تتضمن:

أ. رواتب أصحاب المؤسسة إذا كانوا يعملون بها

ب. تكاليف المواد الخام

ج. فائدة رأس المال المملوك للمؤسسة

د. الفائدة المستحقة على القروض

هـ. (أ) و (جـ)

و. (أ) و (د)

٨- تعريف التكلفة الحدية بأنها:

أ. الزيادة في التكلفة الكلية الناجمة عن زيادة الاستهلاك بمقدار وحدة واحدة.

ب. الزيادة في التكلفة الكلية الناجم عن زيادة الإشباع بمقدار وحدة واحدة.

ج. الزيادة في التكلفة الكلية الناجمة عن زيادة الإنتاج بمقدار وحدة واحدة.

د. الزيادة في التكاليف الثابتة الناجمة عن زيادة الإنتاج بمقدار وحدة واحدة.

٩- في سوق الاحتكار المطلق:

أ. يستطيع المنتج إن يبيع كل ما يشاء عند السعر السائد في السوق.

ب. كلما زاد المحتكر إنتاجه انخفض السعر.

ج. كلما رفع المحتكر سعر الإنتاج قلت الكميات المباعة في السوق.

د. يستطيع المحتكر تحديد السعر والكمية معاً.

هـ. (ب) و (ج)

١٠- من مميزات سوق المنافسة الاحتكارية:

أ. تجانس أو تماثل الإنتاج.

ب. التميز أو التنوع في الإنتاج.

ج. اعتماد المؤسسات بعضها على بعض.

د. يكون تأثير المؤسسة على الثمن السائد في السوق كبيراً.

١١- يعني انحدار منحنى الطلب إلى أسفل من اليسار إلى اليمين:

أ. انخفاض الكمية المطلوبة من السلعة مع انخفاض دخل المستهلك.

ب. انخفاض الكمية المطلوبة من السلعة مع انخفاض سعرها.

ج. انخفاض الكمية المطلوبة من السلعة مع انخفاض سعر سلعة وثيقة الصلة بها.

د. ليس ايا من الإجابات السابقة.

١٢- يوضح منحنى عرض سلعة ما الكميات التي:

أ. يرغب الأفراد في الحصول عليها عند مختلف الأسعار.

ب. يرغب المستهلكون في عرضها عند الأسعار الأعلى.

ج. يرغب المنتج في بيعها عند مختلف الأسعار.

د. يرغب المستهلكون والمنتجون تبادلها عند السعر السائد في السوق.

١٣- إذا زاد الطلب على سلعة ما عندما يرتفع سعر السلعة أخرى:

أ. كانت السلعتان بديلتان

ب. كانت السلعتان مكملتان

ج. كانت السلعتان مستقلتان

د. كانت السلعة التي زاد الطلب عليها عادية

هـ كانت السلعة التي انخفض سعرها دنيا (رديئة)

١٤- يقال إن الطلب على سلعة ما مرن:

أ. إذا كان التغير في الكميات المباعة من سلعة أو خدمة اصغر نسبياً من التغير في سعرها.

ب. إذا كان التغير في الكميات المباعة من سلعة أو خدمة أكبر نسبياً من التغير في سعرها.

ج. إذا كان التغير في الكميات المباعة يساوي تماماً التغير في سعرها.

د. إذا كان لا يترتب على التغير في سعر السلعة أي تغير في الكميات المباعة منها.

١٥- إذا كان عرض سلعة ما غير مرن فإن:

أ. درجة مرونة العرض أكبر من الواحد الصحيح.

ب. التغير النسبي في الكمية المعروضة أكبر من التغير النسبي في السعر.

ج. درجة مرونة العرض أقل من الواحد صحيح

د. منحنى العرض قليل الانحدار واقرب ما يكون الى الخط المستقيم الموازي للمحور الأفقي.

١٦- إن طلب الأغنياء على سلعة ما من السلع:

أ. اكثر مرونة من طلب الفقراء على السلعة نفسها

ب. لا نهائي المرونة

ج. عديم المرونة

د. أقل مرونة من طلب الفقراء على السلعة نفسها

١٧- يمكن الحصول على الإيراد الحدي بقسمة:

أ. التغير في الإيراد الكلي على سعر الوحدة المباعة.

ب. التغير في الإيراد الكلي على التغير في سعر بيع الوحدة

ج. التغير في الكمية المباعة على التغير في السعر

د. التغير في السعر على التغير في الكمية المباعة

هـ ليس أيا من الإجابات السابقة

١٨- من العوامل التي تعمل على تحديد شكل السوق:

أ. سهولة الاتصال والمواصلات

ب. العرف والعادات والتقاليد

ج. درجة التعاون أو الاستقلال بين البائعين والمشترين

د. كل ما ذكر صحيحاً

١٩- في سوق المنافسة الكاملة:

أ. يتحكم البائعون في سعر السلعة.

ب. يتحمل المشترون في سعر السلعة.

ج. يكون هناك تعاوناً بين الطرفين لتحديد سعر السلعة.

د. ليس أياً من الإجابات السابقة

٢٠- في سوق منافسة القّلة:

أ. تكون الأثمان مختلفة.

ب. تكون السلع متجانسة أو مميزة

ج. كل منتج يتصرف مستقلاً عن الآخرين

د. الإيراد مساوياً للسعر عند جميع مستويات الإنتاج

هـ (أ) و (ب) فقط

و. (ج) و (د) فقط

٢١- يشير مبدأ الكفاءة الاقتصادية إلى:

أ. تحقيق إنتاج معين بأقل تكلفة ممكنة

ب. تخفيض الكلفة إلى اقل حد ممكن لأي إنتاج معين

ج. انتفاء إمكانية إعادة توزيع الدخول بحيث تزداد رفاهية شخص معين دون انخفاض رفاهية شخص آخر.

د. كل ما تقدم.

٢٢- الطرق الإحصائية في البحث العلمي يمكن بوصفها بأنها طرق:

أ. استنباطية

ب. استقرائية

ج. تخص العلوم الاجتماعية فقط

د. كل ما تقدم

٢٣- الاقتصاد الجزئي يعني بـ:

أ. تقرير ماهية وكيفية الإنتاج على مستوى الوحدة الاقتصادية

ب. الكفاءة في استخدام الموارد الاقتصادية على مستوى الوحدة الاقتصادية

ج. (أ) و (ب)

د. ليس أي مما تقدم

٢٤- ينطبق مبدأ الفرصة البديلة على:

أ. جميع النقاط الواقعة على منحنى إمكانيات الإنتاج.

ب. جميع النقاط الواقعة داخل منحنى إمكانيات الإنتاج فقط

ج. (أ) و (ب)

د. ليس أي مما تقدم

٢٥- يعني قانون الطلب:

أ. ارتفاع الكمية المطلوبة من سلعة معينة بارتفاع الدخل

ب. ارتفاع الكمية المطلوبة من سلعة معينة وذلك عندما يزداد سعر سلعة بديلة

ج. زيادة الكمية المطلوبة من سلعة معينة بانخفاض سعرها

د. كل ما تقدم

٢٦- إذا ارتفع سعر لحم الغنم وانخفض في الوقت نفسه سعر لحم البقر فإن الناس سوف يشترون:

أ. كمية أكبر من لحم الغنم

ب. كمية أكبر من لحم البقر

ج. كمية أكبر من لحم الدجاج

د. كمية أقل من لحم الغنم والبقر

٢٧- إذا كان منحنى الطلب خطاً أفقياً موازياً لمحور الكمية فإن المرونة السعرية للطلب تعادل:

أ. صفر

ب. أكبر من صفر ولكن اقل من ١

ج. أكبر من ١

د. مساوية لواحد صحيح

هـ ما لا نهاية

٢٨- إذا كان معامل المرونة الدخلية سالباً فإن السلعة قيد البحث هي سلعة:

أ. اعتيادية

ب. رديئة

ج. ممتازة

د. لا تتوفر معلومات كافية لتقرير ذلك

٢٩- إذا ارتفع سعر سلعة معينة فإن انخفاض الكمية المطلوبة من السلعة والمترتب على ارتفاع السعر سوف يؤدي إلى:

أ. خفض المنفعة الحدية للسلعة.

ب. زيادة المنفعة الكلية التي يحصل عليها المستهلك من السلعة.

ج. رفع المنفعة الحدية للسلعة

د. بالضرورة إلى رفع المنفعة الكلية التي يجنيها المستهلك من مجموع تكاليفه على مختلف السلع.

٣٠- إذا كان منحنى العرض خطاً عمودياً موازياً لمحور السعر فإن ذلك يعني:
أ. هناك سقف السعر المحفز للإنتاج.
ب. كل زيادة في السعر تصحبها زيادة في الإنتاج
ج. استجابة الكمية المعروضة عالية للتغير في السعر.
د. إن الكمية المعروضة لا تتغير بتغير السعر.

٣١- يزداد عرض السلعة (منحنى العرض):
أ. إذا ارتفع ثمنها
ب. إذا ازداد الطلب عليها
ج. إذا تحول ذوق المستهلكين نحوها
د. ليس أي من تقدم

٣٢- إذا انخفض سعر سلعة معينة في السوق فإن:
أ. بعض منتجي هذه السلعة سيتركون السوق.
ب. منتجيها المتواجدين في السوق سيحاولون تخفيض إنتاجهم
ج. منتجين جدد سيدخلون في السوق
د. (أ) و (ب)

٣٣- إذا انخفض سعر سلعة معينة فإن ذلك يؤدي إلى:
أ. انتقال منحنى الطلب عليها الى اليمين.
ب. انتقال منحنى عرضها إلى أعلى.
ج. (أ) و (ب)
د. ليس أي مما تقدم.

٣٤- عندما تفرض الدولة سعراً للسلعة ما أقل من السعر التوازني فإن ذلك يؤدي إلى:
أ. ظهور السوق السوداء
ب. عدم فاعلية الثمن في توزيع السلعة بين المستهلكين.
ج. خروج بعض المنتجين من السوق
د. كل ما تقدم

٣٥- السعر التوازني هو:
أ. السعر الذي تتعادل عنده الكمية المطلوبة مع الكمية المعروضة.
ب. السعر الذي تحقق عنده توقعات المنتجين والمستهلكين في آن واحد.
ج. السعر الذي يسود في السوق بانتقاد التدخل الحكومي.
د. كل ما تقدم

٣٦- إذا انتقل منحنى الطلب إلى اليمين وانتقل في الوقت نفسه منحنى العرض إلى الشمال فإن ذلك:
أ. سيرفع السعر السائد في السوق.
ب. سينخفض السعر السائد في السوق.
ج. لن يؤثر على سعر السوق.
د. يمكن أن يؤدي إلى أي من النتائج أعلاه.

٣٧- يشير مفهوم "اليد الخفية" إلى:
أ. آلية السوق أو جهاز الأثمان
ب. السوق السوداء أو جهاز الأثمان
ج. ضرورة توجيه الدولة لدفة الاقتصاد
د. ليس أي مما تقدم

٣٨- تشمل عوامل الإنتاج:
أ. الموارد الطبيعية.
ب. العدد والآلات والمباني.
ج. العمل الماهر وغير الماهر.
د. المعلومات والتنظيم.
هـ كل ما تقدم

٣٩- تتميز الأرض كعامل من عوامل الإنتاج بالخصائص التالية:
أ. ثباتها النسبي.
ب. تباين خصوبتها واختلاف الثروات التي في باطنها.
ج. عدم إمكانية نقلها.
د. كل ما تقدم

٤٠- يشمل الاستثمار من وجهة النظر الاقتصادية على:
أ. شراء وبيع الأسهم والسندات في السوق.
ب. توظيف الأموال في مشروعات جديدة
ج. الزيادة الحاصلة في الأصول الإنتاجية الحقيقية للجميع
د. كل ما تقدم

٤١- تنعكس أهمية رأس المال في:
أ. رفع كفاءة العمل
ب. تخفيف عبء العمل.
ج. تحرير المجتمع من بعض الأعمال غير المرغوبة
د. جميع ما تقدم

٤٢- يشير الريع إلى عائد.. والربح إلى عائد.. والأجور إلى عائد.. وسعر الفائدةو إلى عائد.. على التوالي:
أ. الأرض، رأس المال، العمل التنظيم.
ب. الأرض، التنظيم، العمل، راس المال.
ج. رأس المال، الأرض، العمل، الأرض.
د. التنظيم، رأس المال، العمل ، الأرض.

٤٣- يساعد تقسيم العمل على:
أ. اختزال الوقت اللازم لأداء مهمة معينة.
ب. زيادة الاختراع والابتكار.

ج. تطوير مهارة العامل وخبرته.

د. كل ما تقدم.

٤٤- أهم ما يسبب قانون تناقص غلة التوسع هو:

أ. بروز البيروقراطية وانخفاض كفاءة الإدارة تبعاً لذلك.

ب. قانون النسب المتغيرة.

ج. قانون العرض والطلب.

د. كل ما تقدم.

٤٥- الإنتاج الكلي يبلغ ذروته عندما:

أ. يكون الإنتاج الحدي في تزايد.

ب. يكون الإنتاج المتوسط في تزايد.

ج. يبلغ الإنتاج الحدي عدماً.

د. يكون الإنتاج الحدي سالباً.

٤٦- يمكن تعريف التكلفة الحدية كالآتي:

أ. التغير في متوسط التكلفة الكلية الذي يتأتى عن إنتاج وحدة إضافية.

ب. التغير في متوسط التكلفة المتغيرة الذي يتأتى عن إنتاج وحدة إضافية.

ج. التغير في التكلفة الكلية الناتج عن زيادة الإنتاج وحدة واحدة.

د. التغير في التكلفة الثابتة عن زيادة الإنتاج وحدة واحدة.

٤٧- التكاليف الضمنية تتميز بكونها:

أ. التكاليف التي تتناسب مع مستوى الإنتاج.

ب. تكلفة غير مقترنة بالصرف المباشر.

ج. نفقات يدفعه المشروع للآخرين.

د. تكاليف محاسبية وليست اقتصادية.

٤٨- الربح الاقتصادي للوحدة من السلعة يمكن أن يستنتج من الفرق بين:

أ. متوسط التكلفة الثابتة وسعر السلعة.

ب. الإيراد الحدي والتكلفة الحدية.

ج. السعر ومتوسط التكلفة.

د. الإيراد الحدي والسعر.

٤٩- يحقق المشروع في سوق المنافسة التامة أكبر كمية ممكنة من الأرباح عند الإنتاج الذي عنده:

أ. يكون الفرق بين السعر والتكلفة الحدية أكبر ما يمكن.

ب. يكون الفرق بين السعر والإيراد الحدي أكبر ما يمكن.

ج. يكون الفرق بين السعر ومتوسط التكلفة الكلية أكبر ما يمكن.

د. يكون الفرق بين الإيرادات المتحققة والتكاليف أكبر من ما يمكن.

٥٠- يغلق المشروع الذي يعمل في سوق المنافسة التامة أبوابه إذا:

أ. كان السعر أقل من متوسط التكلفة عند جميع مستويات الإنتاج.

ب. لم يكن هناك إنتاج يتساوى عنده الإيراد الحدي والتكلفة الحدية.

ج. كان السعر أقل من متوسط التكلفة الثابتة عند جميع مستويات الأنتاج

د. كان السعر أقل من متوسط التكلفة المتغيرة عند جميع مستويات الإنتاج.

٥١- أي من الأمور التالية لن يكون صحيحاً لمشروع يعمل في سوق المنافسة التامة ويكون في وضع توازن في الأجل الطويل:

أ. السعر يعادل التكلفة الحدية.

ب. التكلفة الحدية تعادل التكلفة المتوسطة.

ج. السعر يعادل التكلفة المتوسطة.

د. السعر يعادل متوسط التكلفة الثابتة.

٥٢- التوزيع الكفؤ للموارد الاقتصادية يتطلب أن يكون إنتاج المشروع عند الإنتاج الذي عنده يتعادل:

أ. السعر مع الإيراد الحدي.

ب. السعر مع التكلفة الحدية.

ج. السعر مع الإيراد المتوسط.

د. متوسط التكلفة المتغيرة مع التكلفة الحدية.

٥٣- إذا كان مشروع يعمل في سوق المنافسة التامة ينتج عند مستوى إنتاج لا يحقق أقصى- ربح ممكن فإننا نستطيع أن نستنتج أن:

أ. السعر بالضرورة أكبر من متوسط التكلفة.

ب. التكلفة الحدية أكبر من السعر.

ج. التكلفة الثابتة كبيرة مقارنة بالتكلفة المتغيرة.

د. الإيراد الحدي أكبر من التكلفة الحدية.

٥٤- يحقق المحتكر أقصى كمية من الأرباح في الأجل الطويل وذلك بانتاجه الكمية من السلعة التي عندها تكون التكلفة الحدية تساوي:

أ. السعر

ب. متوسط التكلفة

ج. متوسط التكلفة المتغيرة

د. الإيراد الحدي

هـ الإيراد المتوسط

٥٥- في حالة الطلب الذي يجابه المحتكر فإن:

أ. السعر يزيد عن الإيراد المتوسط عند جميع مستويات الإنتاج.

ب. الإيراد الحدي يساوي عند جميع مستويات الإنتاج.

ج. الإيراد الحدي أقل من السعر عند جميع مستويات الإنتاج.

د. المرونة ستكون أكبر كلما كانت معوقات الدخول إلى الصناعة أكثر قوة.

هـ المرونة ستنعدم تماماً

٥٦- منحنى طلب المحتكر سيكون:

أ. تام المرونة.

ب. عديم المرونة.

ج. ذا مرونة متكافئة.

د. مطابقاً لطلب السوق.

هـ. مجهول القيمة.

٥٧- يعني الاحتكار المطلق:

أ. توجد عدد كبير من المنتجين الذين ينتجون سلعاً متمايزة.

ب. تواجد منتج واحد في السوق ينتج سلعة لا يوجد لها بدائل جيدة.

ج. تجانس السلعة المنتجة من قبل عدد كبير من المنتجين.

د. أي سوق يكون فيها الطلب ذا انحدار سالب.

٥٨- يكون السعر أكبر من الإيراد الحدي في حالة الاحتكار لأن:

أ. منحنى الطلب يقع تحت منحنى الإيراد الحدي.

ب. المحتكر ينتج كمية متواضعة من السلعة مقارنة بالمنتج في سوق المنافسة التامة.

ج. منحنى الطلب الذي يواجه المشروع سالب الانحدار.

د. قانون تناقص الغلة لا ينطبق في هذه الحالة.

هـ. الإيراد الحدي والإيراد المتوسط يتطابقان.

٥٩- أي من شروط التوازن التالية تنطبق على حالة الابتكار والمنافسة التامة:

أ. السعر = الإيراد الحدي

ب. الإيراد الحدي = متوسط التكلفة.

ج. الإيراد الحدي = التكلفة الحدية.

د. التكلفة الحدية = التكلفة المتوسطة.

هـ. التكلفة الحدية = السعر

٦٠- المنتج في سوق الاحتكار المطلق:

أ. يحقق دائماً أرباحاً اقتصادية تفوق تكاليفه الثابتة.

ب. يحقق خسارة إذا قطعت التكلفة الحدية ذلك الجزء من الإيراد الحدي ذي الانحدار السالب.

ج. يحقق ربحاً اقتصادياً إذا كان متوسط التكلفة الكلية أكبر من الإيراد الحدي عند التوازن.

د. يحقق ربحاً اقتصادياً في الأجل الطويل إذا كان السعر أكبر من متوسط التكلفة الكلية عند التوازن.

٦١- تحقق المشاريع في سوق المنافسة الاحتكارية:

أ. أرباحاً اقتصادية دائماً في الأجلين القصير والطويل.

ب. أرباحاً اقتصادية في الأجل القصير قد تزيد أو تقل عن تكاليفها الثابتة ولكنها تحقق ربحاً اقتصادياً يعادل الصفر في الأجل الطويل.

ج. أرباحاً اقتصادية سالبة دائماً في الأجلين القصير والطويل.

د. أرباحاً سالبة في الأجل القصير وموجبة في الأجل الطويل.

٦٢- يمكن وصف الدخول إلى الصناعة في سوق المنافسة الاحتكارية بأنه:

أ. مستحيل.

ب. أصعب مما هو عليه في سوق الاحتكار

ج. أصعب مما هو عليه في سوق المنافسة التامة ولكنه سهل مقارنة بسوق الاحتكار.

د. مقيد دائماً من قبل الدولة.

٦٣- تعني سوق المنافسة الاحتكارية:

أ. عدد محدود من المنتجين لسلعة متجانسة.

ب. عدد كبير من المنتجين لسلعة متمايزة

ج. عدد كبير من المنتجين لسلعة متجانسة

د. وضع للسوق لا يتميز سوى بالمنافسة المبنية على التمايز السلعي والاهتمام بالدعاية والإعلان.

٦٤- تشابه سوق المنافسة الاحتكارية سوق المنافسة التامة لأن:

أ. ليس هناك عوائق مهمة للدخول في كلا السوقين.

ب. كلا السوقين يركزان على التمايز في السلع

ج. في كلا السوقين ينتج المشروع عند الإنتاج الذي عنده تبلغ التكلفة المتوسطة أدنى حد لها.

د. كلا السوقين يركزان على المنافسة غير السعرية.

٦٥- يجابه المشروع في سوق المنافسة الاحتكارية عند حزمة الأسعار السائدة في السوق:

أ. طلباً مرناً مرونة تامة.

ب. طلباً عديم المرونة.

ج. طلباً قليل المرونة.

د. طلباً ذا مرونة عالية.

٦٦- يميل الطلب الذي يجابه المنتج في سوق المنافسة الاحتكارية لأن يكون أكثر مرونة:

أ. كلما كان عدد المنتجين في السوق محدوداً.

ب. كلما كان عدد المنتجين في السوق كبيراً.

ج. كلما ازداد التمايز في السلع.

د. كلما كثرت عوائق الدخول إلى الصناعة.

٦٧- أي من البنود التالية لا يمكن اعتباره من خواص المنافسة الاحتكارية:

أ. توجد عدد كبير من المنتجين.

ب. التمايز في السلع

ج. انعدام احتمال تواطئ المنتجين للتلاعب في السوق.

د. الاعتماد المتقابل والمباشر بين المنتجين.

٦٨- لا يحقق سوق المنافسة الاحتكارية توزيعاً أمثلاً للموارد الاقتصادية وذلك:

أ. لتورط المنتجين في حملات إعلانية مضللة.

ب. لكثرة عدد المنتجين في هذه السوق مما يجعل كلاً منهم يعمل بطاقة إنتاجية فائضة.

ج. للتخلف التكنولوجي الناشئ عن الإعلان المسرف.

د. لأن المنتجين يجابهون نقائض الوفورات الخارجية.

٦٩- في أي الأسواق يحصل توازن المشروع عند تعادل السعر مع التكلفة الحدية؟

أ. المنافسة الاحتكارية.

ب. المنافسة التامة.

ج. منافسة القلة.

د. الاحتكار المطلق.

٧٠- أي من السمات التالية ينفرد بها سوق منافسة القلة؟

أ. المنافسة غير السعرية.

ب. التمايز السلعي.

ج. الإنفاق على الإعلان والدعاية.

د. التأثير المتقابل بين المنتجين.

٧١- في أي سوق من الأسواق التالية تتصف الأسعار بدرجة ضعيفة من المرونة؟

أ. المنافسة التامة.

ب. المنافسة الاحتكارية

ج. منافسة القلة

د. الاحتكار التام

٧٢- افترض أن ثلاثة منتجين لسلعة معينة اتفقوا على سعر معين للسلعة وحددوا المنطقة التي يستطيع كل منهم أن يبيع إنتاجه فيها فإن هذا الاتفاق يمكن أن يوصف بأنه حالة من الحالات:

أ. القيادة السعرية.

ب. التمييز السعري.

ج. الكارتل.

د. المنافسة الاحتكارية.

٧٣- الاعتماد المتقابل بين المنتجين يعني أن:

أ. كل منتج سينتج سلعة مشابهة ولكنها ليست مطابقة لسلعة منافسيه

ب. كل منتج سينتج سلعة مطابقة تماماً لسلع منافسية.

ج. كل منتج يجب أن يأخذ في الحسبان رد فعل منافسيه للسعر الذي يتبناه.

د. كل منتج يجابه طلباً ذا مرونة تامة في السوق.

اجابات اسئلة الاختيارات المتعددة

١ - ج	٢٣ - ج	٤٥ - ج	٦٧ - ب
٢ - أ	٢٤ - أ	٤٦ - ج	٦٨ - أ
٣ - هـ	٢٥ - ج	٤٧ - ب	٦٩ - ب
٤ - د	٢٦ - ب	٤٨ - ب	٧٠ - د
٥ - و	٢٧ - هـ	٤٩ - د	٧١ - د
٦ - ب	٢٨- ب	٥٠ - ب	٧٢ - ج
٧ - و	٢٩-أ	٥١ - ب	٧٣ - أ
٨ - ج	٣٠ - د	٥٢ - ب	
٩ - د	٣١ - د	٥٣ - د	
١٠ - أ	٣٢ - د	٥٤ - د	
١١ - د	٣٣ - د	٥٥ - هـ	
١٢ - ج	٣٤ - أ	٥٦ - هـ	
١٣ - أ	٣٥ - أ	٥٧ - ب	
١٤ - ب	٣٦ - أ	٥٨ - ب	
١٥ - ج	٣٧ - أ	٥٩ - ج	
١٦ - د	٣٨ - هـ	٦٠ - أ	
١٧ - هـ	٣٩ - د	٦١ - ب	
١٨ - د	٤٠- ج	٦٢ - ج	
١٩ - ج	٤١ - د	٦٣ - د	
٢٠ - ب	٤٢ - ب	٦٤ - أ	
٢١ - ب	٤٣ - د	٦٥ - د	
٢٢- ب	٤٤ - ب	٦٦ - ب	

تمارين عملية

تمرين رقم (١)

الجدول التالي يبين الكمية والسعر والمطلوب كيفية الحصول على الإيراد الكلي والإيراد الحدي

الكمية	السعر	الإيراد الكلي	الإيراد الحدي
١	٢٠		
٢	١٩		
٣	١٨		
٤	١٧		
٥	١٦		
٦	١٥		
٧	١٤		

تمرين (٢)

الجدول التالي يوضح الكمية والإيراد الحدي والمنفعة الحدية المطلوب إيجاد الربح الحدي والربح الإجمالي

الكمية	الإيراد الحدي	التكلفة الحدية	الربح الحدي	الربح الإجمالي
١	٢٠	٥		
٢	١٨	٦		
٣	١٦	٧		
٤	١٤	٨		
٥	١٢	٩		

تمرين رقم (٣)

الجدول التالي يوضح وحدات البرتقال ووحدات من التفاح المطلوب ايجاد معدل الإحلال الحدي

وحدات البرتقال	وحدات التفاح	معدل الإحلال الحدي
١٤	١	
١٠	٢	
٧	٣	
٥	٤	

تمرين رقم (٤)

الجدول التالي يوضح الوحدات المستهلكة والمنفعة الكلية، المطلوب إيجاد المنفعة الحدية

الوحدات المستهلكة	المنفعة الكلية	المنفعة الحدية
١	٢٠	
٢	٣٩	
٤	٥٦	
٤	٧٠	
٥	٨٠	

تمرين رقم (٥)

يوضح الجدول العمل والناتج الكلي والمطلوب: إيجاد الناتج المتوسط والناتج الحدي

العمل	الناتج الكلي	الناتج المتوسط	الناتج الحدي
صفر	صفر		
١	٣		
٢	٨		
٣	١٢		
٤	١٥		
٥	١٧		

تمرين رقم (٦)

يوضح الجدول التالي كمية الإنتاج والتكاليف الكلية والمطلوب: إيجاد التكلفة الحدية

كمية الإنتاج	التكاليف الكلية	التكاليف الحدية
صفر	١١٦	
١	١٤٠	
٢	١٦٠	
٣	١٧٦	
٤	٢٠٠	
٥	٢٤٠	

تمرين رقم (٧)

الجدول التالي يبين التكاليف الثابتة والتكاليف المتغيرة والمطلوب: إيجاد التكاليف الكلية

التكاليف الثابتة	التكاليف المتغيرة	التكاليف الكلية
١١٦	صفر	
١١٦	٢٤	
١١٦	٤٤	
١١٦	٦٠	
١١٦	٨٤	

تمرين رقم (٨)

الجدول التالي يبين سعر الوحدة، وعدد المستهلكين والمنفعة الكلية. المطلوب: اشتقاق ما يلي:

أ- المنفعة الحدية ب- المنفعة المضحي بها

جـ- الفائض الحدي د- الفائض الكلي

سعر الوحدة	عدد الوحدات المستهلكة	المنفعة الكلية	المنفعة الحدية	المنفعة المضحى بها	الفائض الحدي	الفائض الكلي
١٠٠	١	٢٠٠				
١٠٠	٢	٣٥٠				
١٠٠	٣	٤٧٥				
١٠٠	٤	٥٧٥				
١٠٠	٥	٦٥٠				
١٠٠	٦	٧٠٠				
١٠٠	٧	٧٢٥				
١٠٠	٨	٧٤٥				

تمرين (٩)

الكمية	الايراد الحدي	التكلفة الحدية		
١	٢٠	٥		
٢	١٨	٦		
٣	١٦	٧		
٤	١٤	٨		
٥	١٢	٩		

المطلوب: احتساب ما يلي:
١- الربح الحدي
٢- الربح الاجمالي

تمرين (١٠)

الكمية	السعر		
١	٢٠		
٢	١٩		
٣	١٨		
٤	١٧		
٥	١٦		
٦	١٥		
٧	١٤		

المطلوب: احتساب ما يلي:
١- الايراد الكلي
٢- الايراد الحدي

المراجع العربية والأجنبية

المراجع العربية :

١. د. عفاف عبد الجبار سعيد وآخرون، **مقدمة في التحليل الاقتصادي الجزئي**، دار وائل للنشر ــ عمان، ١٩٩٧.

٢. د. طارق الحاج، **تحليل الاقتصاد الجزئي**، دار المسيرة وصفاء للنشر والتوزيع، عمان، ١٩٩٧.

٣. د. محمد خليل برعي، **مبادئ الاقتصاد**، دار الثقافة العربية، القاهرة، ١٩٩٤.

٤. د. محمد محمود النصر وآخرون، **مبادئ الاقتصاد الجزئي**، دار الفكر، عمان، ٢٠٠٥.

٥. د. أحمد فريد مصطفى وآخرون، مبادئ علم الاقتصاد: (**التحليل الجزئي الكلي**)، مؤسسة شباب الجامعة، الاسكندرية، ١٩٨٩.

٦. د. ناظم محمد الشمري وآخرون، **مدخل في علم الاقتصاد**، دار زهران، عمان، ١٩٩٩.

٧. د. محسن كاظم، مبادئ الاقتصاد: **النظرية والتطبيق**، جامعة الكويت، الكويت، ١٩٨٦.

٨. د. أحمد جامع، **النظرية الاقتصادية، الجزء الأول، التحليل الاقتصادي الجزئي**، دار النهضة العربية، القاهرة، الطبعة الخامسة، ١٩٨٦.

٩. د. اسماعيل محمد هاشم، **مبادئ الاقتصاد التحليلي**، دار النهضة العربية للطباعة والنشر ــ بيروت، ١٩٧٨.

١٠. د. عدنان الهندي ود. أحمد الحوراني، **مبادئ في الاقتصاد التحليلي الجزئي والكلي**، المطبعة الأردنية، عمان، ١٩٨٠.

١١. د. نعمة الله نجيب ابراهيم، **أسس علم الاقتصاد**، مؤسسة شباب الجامعة، الاسكندرية، ١٩٧٨.

١٢. د. محمد هشام خواجكية، **مبادئ علم الاقتصاد**، دار القلم، الكويت، ١٩٧٧.

١٣. د. عبد الوهاب الامين ود. زكريا عبد الحميد الباشا، **مبادئ الاقتصاد**، دار المعرفة، الكويت، ١٩٨٣.

١٤. د. عارف حمو وآخرون، **محاضرات في الاقتصاد**، دار الهلال، عمان، ١٩٩٠.

١٥. د. محمد عبد العزيز ابو عجمية، **مبادئ علم الاقتصاد**، دار النهضة العربية، بيروت، ١٩٨٣.

١٦. د. سامي خليل، **النظرية الاقتصادية**، جامعة الكويت، الكويت، ١٩٧١.

١٧. د. محمد ابراهيم دكروري وآخرون، **أصول علم الاقتصاد**، مكتبة عين شمس، الاسكندرية، ١٩٧٩.

١٨. د. سلوى علي سليمان وآخرون، **مقدمة في علم الاقتصاد**، دار النهضة العربية، القاهرة، ١٩٧٧.

١٩. د. انطوان ايوب، **التحليل الاقتصادي**، ج١، مطبوعات جامعة حلب، ١٩٦٨.

٢٠. د. حسن محمود ابراهيم، **مبادئ النظرية الاقتصادية**، دار النهضة العربية، بيروت، ١٩٦٩.

٢١. د. محمد عادل العاقل، **مبادئ التحليل الاقتصادي**، ج١، مطبوعات جامعة حلب، ١٩٧٠.

٢٢. د. محمد علي الليثي وآخرون، **مقدمة في الاقتصاد**، دار النهضة العربية، بيروت، ١٩٧١.

٢٣. د. محمد سلطان أحمد ابو علي، **في الاقتصاد التحليلي**، دار الجامعات المصرية، الاسكندرية، ١٩٦٧.

٢٤. د. محمد مظلوم حمدي، **مبادئ الاقتصاد التحليلي**، الاسكندرية، ١٩٨٠.

٢٥. د. أحمد ابو اسماعيل، **مبادئ الاقتصاد**، دار الجامعات المصرية، القاهرة، ١٩٦١.

٢٦. د. يعقوب سلمان وآخرون، **مبادئ الاقتصاد الجزئي**، دار المسيرة للنشر والتوزيع، ١٩٩٩.

٢٧. د. مناور حداد وآخرون، **مبادئ الاقتصاد الجزئي**، دار الامل، عمان، ١٩٩٨.

٢٨. د. محمد مروان السمان وآخرون، **مبادئ التحليل الاقتصادي (الجزئي والكلي)**، مكتبة دار الثقافة للنشر والتوزيع، عمان، ١٩٩٨.

٢٩. د. محمود حسين الوادي وآخرون، **الاقتصاد الجزئي، تحليل نظري وتطبيقي**، دار المسيرة للنشر والتوزيع، عمان ٢٠٠٧.

٣٠. د. ماجد بن عبد الله المنيف، **مبادئ الاقتصاد الجزئي التحليلي**، جامعة الملك سعود، جدة، المملكة العربية السعودية، ١٩٩٣.

٣١. د. حربي عريقات، **مبادئ الاقتصاد (الجزئي والكلي)**، دار زهران للنشر والتوزيع، عمان، ١٩٩٧.

المراجع الأجنبية:

1. GARY. M. WALTON & FRANK. C. WYKOFF. **Understanding Economics Today**, Richard D. Irwin, Inc, U.S.A, 1994.
2. DOLAN & Lindsey, **Economics**, The Dryden Press, U.S.A, 1991.
3. BARRON LYNCH, **Economics**, Richard, D. Irwin, Inc, U.S.A, 1993.
4. RICHARD T. FROYEN & DOUGLAS, F. GREER, **Principles of Economics**, MaxWell Macmillan International, NewYork, 1990.
5. CHARLES MAURICE & OWEN R. PHILLIPS, **Economic Analysis Theory & Application**, Richard, D. Irwin, Inc, U.S.A, 1986.
6. BARRY HARRISON, **Economics**, Longman Group Limited, U.K, 1986.
7. PAUL A. SAMUELSON & W.D NORDHAUS, **Economics, McGraw Hill Book**, Company, NewYork, 1989.
8. RODNEY, H. MABRY & HOLLEY H. ULBRICH, **Introduction To Economic Principles**, McGraw- Hill Book Company, NewYork, 1989.
9. S. D. GORDON & G. G. DAWSON, **Introductory Economics**, D. C. Heath & Company, Toronto, 1980.
10. FREDERICK, L. GOLLADAY, **Economics Problems Principles & Priorities**. The Benjamin Cumming Publishing Company, Inc, U.S.A, U.K, 1978.
11. CAMPELL R. MCCONNELL, **Economics Principles Problems & Policies**, Mcgraw-Hill Book Company, NewYork, 1978.
12. PICHARD T. GILL, **Economics,** Goodyear Publishing Company, Inc, U.S.A, 1973.
13. PAUL, F. GEMMILL, **Fundamentals of Economics**, Harper & Row Publishers, NewYork, London, 1960.
14. CLIFFORD, L. JAMES, **Economics: Basic Problems & Analysis**, Prentice-Hall, Inc, NewYork, 1951.

15. Richard, G. LIPSEY, **An Introduction To Positive Economics**, Weidenfeld & Niclson, London, 1967.

16. ALFRED MARSHALL, **Principles of Economics**, Macmillan & Co. Ltd, London, 1962.

17. KENNETH, E, BOULDING, **Economic Analysis, Volum, I, Micro-Economics**, Harper & Row, NewYork, 1966.

18. PAUL, A. SAMUELSON, **Economics**, McGraw-Hill Company Inc, NewYork, 1970.

19. DONALD STEVENSON WATSON, **Price, Theory & Its Uses**, Houghton, Mifflin Company U.S.A, 1963.

20. HENRY, GRAYSON, **Price Theory In a Changing Economy**, The Macmillan Company, NewYork, 1965.

21. K.E. BOULDING, **Economic Analysis**, 4th ed. Harper, Row, Publisher's, Inc., NewYork, 1966.

22. JOAN ROBINSON, **The Economics of Imperfect Competition**, Macmillan, U.S.A, 1965.

23. MILTON FRIEDMAN, **Price Theory**, Adline, Chicage, 1962.

24. ALFRED STENIER & DOUGLAS HAGUE, **A Textbook of Economic Theory**, Longmans, U.S.A, 1963.

25. F. MACLUP, **The Political Economy of Monopoly**, The Johns Hopkin Press, Baitimore, 1952.

26. E.H. CHAMBERLIN, **The Theory of Monopolistic Competitim**, Harvard University Press, Cambridge, 1960.

27. DUE & CLOWER, **Intermediate Economic Analysis**, Richard D. Irwin, Inc, U.S.A, 1963.

28. G. J. STIGLER, **The Theory of Price**, NewYork, 1951.

29. J. A. SCHUMPETER, **Economic Doctorine And Method**, London, 1954.

30. J. M. HENDERSON & R.E. QUANDT, **Micro Economic Theory**, Mcgraw Hill-Company, N.Y, 1971.

31. C.E. FERGUSON, **Micro Economic Theory**, Richard D. Irwin, Inc, Illinois, U.S.A, 1972.

32. RICHARD A. BILAS, **Intermediate Micro-Economic Theory**, McGraw-Hill Book, Company, N.Y. 1965.

33. SAMUEL BOWLES & DAVID KENDRICK, **Notes & Problems In Micro-economics Theory**, Markham Publishing Company, Chicago, 1970.

34. WILLIAM J. BAUMOL, **Economic Theory & Operations Analysis**, Prentice-Hall, Inc, New Jersey, 1965.

35. R. LIPSEY & P. STEINER, **Economics, Harper & Row Publishers**, NewYork, 1966.

36. J.R. Hicks, Value & Capital, The Clarendon Press, Oxford, London, 1965.

37. C. E. FERGUSON, **Micro Economic Theory**, Homewood, Illinois, Riched, D. Irwin, Inc, 1960.

T0157607

Printed in the United States
By Bookmasters